초등 수학
내용 지도법

안병곤 지음

KYOWOO

머리말

이 교재는 2015 개정 교육과정을 바탕으로 초등 수학의 교수·학습에 필요한 기본 학습이론과 그에 따른 구체적인 지도 방법의 습득에 도움이 되도록 내용을 구성하였다. 따라서 앞으로 초등학교에서 수학을 가르치게 될 교육대학의 예비교사들이나 초등학교 선생님 그리고 초등 수학에 관심을 갖고 있는 학부모님들에게 적합한 교재이다.

초등학교에서 수학수업을 하게 될 교육대학의 예비교사들이나 학부모님들은 지금까지 초·중·고등학교의 수학수업에서 경험해왔던 방법보다 더 재미있고 흥미 있는 효율적인 방법으로 학생들을 가르칠 수 있어야 한다. 이에 보탬이 되도록 초등 수학 교과서의 내용과 관련지어 설명하였다. 또한 초등 수학 교과서 내용의 배경지식을 얻기 위해 초등 수학 교육의 5대 영역인 수와 연산, 도형, 자료와 가능성, 측정, 규칙성 영역을 중심으로 각 영역의 이론적인 배경과 핵심 지도내용을 구체적으로 제시하여 초등 수학 내용의 이해에 도움이 되도록 하였다.

이제 수학은 재능이 뛰어난 몇 사람만을 위한 교과목이 아니라 모든 학생들이 보다 쉽고 재미있게 접근할 수 있도록 선생님들과 학부모님들의 적극적인 관심과 노력이 있어야 한다. 이것은 지금과 같은 지식·정보화 사회에서 모두 함께 살아가기 위해서 필요하기 때문이다. 현재 우리 수학교육은 수학에 관심 있는 분들의 의지에 많은 영향을 받고 있음을 생각하고 더 많은 발전이 있도록 보다 많은 관심과 노력을 부탁드린다.

아울러 이 교재의 내용의 구성과정에서 나타나는 오류나 미흡한 부분은 계속 보완하여 더 좋은 교재가 될 수 있도록 독자 여러분의 아낌없는 격려와 도움을 기대한다.

2017년 9월 무등산 아래 풍향골에서

차례

제 1 부 이론편

Chapter. 1 수학의 발전과 수학교육

Chapter. 1

수학의 발전과 수학교육

1. 수학의 발전과정

1.1 수학의 발생과 발전

인류는 농경사회의 시작으로 고대국가가 형성되고 보다 체계적이며 조직화된 사회를 이루며 생활 하게 되었다. **이 시기의 주요 활동인 농업과 목축 과정에서 농토의 관리나 생산물의 분배와 조정이 필요 하였다. 이러한 과정에서 수학의 앞 단계인 측량술과 계산술이 시작되어 끊임없이 다듬어져 오늘날 수학의 기초를 이루게 되었다.**

농경사회는 강을 중심으로 발달했는데 이는 강이 편리한 수송로와 배수, 치수, 관개 등에서 삶에 많은 도움을 주었기 때문이다. 초기 수학은 농업이나 토목, 건축 같은 생활상의 실용적인 학문으로 자연스럽게 발생되었다. 특히 **토지의 경계선이나 측정은 기하학의 기초를, 물물교환이나 조세 부과와 같은 문제는 수와 계산의 대수학을, 강과 바다를 건너야 하는 항해술은 삼각법의 발달을 가져왔다.**

초기 바빌로니아인들은 젖은 점토판에 기록하여 화덕에 구워 사용하였다. 이러한 내용들은 19세기에 B.C. 1600년경의 함무라비 왕조의 점토판 발굴과 원문의 해독을 통하여 당시의 상업과 농업이 상당한 수준의 계산술과 60진법의 수 체계의 사용을 확인하였다. 이 때 기하학의 대부분은 실제 측량과 관련되었고, 연립 2원 2차방정식까지의 해법도 알고 있었고, 단순 3, 4차 방정식도 다룰 정도로 대수가 싹터 있었다. 오늘날 원주를 360등분한 것도 이들의 업적이었다.

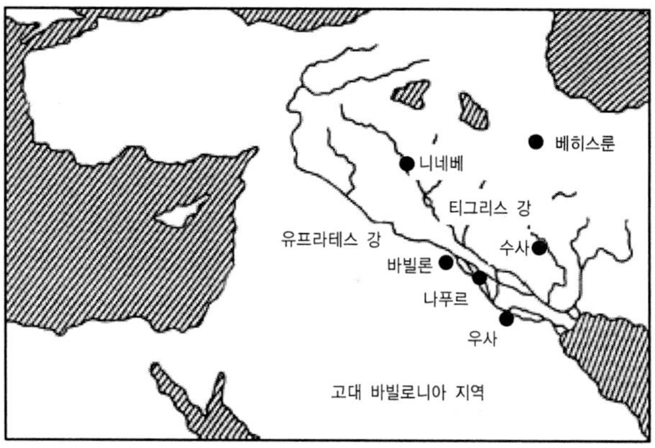

출처 : 수학사와 수학이야기(신항균 외, 1999. 도서출판 무지개사)

이집트나 바빌로니아는 B.C. 2500년 이전부터 물건의 개수를 셀 때에 작은 돌과 물건을 하나씩 대응시켜 10개 모아 사용한 10진법을 사용하였다. 그러나 토지측량이나 토목공사 같은 현실적인 문제해결에만 활용하다보니 생활수학 이상의 발전이 없는 극히 실용적인 수학이었다.

고대 그리스 수학자들은 이집트, 바빌로니아, 지중해 연안과 아시아의 여러 나라를 다니며 수학을 배워 자기나라에 전하였다. B.C. 2000년경의 고대 오리엔트에서는 이미 정수와 분수의 계산, 1차와 2차 방정식의 해법, 도형의 넓이 구하기 등의 내용이 존재하였다. **바빌로니아인들은 점토에 기록하여 구워 보관하였고, 이집트인들은 돌과 파피루스에 기록하였다. 이와 같은 기록물은 건조한 기후에 오랫동안 보존되었다.** 그러나 인도와 중국인들은 나무껍질이나 대나무와 같이 썩기 쉬운 재료를 사용하여 보관이 어려웠다. 더구나 B.C. 213년에 진시황의 분서갱유(焚書坑儒) 사건으로 많은 책들이 불에 타 없어졌다. 따라서 고대 중국수학은 거의 전해 내려오는 이야기에 의존하고 있다. 마방진[1]도 이때 만들어졌다.

동양문화의 기초는 중국을 중심으로 발전하였는데 당나라 때 만들어진 '산경십경(算經十經)'은 주폐산경, 구장산술, 해도산경, 손자산경, 장구건산경, 오조산경, 오경산술 등의 10권으로 이순풍이 한 권으로 묶었다. 구장산술에는 농업, 상업, 공업, 방정식의 해법, 직각삼각형의 성질 등에 관한 246개의 문제가 있다. 이 책은 우리나라를 비롯한 동양의 여러 나라에 보급되었고 농업, 상업, 공업, 측량, 방정식의 해법, 직각삼각형의 성질 등이 실려 있다.

이집트나 중국 수학은 정체성을 벗어나지 못한 이유가 문헌을 일찍부터 성전 취급하여 수정이나 보완을 하면 이단자의 취급을 받았기 때문이다.

이와 같은 고대문명권의 수학은 주로 국가적 차원에서 현실정치의 필요에 의해서 비롯된 '실용수학'이자 '정치수학'이었다.

수학이 학문으로 주목 받게 된 것은 고대 그리스시대의 기원전 6세기경으로 당시 그리스인들은 이집트에서 기하학을, 바빌로니아에서 대수학을 배운 것으로 알려져 있다.

---

1) **마방진**(magic square)은 정사각형 모양의 격자 위에 자연수를 세로, 가로, 대각선 방향으로 놓인 수의 합이 같도록 배열한 것이다. 최초의 마방진은 중국의 전설에서 하나라 우왕시대에 황하의 범람을 막기 위한 치수공사에서 큰 거북의 등에 새겨진 무늬의 점을 세어 수로 나타낸 것이다. 이 무늬는 하늘에서 거북을 시켜서 인간세계에 보내준 것이라 믿고, 황하의 강물이 넘치는 것과 같은 재앙을 막아주는 것이라 귀하게 여겼다. 서양에서도 신비한 힘이 담겨 있다고 생각하여 이 패의 그림을 목에 걸고 다니기도 하였다. 중국의 전설에 나타난 최초의 마방진은 1에서 9까지의 수를 가로, 세로, 대각선 방향으로 놓아 수의 합이 15인 3×3 마방진이다.

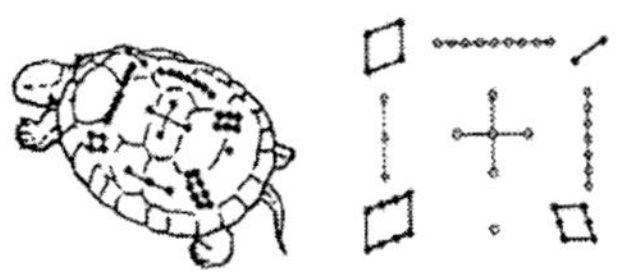

⇨

4	9	2
3	5	7
8	1	6

1.2 고대 그리스의 수학자

고대 그리스시대의 대표적인 주요 수학자와 그들의 업적은 다음과 같다.

가. Thales(B.C. 640~546)

그리스의 밀레투스(Miletus)에서 태어나 젊은 시절에 상인으로 많은 돈을 벌어 연구와 여행으로 여생을 보냈다. 정치가, 상업가, 철학자, 수학자, 천문학자로 유명하다. **그리스의 철학의 아버지이자 기하학의 창시자로 명확한 증명을 시작하였고, 우주의 근원적인 물질을 물이라 주장했다.** 또한 B.C. 4700년경 세워진 피라미드의 높이를 작은 막대기를 사용하여, 닮은 직각삼각형의 비례관계로 정확히 계산하였다. 그리고 지구가 둥글다는 것을 알았고, 1년이 365.25일이라는 것을 소개하였다. 탈레스가 발견하여 증명했던 정리는 다음과 같다.

① 두 직선이 만날 때 그 맞꼭지각의 크기는 서로 같다.
② 이등변삼각형의 두 밑각은 서로 같다.
③ 두 삼각형에서 두변의 길이와 그 끼인각이 같으면 두 삼각형은 서로 합동이다.
④ 두 삼각형에서 그 두각과 끼인 한 변의 길이가 같으면 두 삼각형은 서로 합동이다.
⑤ 삼각형의 내각의 합은 180도 이다.
⑥ 한 원에서 지름에 대한 원주각의 크기는 직각이다.
⑦ 두 개의 삼각형에서 대응하는 변이 모두 평행이면, 두 삼각형은 서로 닮음이다.

나. Pythagoras(B.C. 582~497?)

피타고라스는 에게해의 Samos 섬에서 태어났다. 그의 정리는 유클리드의 기하학원론 제1권에 증명과 함께 있다. **피타고라스학파의 철학은 정수(整數)가 만물의 근원이라는 가정위에서 세워졌다.** 이것이 수의 성질에 대한 찬미와 연구를 이끌었고 기하학, 음악, 천문학과 더불어 수론(數論)으로 생각되는 산술이 피타고라스학파의 기초가 되었다. 피타고라스의 교육은 완전히 구두로 행해지고 모든 발견의 업적을 숭배하는 단체의 설립자에게 돌려졌던 관습으로 수학적 발견이 피타고라스에 의한 것인지, 학파에 의한 것인지 정확하지 않다.

피타고라스학파는 수론의 발전에 도움을 주었고 수의 신비주의에 많은 영향을 미쳤다. 그는 **진약수의 합과 같은가, 작은가, 큰가에 따라 완전수, 부족수, 과잉수로 나누고, 친화수(진약수의 합이 같은 두 수, 220과 284)를 발견하여** 점이나 부적으로 사용하였다. 또한 형상수는 기하학적 배열에서 점의 개수를 나타내며 기하학과 산술과의 밀접한 관계를 보여주었다.

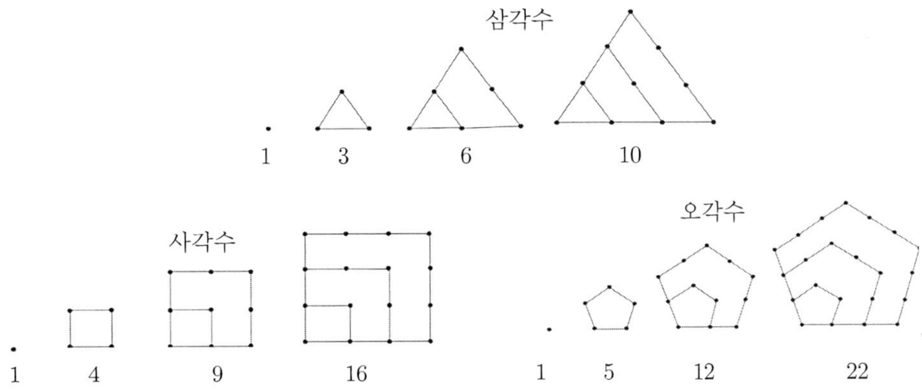

<피타고라스의 형상수>

다. Plato(B.C. 428?~347)

플라톤은 소크라테스(Socrates, B.C. 471~399)의 가장 우수한 제자로 아테네의 서쪽 교외인 아카데모스의 숲에 철학학교(Akademia)를 세웠다. 그 학교의 주요 과목은 기하학과 산술로 교문 현관에 "**기하학을 모르는 자는 이 문안에 들어오지 말라.**"라고 붙였다. 그는 주어진 정육면체의 부피를 두 배로 만들 수 있는 기계를 만들었으나 "**수학이란 기계의 힘을 사용하지 않고 순수 사유에 의해서 문제를 해결할 때 의의가 있다.**"며 자신의 해결방법에 만족하지 않았다. 이 문제는 2000년이 지난 후, 자와 컴퍼스만으로 작도할 수 없음이 증명되었다. 그의 철학은 이데아(Idea)설로 세상에 나타나는 모든 현상은 신의 정신에서 임시방편에 지나지 않는다고 하였다. **수학에서 자로 직선을 그리거나, 컴퍼스로 원을 그리면 단지 그렇게 보일 뿐 실제로 직선이나 원이란 없고 인간의 이성(즉 이데아의 세계)에서만 존재한다고 보았다.** 완전한 삼각형이나 원은 관념의 세계에서만 이루어진다는 관념론을 주장하였다. 수학의 대상인 수나 도형은 불변인 이데아로 보고 기하학이 알려고 하는 것은 영원한 존재이며 어느 시기에 생성했다가 소멸하는 것이 아니라고 주장하였다.

라. Euclid(B.C. 330~257?)

Euclid는 기원전 300년경, 고대 수학의 최대 중심지인 알레산드리아 시대 수학자로 알렉산드리아 대학에서 수학을 가르쳤다. **플라톤의 사상을 가장 잘 나타낸 수학자로 당시까지 기하학을 체계적으로 정리한 13권의 기하학원론**(Stoicheia 또는 Elements)

을 만들었다. 이 책에 465개의 명제에서 제 1권의 1쪽에 정의1 : 점은 부분을 갖지 않는 것이다. 정의2 : 선은 폭이 없는 길이다. 정의3 : 선의 양끝은 점이다. 정의4 : 직선이란 모든 점으로 구성된다. 정의5 : 면은 폭과 길이만을 갖는 것이다. … 정의23 : 동일 평면상에 있는 두 직선을 양쪽으로 끝없이 연장해도 만나지 않는 것은 평행선이다. 등의 23개 정의가 있다.

이어서 5개의 공준을 말하였다.

① 한 점에서 다른 한 점으로 직선을 그을 수 있다.

② 직선은 얼마든지 연장할 수 있다.

③ 정점을 중심으로 주어진 반지름을 갖는 원을 그릴 수 있다.

④ 직각은 서로 같다.

⑤ **한 직선이 다른 두 개의 직선과 만나서 이루어지는 두 내각의 합이 180°보다 작을 때는 내각의 합이 180°보다 작은 쪽에서 만난다.**

Euclid는 **정의를 바탕으로 몇 개의 공리를 논리적·연역적 방법으로 적용하여 정리를 유도하고 수학을 하나의 학문으로 체계화하였다.** 그는 이집트의 프톨레마이오스 2세가 될 왕자를 지도할 때 좀 쉽게 가르쳐달라는 말에 “기하학에는 왕도가 없습니다.”하였고, “논리만으로 이어지는 이런 학문(기하학)을 배워서 어디에 써먹겠는가?”라는 제자 물음에 “너는 장사해서 돈이나 벌어라.”며 호통쳤다는 이야기가 있다. Euclid의 원본은 19세기말까지 약 2000년간 수학교육에서 성전처럼 절대적인 권위를 가진 교과서 역할을 하였다. 또 러시아의 로바체프스키(Lobacheski, 1793~1856), 볼야이(Bolyai, 1802~1860)는 유클리드의 제 5공준은 부정하여 ‘평면상의 한 직선 밖의 한 점을 지나면서 평면에 한 직선과 만나지 않는 무수히 많은 직선을 그을 수 있다.’ 는 비유클리드기하학을 발표하였다. 그 뒤 리만(Riemann, 1826~1866)은 평행선이 하나도 없는 기하학을 만들었다. 이 기하학을 비유클리드 기하학이라 한다.

마. Archimedes(B.C. 287~212)

아르키메데스는 그리스 시칠리아섬의 시라쿠사(Syracuse)에서 철학자의 아들로 태어나 이집트의 알랙산드리아에서 오랫동안 유학을 하였다.

근대적 의미에서 과학의 창시자로 원주율 π, 원의 넓이, 구의 표면적과 구의 부피를 구하였고, 이것은 2000년이 지나 17세기의 미적분학의 기초가 되었다. 또 히예론왕의 왕관의 금이 진짜인지를 목욕탕에서 부력의 원리를 발견하고는 “**eureka!**(알았다)”면서 발가벗은

채로 거리를 활보했다는 이야기, '나에게 지렛대와 그 支點만 준다면 달도 움직여 보겠다.' 고 주장하였다.

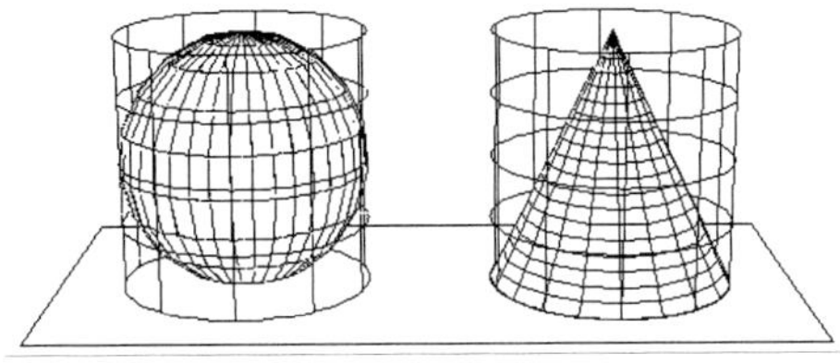

그가 발견한 원기둥의 부피와 그에 내접하는 구의 부피, 원뿔의 부피의 비가 3 : 2 : 1이 됨을 기리기 위해 그의 묘비에는 3가지의 그림이 있다(원뿔은 없고 원기둥에 구가 내접한 모양만 있다는 이야기도 있다.). 실제 아르키메데스의 방법으로 원의 넓이를 구하려면 원주율 π의 값을 알아야 한다. 아르키메데스는 원주율의 값을 정확히 구할 수가 없자 내·외접 정육각형에서 출발하여 원에 내접하는 정96각형과 그 원에 외접하는 정96각형을 그려 원의 둘레는 내접96각형의 둘레보다는 길고, 외접96각형의 둘레보다는 작다고 하였다. 즉,

$$(\text{내접96각형의 둘레}) < 2\pi r < (\text{외접96각형의 둘레})$$

$$3\frac{10}{71} < \pi < 3\frac{1}{7}$$

바. Appolonius(B.C. 262~190)

고대 그리스의 천문학자이자 수학자인 아폴로니우스는 원뿔곡선을 연구하여 타원, 포물선, 쌍곡선을 만든 것으로 유명하다. 평면이 원뿔의 밑면과 평행하면 원, 평면이 원뿔의 밑면과 비스듬하게 만나면 타원, 모선과 평행하게 만나면 포물선, 그리고 이중 원뿔에서 평면과 밑면이 만나는 각도가 모선과 밑면이 이루는 각도보다 클 경우는 모두 쌍곡선이 된다.

타원(ellipse), 포물선(parabola), 쌍곡선(hyperbola)의 이름도 아폴로니우스가 만든 것으로, 초기 피타고라스학파가 넓이에 대하여 사용한 용어에서 따온 것이다. 원뿔곡선은 현대의 현실

세계를 나타내는 일부분으로 예를 들어 우주의 행성들의 궤적에서 원뿔곡선을 찾을 수 있다.

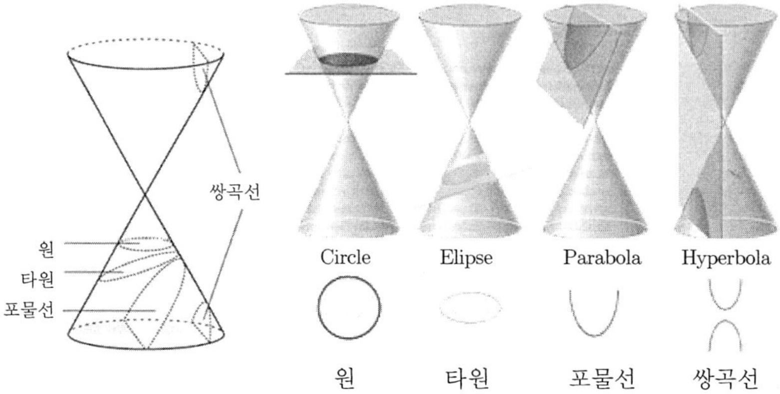

평면에서 두 정점(定点) 사이의 비가 1이 아닌 일정한 값을 가지는 점의 자취인 원을 ‘아폴로니우스의 원’이라고 한다. 아폴로니우스는 두 정점 A와 B에 이르는 거리의 비가 일정한 값 m : n을 갖는 점 P의 자취를 연구하였다.

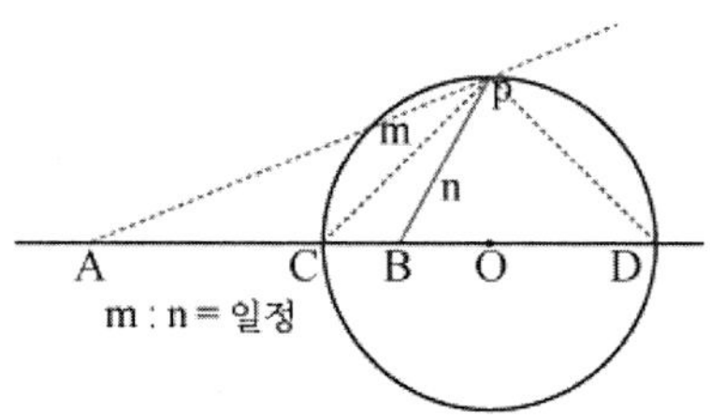

그림에서 ∠APB의 이등분선이 직선 AB와 만나는 점을 C라 하면 C는 선분 AB를 m : n으로 내분하는 점이다. 또, ∠APB의 바깥쪽 각을 이등분하는 직선이 직선 AB와 만나는 점을 D라 하면 D는 선분 AB를 m : n으로 외분점이다. 그런데 ∠CPD는 직각이므로, 점 P는 일정한 선분 CD를 지름으로 하는 일정한 원 위에 있다.

위에서 BI = IC일 때, 선분 AI는 중선(Median)이고, 다음이 성립한다.

$$\overline{AB}^2+\overline{AC}^2=2(\overline{BI}^2+\overline{AI}^2)\text{(아폴로니우스의 정리)}$$

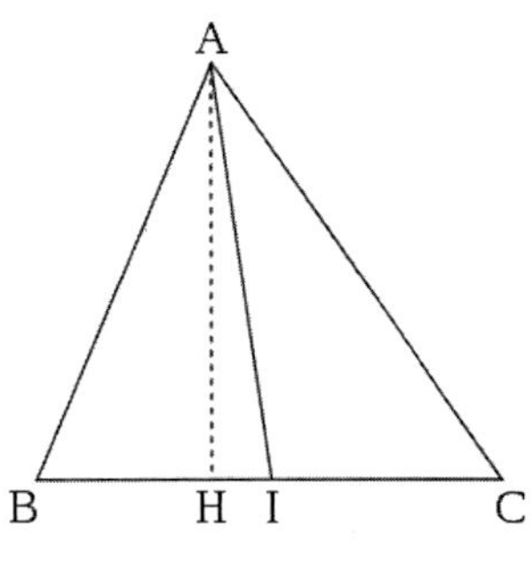

특히, AB = AC가 성립할 경우, 피타고라스의 정리가 된다. 즉,

$$\overline{AI}^2+\overline{BI}^2=\overline{AB}^2(=\overline{AC}^2)$$

이 정리는 스튜워트 정리(Stewar’s theorem)에서 BI = IC를 가정할 때와 동일하므로 스튜워트 정리의 특수한 형태가 된다.

2. 수학교육

2.1 수학교육의 현대화

인간의 교육은 인류문명과 사회의 변화에 따라 바뀌고 있다. 수학교육이 인류 문명의 역사와 함께 시작되었으나 수학교육의 연구 활동이 체계적인 학문으로 시작된 것은 불과 한 세기도 안 된다. 수학교육사는 1900년 이전을 전사(前史)라고 부르며, **수학교육의 오늘날과 같은 모습은 1900년 이후로 특히 1900년대 초의 수학교육 개혁운동, 1950~1970년대의 수학교육 현대화 운동이었다. 1900년대에는 여러 수학자들이 수학교육의 개혁을 주장하였다. 특히 영국의 페리(J. Perry), 독일의 클라인(F. Klein), 미국의 무어(E. H. Moore)등이 개혁운동의 선두에 섰다.**

① Perry(영국, 1850~1920)는 1901년 영국학술협의회 "수학의 교수"(The teaching of Mathematics) 강연에서 수학학습의 가치를 항목별로 열거하고 수학교육의 결함을 들어 개혁해야 할 교수방법을 논하고 그가 제안한 요목의 실시로 수학학습의 목적이 관철될 것이라 주장했다.

② Moore(미국, 1862~1931)는 1902년 "수학의 기초에 대하여"의 고별 강연에서 **초등학교의 수학교육에 대해 언급하고, 수학을 구체적인 사물과 직접 관계 지을 수 있도록 아동의 관찰, 실험, 추리능력의 함양 강조와 초급대학이하의 학습방법으로 실험실법의 적용을 권고하였다.**

③ Klein(독일, 1849~1925)은 1902년 "중등학교의 수학교육에 대하여" 논문을 발표 후, 1904년 GÖttingen대학에서 응용수학의 중시와 고등학교 및 실과학교에서 수학교육의 특수목적을 논하고, 수학학습에서 연역적 사고, 자연과학 학습에서 귀납적 사고의 중요성을 주장하였다. 또한 함수개념의 양성과 공간개념의 함양이 수학교육에서 매우 중요함을 역설하였다.

이러한 운동을 '페리운동(Perry movement)'라 부르고, 전체적인 면에서 동일한 목표와 공통된 방향으로 개혁운동을 전개하였다. 여기서 주장한 내용을 정리하면 다음과 같다(김응태·김연식, 수학교육, 1982, p.6).

- **실험·실측을 중요시한다.**
- **계산에 로그를 사용한다.**
- **모눈종이를 사용한다.**
- **대수공식을 이용하는 지식과 능력을 기른다.**

• **수학의 실용방면, 특히 자연과학과 결부되는 방면을 중시한다.**

그 후 페리운동은 듀이의 교육사조와 결부하여 '생활수학'이라는 이름으로 수학의 생활화를 목표로 발전하여 1950년대는 미국과 유럽의 선진 각국에서 수학교육의 현대화운동이 일어나기 시작하였다.

수학교육의 현대화운동은 1957년 10월 4일 소련의 인공위성인 스프트닉(Sputnik)호의 발사로 미국의 수학교육에 큰 충격과 세계적인 영향을 주어 '학교수학 연구그룹(SMSG)'의 현대적인 교과서의 제작활동 계기가 되었다. 그러나 현대화의 태동은 1930년경부터 비약적으로 발전된 현대수학을 학교교육에 반영하려는 집약된 결과로 보는 의견도 있다. 1950년대의 수학교육개혁운동은 세계적으로 광범위하고 급진적으로 진행되어 미국 NCTM(National Council of Teachers of Mathematics)에서 '수학교육의 혁명(The Revolution in School Mathematics)' 이라 하였다.

세계 각국의 현대화에서 강조한 공통점은 다음과 같다.

① **집합개념에 바탕을 두고 있다. Euclid시대에 수학의 도구는 기하문제를 푸는 보조선으로 보고 있다. 이는 Euclid기하학이 논리 정연하지만, 문제의 해법이 너무 비논리적인 비약이다.** Descartes는 눈을 대수학으로 돌려 해석기하학의 도구는 좌표, Newton 시대(17세기~18세기)는 극한이 되었다.

② **수학적 구조에 중점을 두고 있다.** 구조(Structure)의 기본정신은 전체와 부분간의 관계를 명확히 하며 전체속의 부분이나 부분에 의한 전체를 동시에 알아보는 것이다. Bourbaki에 의해 주장된 수학적 구조는 대수적 구조, 위상구조, 순서구조가 있는데 독립적, 분산적으로 전문화하는 것이 아니고 동질적 내용에 속하면 어느 하나에 통합하려는 생각이다.

③ **논리적인 엄밀성을 강조하고 있다.** 수학의 전개방식은 공리가 있고 공리에 따라 연역적 전개방식을 택하여 그에 따른 사고의 체계화와 합리성을 추구하는 것으로 모두 논리적인 엄밀성을 강조하는 것이다.

④ **학습내용을 조기 도입을 바라고 있다.**

⑤ **창조성 개발에 역점을 두고 있다.**

⑥ 공리론적 방법을 강조한다.

⑦ 교재내용을 정선한다.

⑧ 교재의 배열에 있어 나선형식을 택한다.

2.2 수학교육의 목적

가. 실용적 가치

현대에서 수학은 가계, 은행, 보험 등의 경제활동과 사회, 기업, 국가 등의 행정, 관리 영역에서 여러 가지로 활용하고 컴퓨터의 발달로 효용성은 더욱 증가되고 있다. 이러한 실용성은 국가에서 정보산업, 국방 등의 분야에서 과학기술의 수준은 그 나라의 국력을 결정하고 개인의 생활을 매우 편리하게 해 주고 있다. 이처럼 인간이 사회의 한 구성원으로서 생활을 실천하는 데 필요한 수학지식이나 기능을 습득하고 수량적 사고를 할 수 있는 사고(Idea)나 개념을 잘 사용할 수 있도록 해 준다. 또 현대의 부가가치는 개인의 창의성에 크게 의존하는데 여기에 수학적 지식이나 발상이 크게 공헌하고 있다.

나. 문화적 가치

수학은 인류가 오랜 역사에 걸쳐 지속적으로 발전, 누적 시켜온 정신문화의 정수라고 할 수 있다. **학교에서 수학을 배우는 것은 인류가 남긴 문화적, 학문적 유산을 계승하여 활용 발전시키는 일에 참여하는 셈이 된다.** 수학은 많은 사람들의 노력을 거쳐 발전하면서 그 사회의 발전에 공헌하며 여러 방면에 기여하고 있는 소중한 정신적 문화유산이다. 인간의 과거 생활에서 생활의 실천이나 창조는 문화유산으로 축적되고, 학문으로서 체계화되었다. 이러한 문화유산은 생활의 실천에 활용될 뿐만 아니라 그것 자체가 중요한 가치를 지니는 것으로 다음 세대에 전승 발전되어야 한다.

다. 도야적 가치

수학이란 수학을 학습하는 학생들에게 논리적으로 정신능력을 배양하는 정신능력을 도야시키는 소재가 된다. 수학은 논리적 사고력, 추상적 사고력, 창의적 사고력, 비판적 사고능력, 기호화와 형식화 능력, 단순화하고 종합화 능력을 신장 시킬 수 있다. 학교에서 배우는 수학은 단지 기성 수학적 지식의 습득과 시대에 따라 수학적 지식을 배우는 데 필요한 수학의 특성을 올바르게 인식하는 작업으로 수학학습에 적합한 정신적 능력이다.

라. 심미적 가치

수학은 수학적 법칙이나 수학적 증명에서 아름다움을 느낀다. 수학적 대상이나 개념들 사이의 관계 발견이나 복잡한 관계가 매우 간단하게 수학적으로 기술될 때 아름다움을 느낀다. 또 이미 증명된 정리를 다른 방법으로 더 간단하거나 명확히 증명하는 노력도 수학의 아름다움이라 할 수 있다. 이러한 아름다움을 느낄 수 있다는 것은 수학적 개념들 사이의 조화로운 관계를 볼 수 있고, 수학적 원리나 법칙에 내재된 아름다움은 매우 다양할 수 있다. 이러한 수학의 아름다움을 감상할 수 있는 안목을 길러주는 것이 필요하다.

2.3 초등 수학적 지식의 특성

수학학습은 학생들의 인지수준에서 내용을 엄선하고, 또 내용의 교재화 과정에서 구체적 조작활동을 통하여 비형식적인 사고활동이 일어나도록 해야 한다. 이런 관점에서 수학의 특성 중에서 직관성, 비형식성 등이 강조되고 창조성으로 연결되어야 한다. **수학 학습내용의 특성 6가지는 수학과의 최종 도달할 수준으로 초등수학은 완성된 수학으로 숙달이 아니라 만들어 가는 덜 완벽한 수학을 하게 된다.** 완성된 수학을 위해 비현실적이고 직관적인 사고를 구체적 조작과 같은 실험과정을 통하여 많은 경험을 제공하여 나중에 형식화된 수학을 할 수 있는 기초를 마련해 준다.

가. 추상성(抽象性)

추상성은 실제적 또는 구체적으로 경험할 수 없는 성질을 뜻하지만 수학적 개념을 구성하는 장면에서 기본적으로 사용하는 방법이다. 즉 **어떤 구체물들의 집합에서 각 구체물들이 갖고 있는 속성 중 이질적인 요소(색깔, 크기, 촉감, 냄새 등)는 제거하고, 공통적인 성질만을 추출하는 것을 추상화라 한다.**

수학에서 다루는 대부분은 추상화의 개념으로 수학은 이런 개념들 사이의 상호관련성을 따져가는 것이라 할 수 있다. 예를 들면 자연수는 사물의 모임에서 사물의 수를 대응의 조작으로 비교해 보고 낱낱의 수를 세어 보는데서 얻어진다. 그러나 세는 대상이 되는 사물 자체는 수가 아니고 수의 개념을 형성해 주는 자극물이다.

예를 들면 연필 3자루, 색종이 3장, 사과 3개 등과 같은 구체물의 모임에서 이질적인 요소(물질적인 것, 형, 크기, 색깔) 등은 사상하고, 공통인 속성을 뽑아 만든 표상을 이상화하여 자연수 "3"(셋, 삼)의 개념을 형성한다.

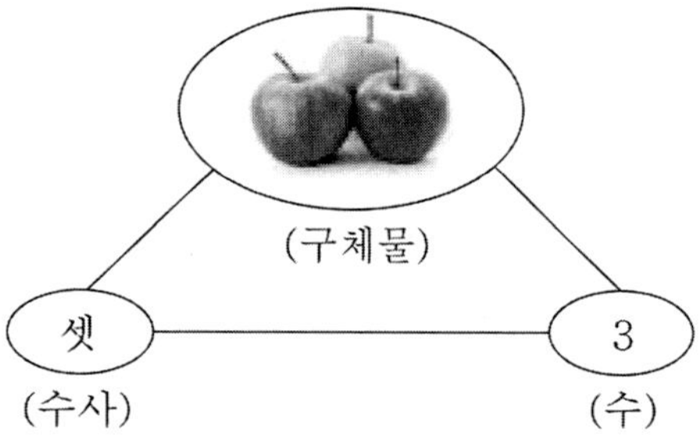

또 직사각형은 흑판, 유리창, 책과 같은 이질적인 요소(재료, 용도 등)를 갖는 구체물 중에서 모양에 관심을 두고 관찰하면 네모가 된다.

추상성은 학생들에게 매우 어려운 것으로 반드시 구체물과 연결하여 지도해야 한다. 구체

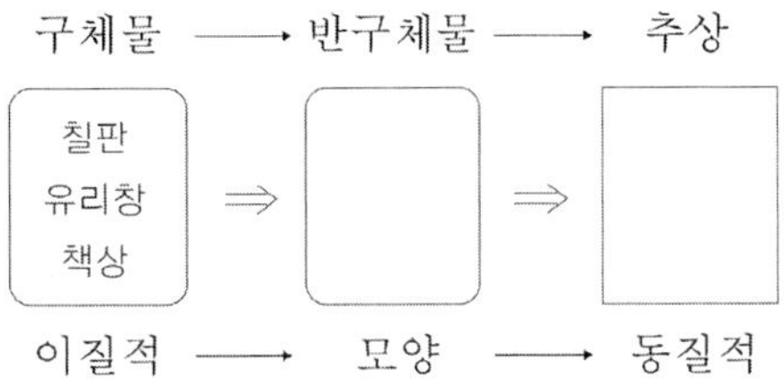

만으로 수학은 불가능하고 모든 지식은 구체가 아닌 추상적인 개념에서 형성되는 것이다. **추상화는 사물의 현상을 기호화하고 또 간결 명확하게 표현하고 활용함으로써 사고활동을 돕는다.** 이 방법은 **이질적인 구체물 중에서 동질적인 것을 찾는 과정에 귀납적 방법이, 또 추상화된 것에서 구체적 사항의 여러 가지로 적용될 때에 연역적 방법을 따른다.**

나. 형식성(形式性)

형식성은 어떤 대상에서 추상화 방법을 통하여 필요한 원리나 규칙을 발견하고 보다 편리한 격식, 양식 등을 만들어 더욱 일반성을 띤 활용 방법을 말한다. 수학에서 편리하다는 것은 작업량이 적을 때로 작업량은 글자를 쓸 때의 일의 양과 생각하는 일의 양으로 세분된다. 수학의 형식성은 수학적인 엄밀성과 수학체계의 무모순성을 보장하기 위한 장치로 19세기 말 독일의 힐베르트에 의해 더욱 명확하게 제시 되었다.

예를 들면 자연수의 덧셈형식은 소수, 분수의 덧셈형식과 공통되는 점이 있어 최종에는 소수, 분수의 덧셈에 적용되는 계산의 틀을 만든다. 역으로 이 형식은 자연수, 소수, 분수의 덧셈 계산에 적용하게 되는 것이다.

■ 다음 계산 중 어느 것이 편리할까?

3 2	3 2
②↕↕①	①↕↕②
+ 1 5	+ 1 5
4 7	4 7

받아 올림이 1번 있을 때	
3 2	3 2
②↕↕①	①↕↕②
+ 1 9	+ 1 9
5 1	5 1

받아 올림이 2번 있을 때	
3 2	3 2
②↕↕①	①↕↕②
+ 9 9	+ 9 9
1 3 1	1 3 1

■ 자리 수를 맞추지 않고 계산할 때에는 어떨까?

3 2	3 2
+ 1 9	+ 1 9
2 2 2	3 3 9

위의 과정에서 덧셈의 편리함은 다음과 같은 형식을 얻게 된다.

① 자리 수를 맞추어 계산한다.

② 일의 자리부터 십의 자리로 올라가며 계산한다.
③ 받아 올림이 있는 계산은 받아 올린 수를 잊어서는 안 된다.

계산 방법은 인간에 의하여 만들어진 형식이나 규칙으로 지도에서 중요하지만 형식을 낳는 비형식적인 장면도 중요하다. 이점에 유의하여 비형식(informal)에서 형식(formal)의 단계를 거쳐 완전한 형태(form)를 만들어 가는 것이 바람직하다.

예를 들면 두 분수 $\frac{a}{b}$, $\frac{c}{d}$에 대하여 덧셈의 형식화는 다음과 같다.

$$\frac{a}{b}+\frac{c}{d}=\frac{ad+bc}{bd}$$

기호논리학의 선구자인 Leibniz는 "해석의 비밀은 그 기호의 표시 방법에 달려 있다."하고 "**기호로 간단히 표현하는 것은 사물의 본질을 찌를 때이고, 그럴수록 생각하는 수고는 놀랄 만큼 줄어든다.**"라 하였다.

다. 이상성(理想性)

이상성은 어떤 사물이나 현상에서 그 사물보다는 그것들에 대한 사유의 힘을 통하여 얻어지는 개념이다. 예를 들면, 비례의 개념에서 '빠르기가 일정할 때에 달리는 거리는 주행시간에 비례한다.'에서 '빠르기가 일정할 때'의 조건은 현실에서 정확하게 맞는 것은 없다. 또 나눗셈에서 '사과 12개를 4사람에게 똑같이 나누면 한 사람에게 몇 개씩 줄 수 있는가?'에서 '똑같이 나누면'의 조건을 배제해 버리면 나눗셈이 성립하지 않는다.

이와 같이 '빠르기가 일정할 때', '똑같이 나누면' 등과 같이 이상화한 비례 개념, 나눗셈 개념이 이상성이다. 실제로 삼각형이나 원의 도형은 아무리 정확하게 그리더라도 단지 그렇게 보일 뿐 실제 똑바른 원이나 직선이 아니다. 이처럼 존재하지 않은 진짜의 직선과 원은 인간의 이성(理性, 즉 이데아)의 세계에 존재한다고 보고, 완전한 삼각형이나 원은 눈으로 보거나 만질 수 있는 것이 아니라 관념(觀念, idea)의 세계에서만 이루어지는 것으로 보는 철학을 플라톤의 관념론이라 한다.

라. 일반성(一般性)과 특수성(特殊性)

일반성이란 일반화의 사고에 의하여 얻어지는 확장된 개념, 원리, 법칙 등을 뜻한다. 일반화란 몇 개의 개념이나 원리, 법칙들에서 추상적 방법으로 공통된 형식을 만들어 확장해 가는 작용을 말한다. 즉 일반화는 1개의 대상의 고찰에서 그 대상을 품는 집합으로 고찰의 대상을 넓히는 것이다.

예를 들면, 분수 개념은 3학년에서 등분할의 분수, 양의 분수, 조작의 분수의 개념이, 4, 5학년에서는 분수의 뜻을 포함하면서 비율의 분수, 나누어떨어지지 않는 나눗셈에서 몫의 분수 등의 확장된 분수의 일반개념을 갖게 한다. 이처럼 학년이 올라 갈수록 자연수의 자리잡기에 의한 십진기수법의 원리가 자연수, 분수, 소수의 사칙연산으로 계속 확장한 학습을 하게 되어 최종적으로 가장 일반적인 원리가 만들어진다.

초등수학에서 적용되는 언어적 일반화가 중·고등수학에서는 문자로 일반화로 발전된다. 초등학생들에게 피가수, 가수, 합과 같은 용어의 사용한 논리 정연한 표현은 발달과정상 곤란하지만 언어적 일반화의 표현정도는 무난하다. **수학교육에서 일반화과정이 없다면 지식의 고차적인 통합화와 확장화는 기대할 수 없다.**

특수화는 일반성에 대립되는 개념으로 일반적인 형식에서 특수화된 사고에 의해 얻어지는 개념이다. 즉 어느 대상의 집합에 대한 고찰에서 그 집합에 품기며 보다 대상의 범위가 작은 집합으로 고찰하는 것을 뜻한다. **Polya는 주어진 집합에 대한 고찰을 토대로 그에 포함되면서 그 보다 더 작은 집합의 고찰로 이동하는 것이라고 정의하였다.**

마. 계통성(系統性)

수학에서 계통성은 어떤 기초적인 내용을 토대로 새로운 조합이나 통합으로 새로운 내용을 구성하는 체계를 말한다. 즉, 앞과 뒤의 학습내용을 차례차례 다음 단계로 연결하면서 새로운 것의 첨가나 누적적으로 조직하여 수학내용을 구성해 가는 것이다. 특히 수학은 계통성이 뚜렷하여 한 번의 수업결손은 다음 내용의 이해에 어려움을 준다. 계통성은 학습내용의 순서를 정할 때 논리적인 연결성을 갖고 학습이 단계적으로 이루어지도록 한다.

예를 들면, 사물의 낱낱의 개수로 자연수를 정의하고, 다음에 등분할의 조작을 통하여 분수를 정의하며, 진분수를 통하여 소수를 정의한다. 이처럼 자연수, 분수, 소수의 순서로 내용을 구성해 가는 계통성을 나타내고 있다. 또 곱셈은 덧셈에서 동수누가의 경우와 배의 개념을 통하여 정의하며, 나눗셈은 뺄셈에서 동수누감의 조작을 통하여 포함제, 등분제의 나눗셈을 정의한다. 만약 수학 학습내용을 개별적, 분산적, 독립적으로 생각하거나 전후관계를 끊는다면 학생들은 학습흥미를 잃고 싫어하게 된다. 예를 들면, $2+2+2=6$의 동수누가를 $2\times3=6$과 같이 곱셈은 동수누가의 방법을 거치는 계통성을 생각할 수 있다. 나눗셈은 뺄셈에서 동수누감의 공통된 요소를 갖는데 예를 들면, $12\div3$은 $12-3-3-3-3=0$과 같이 동수 누감하여 12에는 3이 4번 들어 있다는 사실을 알고 $12\div3=4$를 구하는 계통성을 갖는다.

자연수의 구조는 Peano의 공리로 만들어져 덧셈과 곱셈은 폐쇄성과 일의성이 성립하나 뺄셈과 나눗셈은 불가능하여 정수, 유리수로 확장하여 생각해 본다. 이때 자연수와 정수, 정수와 유리수는 다른 개념이고 포함관계가 설립한다. 유리수와 무리수는 다른 개념과 동시에 대립개념이다. 이와 같이 다른 개념과 대립개념은 새로운 개념 속으로 포함되는 계통성은 수학뿐만 아니고 일상생활의 장면에서도 생각할 수 있다.

예 : 분수 $\frac{2}{3}$

- $\frac{2}{3}=\frac{1}{3}\times 2$ (배의 개념)
- $\frac{2}{3}=2\div 3$ (나눗셈)
- $\frac{2}{3}=2:3$ (비)
- $\frac{2}{3}=0.66\cdots$ (비의 값)

위에서 $\frac{2}{3}$은 단선적 계통이 아니고 복선적 다차원적 계통을 갖고 있다.

바. 논리성(論理性)

논리성은 이론의 근거를 분명하고 정확히 하는 것으로 가정에서 결론으로 이끌어 가는 과정이 분석적이고 단계적이며, 다음 명제는 앞의 명제로부터 정당하게 이끌어진 사고 작용을 뜻한다. 초등학교에서 형식화된 논리지도는 학습발달 과정상 강조하기 어렵지만 직관이나 통찰을 통한 구체적인 조작 활동과 실험·실측을 통하여 직관적으로 대상을 보고 사고하는 힘을 기르는 것은 필요하다. 논리성은 추리의 형식인 귀납, 연역, 분석, 종합, 유추 등을 바탕으로 논리적 사고의 확실성을 뜻한다. 초등 수학내용은 논리적 추리형식에 적합한 교재의 구성이 어렵지만 수학교재 내용은 논리적 사고력을 신장시킬 수 있도록 기틀을 마련해준다. 즉 수학적 개념이나 원리, 법칙을 먼저 이해하고, 다음에 수학적 기능의 숙달을 필수적으로 나아가 수학적 적용의 단계가 포함되도록 구성하고 있다. 교재내용의 전개는 선수학습의 내용과 관련을 맺으면서 체계를 세우고, 학습과제를 계열화하여 위계에 따라 구성하고 있다.

2.4 수학적 사고의 방법

수학학습에서 사고 방법은 간단한 사실은 참, 거짓의 판단을 쉽게 하나 복잡해지면 어렵게 된다. 그래서 **기지의 사실을 바탕으로 미지의 사실의 참, 거짓의 판단하는 사고 작용을 추리**(inference, reasoning)라 한다. 수학적 추리는 추리방법은 귀납추리, 연역추리, 유비

추리가 있는데 이들의 특징을 알아보고 어떻게 활용되는지 살펴보자.

思考란 보통 '생각하는 것', '생각'이며 철학에서는 넓게 '인간의 지적작용의 총칭', 좁게는 감성의 작용과 구별하여 '개념·판단·추리의 작용'으로 해석한다. 심리학에서는 '어떤 사상을 야기하는 심적 과정' 또는 '어떤 과제에 대처하는 심적 작용'으로 설명한다.

직관과 논리는 서로 상보적 관계로 동시에 일어나지는 않지만 수학적 사고의 경우에는 밀접한 관련이 있다. **직관은 사고의 대상을 인지하는 것으로 다소 명확하지는 않지만 전체를 감지하고 이론의 전개 방향과 기틀을 마련해 주며 논리의 방향을 시사해 준다.**

논리적 사고는 모든 사상에 대해서 감정적이나 자기중심적인 생각을 떠나 인과관계라는 입장에서 미지의 사상의 연쇄를 발견하려는 심적 기능이다. **논리적 사고는 직관적인 판단에 대한 의문이나 불안감이 생길 때 일어나는 것으로 직관적 판단은 논리적 사고를 거쳐야 그 확실성을 보장받는다.** 특히 도형 개념의 형성이나 성질의 발견 학습은 직관과 논리의 활동 학습을 한다. 즉 여러 가지 사각형에서 직관적으로 도형의 특징을 찾아 직사각형의 개념을 정의하는 경우는 직관력을 배양할 수 있으며 또 평행사변형에서 변의 길이나 변의 위치, 각의 크기 등을 분석하여 도형의 성질을 발견하는 경우에는 논리적 사고력을 배양할 수 있다.

직관력의 육성을 위해서는 구체적인 조작활동이나 그림을 통한 학습지도가 있어야 하고, 논리적인 사고력의 육성을 위해서는 아동 상호간의 논의나 토론을 도입하고 표현을 중시하는 수업이 필요하다.

가. 귀납적 사고

귀납적 사고는 개개의 구체적인 사실이나 특수한 사실에서 공통요소를 찾아내어 일반적인 원리나 법칙을 이끌어내는 사고 방법이다. 즉, 특수한 사실로부터 일반적인 결론을 이끌어내는 방법이다. 어느 사상의 부분이나 개개의 특수사례에서 전체에 관한 지식이나 공통적이고 보편적인 성질을 이끌어내는 방법을 말한다. 따라서 **귀납추리는 단 한 개의 사실에 대한 추리에서는 적용될 수 없고 여러 개의 것을 통합하여 일반법칙을 이끌어 내거나 규칙적인 연속변화에서 일반적인 원리나 법칙을 발견하는 것이다.**

예를 들면 삼각형의 내각의 합은 여러 종류의 삼각형에서 각각의 삼각형의 내각의 합을 구해보고 삼각형의 모양이 다르더라도 내각의 합은 180°가 된다는 공통적인 원리를 발견하게 된다.

특히 초등학교에서는 연역적인 방법보다 실험·실측을 동반할 수 있는 귀납추리의 방법이 잘 적용된다. 그러나 주의해야 할 것은 귀납추리의 결과는 때로는 거짓이 될 수 있다는 사실로 논리적 증명과정이 뒤따라야 한다.

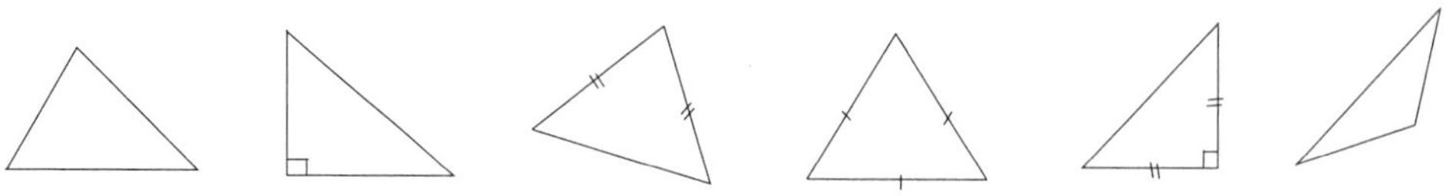

① ② ③ ④ ⑤ ⑥

나. 연역적 사고

연역적 사고는 **일반적인 명제나 보편적 원리, 법칙을 전제로 보다 특수하고 개별적인 명제나 특수 원리, 법칙을 이끌어내는 사고 방법이다.** 귀납적 사고와는 역방향의 사고방법이다. **귀납적 사고는 일반화나 확장화의 활동을 하고 연역적 사고는 특수화의 활동을 하는 것이 일반적인 방법이다.** 그러므로 연역적인 방법은 논리적인 엄밀성이 철저히 가해진 추리방법이다.

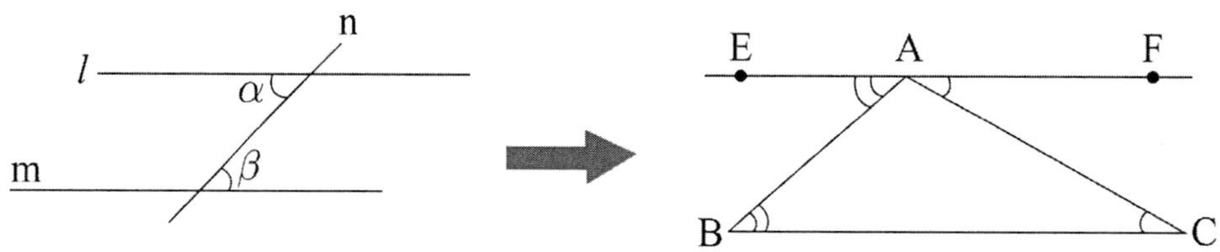

l // m일 $\alpha=\beta$때 (기지의 사실) (미지의 사실)

따라서, $\angle A+\angle B+\angle C=\ \angle BAC+\ \angle EAB+\angle FAC=\angle EAF=180^{\circ}$

예를 들면 삼각형의 내각의 합이 180도임을 연역적 방법으로 알아보자. 평행한 직선 l, m이 제 3의 직선 n과 만날 때, 엇각은 서로 같다는 사실을 활용하여 △ABC에서 A를 지나 선분BC에 평행한 선분EF를 그으면 ∠B=∠EAB, ∠C=∠FAC를 활용한다.

일반적으로 연역추리의 결과는 참인 명제를 근거로 추리하기 때문에 항상 참이 된다. **귀납과 연역의 본질적인 차이는 결론의 성격에 있다. 귀납에 의한 결론은 개연적이나 연역에 대한 결론은 확실하다.** 이에 귀납은 증명의 수단이 될 수 없다. 귀납과 연역은 종합과 분석처럼 인간의 사고 작용의 양면으로 상호보완적인 관계에 있다. 현대수학에서는 공리를 이론전개의 가정이나 전제로 보기 때문에 참이 아닌 가정에서 연역적 추론이 이루어질 수도 있어 얻어진 결과는 항상 참이라고 단정은 못하나 어린이에게 연역적 추론의 학습지도는 참인 명제로 하는 것이 바람직하다.

예 : 왜 $3-(-2)=5$인가?

피감수 3은 일정하고 감수가 1씩 작아지면 그 차는 1씩 커진다는 귀납추리에서 얻어진 원리를 특수한 사실에 적용하면 연역적 추리가 된다.

… … …
3 - 2 = 1
↓ ↓
3 - 1 = 2 ………… 기지의 판단
↓ ↓ (귀납)
3 - 0 = 3 ↓
↓ ↓
3 -(-1) = 4 (연역)
↓ ↓ ………… 미지의 판단
3 -(-2) = 5
… … … ↓
∴ (+) - (-) = (+) (귀납)

다. 유비추리(Analogy)

유추라고도 하는데 이는 몇 개의 유사점을 기초로 특정한 사실에서 그와 유사한 다른 특수한 사실을 추론하는 방법으로 수학 학습활동에서 자주 이용되는 추리 방법이다. 교과서의 내용구성에서 기본문제 A 다음에는 연습문제 B가 있다. 연습문제 B는 A와 B사이에 유사점을 살펴 A의 방법에 따라 B 문제를 풀이하는 방법으로 지도한다. 따라서 **A와 B사이에 유사한 공통점이 발견되면 A에서 추론한 방법에 따라 B를 추론하는 방법을 유비추리라 한다.** 이 방법은 유사점에 따라 추론했기 때문에 항상 참이라고 할 수 없어 논리적 증명과정이 필요하다. 예를 들면 삼각형의 넓이는 평행사변형의 넓이를 통하여 구하고, 평행사변형은 직사각형에서 유도됨을 이해하게 한다. 또 사다리꼴의 넓이는 평행사변형의 넓이를 활용하여 유도됨을 알 수 있다.

즉 특수에서 일반으로 추론하는 귀납, 일반에서 특수로 추론하는 연역, 특수에서 특수로 추론하는 유추방법이다.

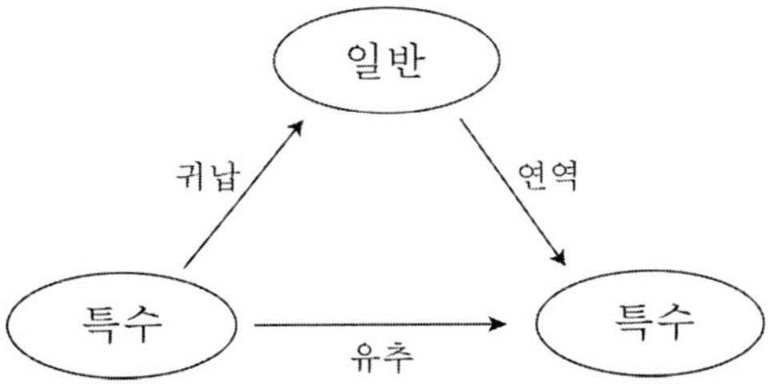

연습문제

1. 고대 수학의 발전과정을 설명하시오.

2. 1900년대의 수학교육의 개혁을 주장하는 가운데, 듀이의 교육사조와 결부하여 발전시킨 개혁운동에 대하여 서술하시오.(명칭, 수학자, 주장 등)

3. 초등 수학적 지식의 특성을 설명하시오.

4. 수학교육의 일반적인 목적 4가지를 쓰시오.

5. 수학적 사고의 방법에 대하여 설명 하시오.

제 2 부 실제편

Chapter. 2 수와 연산

Chapter. 3 도형

Chapter. 4 자료와 가능성

Chapter. 5 측정

Chapter. 6 규칙성

Chapter. 2

수와 연산

◎ 수와 연산 영역의 학년군별 내용 요소

<table>
<tr><th rowspan="2">핵심 개념</th><th rowspan="2">일반화된 지식</th><th colspan="3">학년(군)별 내용 요소</th><th rowspan="2">기능</th></tr>
<tr><th>1~2학년</th><th>3~4학년</th><th>5~6학년</th></tr>
<tr><td>수의 체계</td><td>수는 사물의 개수와 양을 나타내기 위해 발생했으며, 자연수, 분수, 소수가 사용된다.</td><td>• 네 자리 이하의 수</td><td>• 다섯 자리 이상의 수
• 분수
• 소수</td><td>• 약수와 배수
• 약분과 통분
• 분수와 소수의 관계</td><td rowspan="2">(수) 세기
(수) 읽기
(수) 쓰기
이해하기
비교하기
계산하기
어림하기
설명하기
표현하기
추론하기
토론하기
문제해결하기
문제만들기</td></tr>
<tr><td>수의 연산</td><td>자연수에 대한 사칙계산이 정의되고, 이는 분수와 소수의 사칙계산으로 확장된다.</td><td>• 두 자리 수 범위의 덧셈과 뺄셈
• 곱셈</td><td>• 세 자리 수의 덧셈과 뺄셈
• 자연수의 곱셈과 나눗셈
• 분모가 같은 분수의 덧셈과 뺄셈
• 소수의 덧셈과 뺄셈</td><td>• 자연수의 혼합 계산
• 분모가 다른 분수의 덧셈과 뺄셈
• 분수의 곱셈과 나눗셈
• 소수의 곱셈과 나눗셈</td></tr>
</table>

1. 數

수는 역사적 산물로 수학의 대상에서 가장 기본 개념이다. 현재 사용 중인 인도-아라비아 숫자는 인도에서 유래되어 12세기경에 아라비아 상인들에 의해 유럽에 전해졌다. 수 개념의 발달은 심리발생적인 면이나 지도관점에서도 다양하다. 다음의 그림은 인류가 아주 오래 전부터 자연수를 사용하였음을 보여 주고 있는 것이다. 아프리카 콩고의 에드워드 호수 주변 이상고(lshango) 지방에서 발견된 8000년 전의 것으로 보이는 뼈에 인위적인 금이

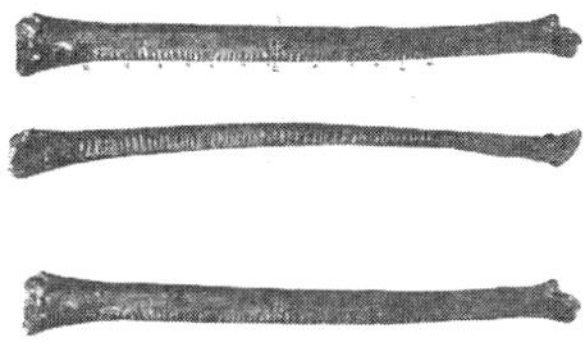

새겨 당시의 인간들이 필요한 수를 기록한 것으로 여겨진다 (강완 외, 초등수학 교수단위사전, 2013).

1.1 數 감각

수 감각(number sense)은 수에 대한 직관적 느낌으로 수의 다양한 사용과 해석 그리고 정확하고 효율적인 계산으로 수를 감지하고 합리적인 결과를 인지하는 능력을 포함하고 있다. NCTM(1989)의 Curriculum and Evaluation Standards for School Mathematics에서 수 감각이 있는 아동들의 특성을 다음과 같이 말하고 있다.

- 수의 의미를 분명히 이해한다.
- 수 사이의 여러 가지 관계를 안다.
- 수의 상대적 크기를 인식한다.
- 수에 작용하는 연산의 상대적 효과를 안다.

수 감각 활동으로 다음과 같은 예를 생각할 수 있다.

- 수 5는 유치원 입학 나이, 2보다 3 큰 수, 10의 반 등을 생각하는 것
- 암산에서 $30+30=60$을 통하여 $29+31=60$을 아는 것
- $8+7=8+(2+5)=(8+2)+5=10+5=15$를 생각하는 것
- $6\times6=36$을 통하여 $5\times7=35$를 생각하는 것
- $28\times25=(7\times4)\times25=7\times(4\times25)=7\times100=700$이 되는 것
- 47×26은 $50\times30=1500$보다 작고 40×20보다 큰 수

수 감각과 수학적 탐구는 규칙성 찾기에서 발달한 것으로 저학년은 수 감각, 순서 짓기, 수 세기, 수열에 대한 발달에 도움이 된다. 이러한 경험은 다음의 그래프 그리기, 수론, 기하 탐구 학습에 영향을 준다.

분류는 수 감각학습에서 기본적이고 유의미한 활동의 선결요건이다. 예를 들면 장난감을 좋아하는 것과 좋아하지 않는 것처럼 **세기 전에 무엇을 셀 것인지 나누는 것이 분류의 인식이다.** 사물을 이해하고 다양한 방법으로 분류하는 것은 사고의 발달에 도움이 된다. 또 더 많고 적은, 가장 많고 가장 적은, 하나도 없는 것 등도 수 세기에 도움이 된다. **논리블럭은 논리적 사고와 분류활동에 좋은 모델로** 의사소통 기능을 발달시킨다.

수학적 사고의 발달에 도움이 되는 4가지 규칙성 활동은 패턴블럭, 점판에 모델과 똑같이 만드는 **'규칙복사'** 활동, 수 세기나 규칙성 확장에 도움을 주는 **'다음 것'** 찾기 활동, 2N꼴

과 같은 '**규칙성 확장하기**', 마지막으로 규칙성을 만드는 '**규칙성 만들기**' 활동이 있다.

양의 비교는 수 세기에서 수 인식의 발달에 필수적으로 다음과 같은 질문은 비교의 기회를 제공할 수 있다.

- 모두 종이를 한 장씩 가지고 있는가?
- 연필이 더 많은가? 지우개가 더 많은가?

이러한 질문은 직·간접적으로 비교되고 일대일대응의 중요한 수학적 개념을 이끌 수 있다. **1학년 학생들에게 5~6개의 사물에 대한 즉각적인 인식을 발달시켜야 하는 이유는 다음과 같다.**

- 낱개를 일일이 세는 것보다 훨씬 시간을 절약한다.
- 3은 2보다 크고 4보다 작다는 순서관계를 안다.
- 작은 묶음에 있는 수를 인식하면 세기를 더 빨리 시작할 수 있다.
- 덧셈과 뺄셈의 발달에 도움이 된다.

가. Piaget의 보존개념

Piaget는 인지발달에 종속되고, 보존개념의 발달수준에 따른 학습이 있을 때 일반화의 가치와 전이효과가 있고 파지력이 생긴다고 하였다. **보존개념은 어릴수록 형태나 위치 등과 같은 지각적 속성에 주로 의존하고, 나이가 많을수록 수량, 무게, 체적 등과 같은 추상적 개념에 의존하여 사물, 현상 및 사태를 논리적으로 판단하는 경향을 보인다. 수 도입이전에 수량보존개념이 형성되는데 6세쯤에 가능하다고 하였다.**

아래와 같이 구슬을 나열할 때 관찰하면 다음과 같은 사실을 알 수 있다.

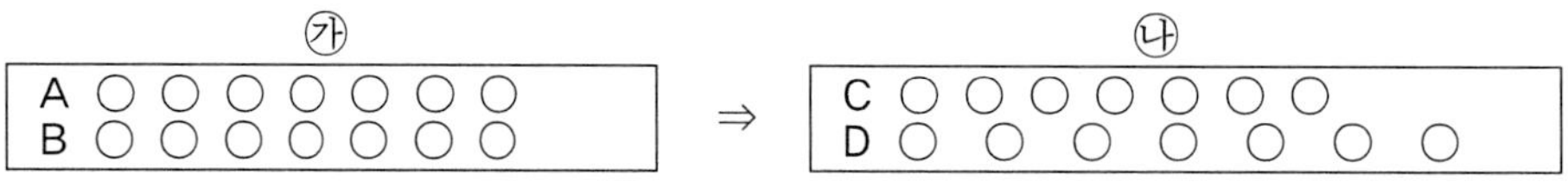

㉮에서 A와 B의 구슬의 개수가 같다는 학생이 ㉯를 보고 C와 D의 원소가 다르다고 하면 수의 보존개념이 형성되지 않는 것이다. 6세 정도에서 수의 보존개념, 수의 불변성 단계에 도달하여 두 집합의 동치임을 발견하게 된다.

- 물질 양의 보존(6~7세) : 물질 양은 분할이나 변형과 관계없이 불변
- 수의 보존(6½~7세) : 원소의 배열에 관계없이 집합수는 불변
- 길이의 보존(7~8세) : 이동과 분할 혹은 변형에 관계없이 길이는 불변
- 넓이의 보존(7~8세) : 이동과 분할 혹은 변형에 관계없이 넓이는 불변

- 무게의 보존(9~12세) : 분할이나 변형에 관계없이 물질의 무게는 불변
- 부피의 보존(11~12세) : 분할이나 변형에 관계없이 물체의 부피는 불변

수 세기(counting)에 대한 형식적인 설명은 Gelman과 Gallistel(1978)에 의해 다음과 같이 정의되었다.

- 각각의 대상에 대해 일대일로 수를 대응 시킨다.
- 붙여진 수는 순서(1, 2, 3,…)대로 주어진다.
- 마지막에 붙여진 수는 집합의 기수값을 나타낸다.
- 집합 원소들의 속성은 세는데 무관하다.
- 세기는 대상을 셀 때 어떤 순서로 세어도 된다.

나. Piaget의 수의 합성과 분해

"어제는 오전에 4개, 오후에 4개의 사탕을 먹었고, 오늘은 오전에 1개 오후에 7개의 사탕을 먹었다"에 대하여 이틀 동안 먹은 사탕의 개수가 같은지를 조사하였다.

○ ○ ○ ○	○ ○ ○ ○
(오전)	(오후)

(어제)

○	○ ○ ○ ○ ○ ○ ○
(오전)	(오후)

(오늘)

- 1수준은 오늘 더 많이 먹었다(6.5세~7세 아동)는 수준으로 두 집합을 동시에 생각할 수 없고 그들 중 많은 쪽에 관심을 갖는 단계이다.
- 2수준은 1대 1대응이나 기계적인 셈을 하는 수준으로 시행착오에 의한 직관적인 셈을 하는 수준으로 분명히 이해하고 답하는 단계는 아니다.
- 3수준은 구체물 조작 없이 4+4와 1+7은 같다는 단계로 7세부터 가능하다.

Piaget는 빼셈은 7세부터 의미 있게 할 수 있고, 받아 올림(내림)이 있는 덧셈(빼셈)은 2학년부터 가능하다고 보았다. 덧셈의 교환성은 7세 이후에 나타나 8~9세에 가능하고, 덧셈의 결합성은 8세 이후 가능하다고 하였다.

덧셈과 곱셈의 연산구조는 서로 밀접하고, 두 구조는 동수누가의 입장에서 단일 연산의 구조로 서로 같은 단계에 있다. Piaget는 7~8세쯤에 곱셈 개념이 습득되고, 논리적 곱셈 능력은 덧셈능력과 동시에 발달된다고 보았다. 또 곱셈을 곱집합의 유별을 통하여 실험하고, 이 실험에서 7~8세에 분류할 수 있는 능력을 발견하였다. 동수누가로 곱셈식을 알고, 곱셈구구표를 만드는 것은 곱의 기호와 식을 이해하고 곱셈구구를 학습할 수 있는 7~8세

에 가능하며 곱셈의 교환성과 결합성도 가능하다. 도입시에 구체물의 조작활동과 조작활동의 내용을 언어적으로 표현할 수 있도록 지도해야 한다. 9세경부터는 배분법칙의 학습지도가 가능하다고 하였다.

■ **5를 두 수로 가르기와 모으기를 하시오(1학년)**

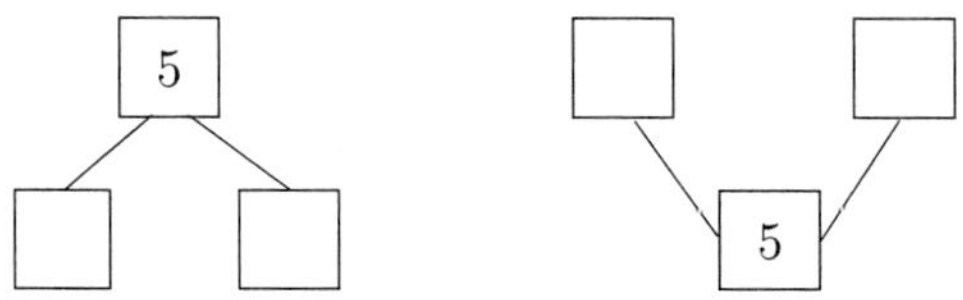

다. 수 세기 전략

수 세기에서 10이나 20까지 합리적인 세기의 이루어지면 다음에 앞으로 세기, 거꾸로 세기, 뛰어 세기 등의 더 효율적이고 복잡한 수 세기 전략이 사용될 수 있다.

(1) 앞으로 세기 : 앞으로 세기는 어떤 수에서 출발하든 수 이름을 부르며 수 세기를 하는 것이다. 예를 들어, 8개에서 시작해서 '아홉, 열, 열하나, …'로 셀 수 있다. 또는 76에서 시작해서 '칠십 칠, 칠십팔, 칠십 구, …'로 센다. 앞으로 전략은 규칙성을 많이 발견하는데 도움이 될 뿐만 아니라, 덧셈 기능의 발달에 핵심적인 역할을 한다.

(2) 거꾸로 세기 : 거꾸로 세기는 한 점에서 시작해서 반대 순서로 차례대로 수 이름을 부르는 것이다. 예를 들어, "사과 22개가 있는데 3개를 먹었다. 몇 개가 남았는가?" 라는 문제를 풀기 위해서 거꾸로 세기 전략을 사용할 수 있다. "스물 하나, 스물, 열아홉"을 세고 19개 남았다고 할 수 있다. 거꾸로 세기 전략은 뺄셈 기능의 발달에 도움이 된다.

(3) 뛰어 세기 : 뛰어 세기는 수를 세는 데 둘씩, 셋씩, 다섯씩, 또는 열씩 묶어서 세는 것이다. 시작점과 방향은 선택적이다. 뛰어 세기는 다양한 규칙성율 제공할 뿐만 아니라, 곱셈과 나눗셈에 대한 준비 학습에 도움이 된다.

1.2 집합

실제로 무한개란 있을까? Archimedes는 우주를 모래알로 채웠을 때 모래알의 크기가 적당하다는 가정하에 10^{68}보다 작다는 것을 보였다. 무한을 조직적으로 다루는 것은 집합론이다. 집합은 오늘날에 모든 수학의 기초로서 20세기에 수학 발전에 기여하고 수학의 모든 분야에 이용되고 있다.

칸토르(G. Cantor, 1845~1918)는 1872년에 집합은 "우리들의 직관 또는 사고의 대상들로서, 확정되어 있고 또 서로 명확히 서로 구별되는 것"들이라 하고, 사고의 대상들을 원소라 불렀다. 원소의 개수가 유한개일 때 그 개수에 의하여 집합의 크기를 비교할 수 있지만, 원소가 무한일 때는 그렇게 할 수 없다. **칸토르는 두 집합의 원소 사이에 1대 1대응이 성립할 때, 두 집합은 같은 농도(cardinality)를 가진다고 정의하여 개수보다 더 넓은 의미의 개수를 도입하였다. 자연수의 집합과 같은 농도의 집합을 가부번집합(denumerable set)** 이라 한다.

가. 집합의 연산

두 집합 A, B에서 A의 원소 또는 B의 원소로 이루어진 집합을 A와 B의 합집합이라 하고, A∪B로 나타낸다. 또 공통으로 속하는 원소로 이루어진 집합을 A와 B의 교집합이라 하고, A∩B로 나타낸다.

벤·오일러 다이어그램(Venn-Euler diagram)은 집합의 연산 결과를 시각화할 수 있다. 전체집합을 직사각형으로, 부분집합은 직사각형의 내부에 타원으로 나타내기도 한다. 또 두 집합 A, B에서 A에는 속하나 B에 속하지 않는 원소의 집합을 차집합이라 하고, A-B로 표시한다. 전체집합은 U로 나타내고, 그 부분집합 A의 원소가 아닌 원소의 집합을 A의 여집합이라 하고, A^c로 표시한다.

나. 집합적 사고

집합적 사고란 수학적인 대상을 집합적으로 보고 생각하는 방법이다. 어떤 모임 A가 집합이 되기 위해서는 다음과 같은 성질이 있다.

① 임의의 대상 a는 $a \in A$이거나 $a \notin A$ 중의 하나만 성립한다.

② A의 임의의 원소 a,b는 $a=b$이거나 $a \neq b$이다.

집합적이란 집합 이론에 근거를 둔 지도로, 집합으로 수학이 전개될 것에 대비하여 사용한 용어이다. 집합적 사고는 대상을 묶어서 간결하고 명확히 처리하는 단순성과 명확성을 갖고, 사고대상의 관계를 명확히 하여 동질적 속성에 속하는 것을 같은 구조 속에 끌어들이는 통합성이 있다. 또 만들어진 이론을 보다 넓은 범위로 넓혀 가는 확장성을 갖고, 학습지도에서 알아야 할 사고활동을 뜻한다.

집합적 개념의 단순화, 명확화, 통합화, 확장화의 구체적인 설명은 다음과 같다.

(1) 개념의 단순화(Simplify) : 일상생활에서 아파트 동 호수, 건물의 강의실 등을 숫자로 나타내는 것은 보다 단순화하여 편리하게 사용하는 데 있다. 이와 같이 수학적 대상을 기호로 나타내면 그 대상은 간결하게 처리할 수 있다. 기호를 사용하지 않고 일상생활의 언어나 구체물로 나타내면 언어의 불분명성과 사물 사용의 번거로움으로 높은 사고의 도구로 사용하기 어렵다. 따라서 **수학에서 단순화는 추상화, 형식화, 기호화, 일반화 등에서 모두 간결하게 표현하여 사고활동을 도와준다.**

예 : 삼각형의 넓이의 단순화 과정

- 문장으로 "삼각형의 넓이는 밑변의 길이에 높이의 길이를 곱하여 2로 나누면 된다."이다.
- 언어적인 식으로 (삼각형의 넓이)=(밑변)(높이)/2 이다.
- 기호로 삼각형의 넓이를 S, 밑변의 길이를a, 높이를 h라 할 때 $S = \frac{1}{2}ah$ 이다. 이 때 S, a, h는 집합적 용어의 기호, =는 관계 기호, ×, ÷는 조작의 연산 기호이다.

(2) 개념의 명확화(Clarify) : **명확화란 사고대상을 보다 확실하고 분명히 하는 것**이다.

예 : "2의 배수를 작은 것부터 5개를 써 보시오."

- A의 어린이 ; {2, 4, 6, 8, 10}
- B의 어린이 ; {0, 2, 4, 6, 8}

자연수의 집합에서는 A가, 0과 자연수의 집합에서는 B가 알맞다. 또 "1에서 10까지의 수로 써 보시오."라 했을 때 자연수의 범위인지, 유리수, 실수의 범위인지 분명하지 않다. 초등학교에서는 자연수의 범위에서 다룬다.

(3) 개념의 통합화(Identify, Integration) : 개념의 통합화는 **습득한 지식은 독립적이 아니라 서로 관련 있는 지식과 관계를 맺어 같은 구조로 묶는 것**으로 개념의 구조화와 직결되는 사고활동이며, 배운 지식을 오랫동안 보존하고 재생하여 활용하는 데 가치가 있다. 따라서 통합화는 서로 다른 대상의 집합이 있을 때, 어떤 관점에서는 같은 것으로 묶어 보는 생각이다.

예 : 다음은 서로 다른 것인지, 어느 관점에서 같은 것인지 생각해보자.

① 자연수의 곱셈 : $2 \times 3 = 6$

② 분수의 곱셈 : $\frac{1}{3} \times 2 = \frac{2}{3}$

③ 소수의 곱셈 : 2.5 × 3 = 7.5

④ 직사각형의 넓이 : (가로의 길이)×(세로의 길이) = 넓이

위의 내용은 a × b = c 라는 형식으로 생각하면 모두 같은 구조이다.

(4) 개념의 확장화 : 추상화, 일반화는 여러 개의 구체물에서 같은 속성을 찾아 일반성을 추구하지만, **개념의 확장화는 어느 하나의 사실에서 다른 새로운 사실을 만들어 가는 방법으로 어떤 개념의 사고나 방법 그리고 성질 등을 보다 더 넓은 범위로 적용해 가는 방법**이다. 따라서 이것의 본질은 이미 학습한 내용 중에서 어느 속성은 버리고 취할 것인가를 명확히 하는 일과 지금까지 불가능한 것을 가능하도록 어떻게 할 것인가를 생각하는 것이다.

예 : 자연수의 집합에서 사칙 연산을 생각해보자.

- $2+3=5\in N$
- $2-3=-1\notin N$
- $2\times 3=6\in N$
- $2\div 3=\frac{2}{3}\notin N$

위에서 덧셈과 곱셈은 가능하나, 뺄셈과 나눗셈은 불가능하여 가능하도록 주어진 집합을 정수, 유리수의 집합으로 확장하면 된다.

1.3 數의 발달

자연수의 시작은 옛날 원시인들이 일상생활에서 짐승을 셀 때 한 마리, 두 마리, … 로 세는 것에서 발생한 수로 보고 있다. 이러한 과정에서 약 5500년 전에는 음수와 0이, 4000년 전에 유리수가 처음 사용되었고, 16세기에 소수와 허수가 탄생되어 실수의 체계를 형성하였다. 이처럼 새로운 수의 집합은 서로 대립되는 수의 발견과 또 다른 수 집합에 포함되는 형태로 발전하였다.

수나 도형의 발달과정을 보면 사물들의 공통성에 주목하고 그렇지 않는 성질을 버림으로써 진행되었다. **몇 개의 사물에서 공통성을 추출하는 것이 추상이고, 공통이 아닌 성질을 버리는 것이 사상이다.** 수학이 추상적인 학문이라는 이유가 여기에 있다. 또한 길이, 넓이, 부피 같은 측정값을 기호로 나타내어 활용하면서 일상생활에 편리함을 주었고, 문화의 발전이나 과학기술의 진보에 도움을 주었다.

복소수(Complex number)
↑
실수(Real number)
↗ ↖
유리수(Rational number) 무리수(Irrational number)
↑
정수(Integer number)
↗ ↑ ↖
양의 정수(Positive integer number) 0 음의 정수(Native integer number)
↑
소수(Prime number)

〈수의 위계〉

가. 자연수(Natural number)

자연수에서 자연은 '있는 그대로'란 뜻으로 물건의 개수를 셀 때나 차례를 정할 때 필요하다. 자연수 이전에는 1대 1대응 관계를 활용하였고, 동물의 마리 수를 셀 때는 작은 돌과 대응시키거나 벽, 기둥에 기호로 표시하였다.

- 페아노(G. Peano, 1858~1932)의 공리

  다음의 5가지 공리를 만족하는 집합이 자연수이다.

(1) 1은 자연수이다.($1 \in N$)

(2) 각 자연수 x의 다음 자연수는 x'이다.($x \in N \rightarrow x' \in N$)

(3) x'가 1이 되는 x는 없다.($x'=1 \rightarrow x \notin N$)

(4) 두 개의 자연수 x, y에서 $x'=y'$이면 x=y이다.($x'=y' \rightarrow x=y$)

(5) 자연수의 집합 M이 다음 조건을 만족할 때 M은 N을 품는다(수학적 귀납법)

① 1은 M에 속한다.

② x가 M에 속하면 x'도 M에 속한다.

이를 바탕으로 자연수의 덧셈, 곱셈 및 크기 관계 등이 정의되며 이론이 전개된다. 이 공리들은 모두 직관에 의해서 설정된 가장 단순한 명제들이다. 공리(1), (3)은 물건을 셀 때 1부터 세고, 공리(2)는 물건을 세어 올라가는 것이며, 공리(4)는 물건을 세어내려 가는 것이고, 공리(5)는 아무리 많은 물건이라도 1부터 세면 반드시 모두 셀 수 있다는 의미이다.

자연수는 **원소의 개수와 같이 양의 크기를 나타내는 집합수(Cardinal number), 순서를 나타내는 순서수(Ordinal number), 일상생활에서 사용하고 있는 전화번호나, 출석번호, 아파트 동 호수, … 등과 같은 이름수(또는 명명수, nominal number)가 있다.**

- 집합수는 덧셈이 가능하나 순서수에서는 의미가 없다.

- 기준이 되는 수는 1이고, 모든 자연수는 1에 의해 만들어진다.
- 인접한 두 자연수 사이에는 다른 자연수는 존재하지 않는다.
- 덧셈과 곱셈에 관하여 폐쇄성과 일의성이 있고 교환법칙과 결합법칙이 성립하며 덧셈에 대한 곱셈의 배분법칙이 성립한다.

자연수는 수학의 기초개념의 형성에 도움을 주는 수로 크로네커(Leopold Kronecker, 1823~1891, 독일)는 자연수는 신이 창조하고, 그 밖에 모든 수는 인간이 만들었다고 하였다.

영과 자연수(Whole number) 집합 W={0, 1, 2, 3,⋯}에서 가장 작은 수는 0, 가장 큰 수는 없으며 집합수이고, 순서수이다. 1은 크기가 있는 수의 대푯값이고, 0은 크기가 없는 양을 나타낸다. 또 인접한 두 수 사이에는 또 다른 수는 존재하지 않으며, 자연수의 성질을 포함하고, 덧셈과 곱셈에 대한 항등원(Identity element)이 존재한다.

0은 인도에서 처음 사용한 수로 처음에 점·으로써 나타냈고, 계산판에서 빈자리로 0을 고안했다. 또 그리스 시대에는 수로 인정하지 않았다. 영을 최초로 인정한 사람은 인도의 브라마굽타(Brahmagupta, 598?)이다. 현재 사용하고 있는 0의 정확한 기록은 서기 876년 인도에서 쓰인 것이 최초이다. 0은 0이외의 모든 수로 나누어지고, 몫은 언제나 0이다. 0 이외의 모든 수는 0으로 나눌 수가 없고(불능), 0을 0으로 나누는 것은 무의미하다.

0은 다음과 같은 성질이 있다.

- 공집합의 원소 개수를 나타내는 0
- 수의 자리 잡기를 나타내는 0
- 수직선상에서 기준 점을 나타내는 0

■ **세 자리수(2학년)**

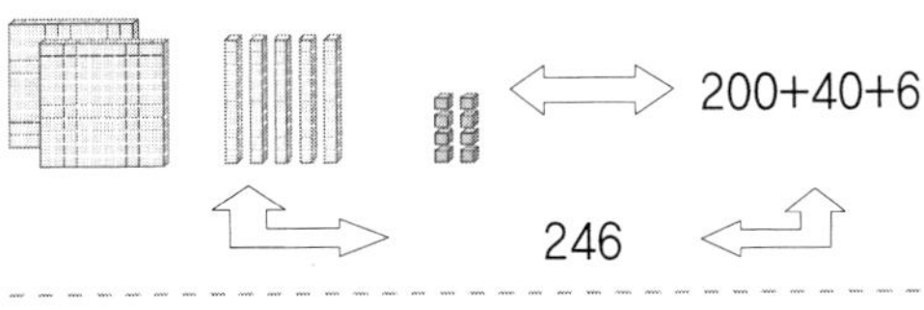

나. 정수

자연수 집합에서 방정식 x+2=3과 x+3=2의 해를 구하면 전자는 구할 수 있으나 후자는 구할 수 없다. 후자가 해를 갖도록 하는 집합이 정수 집합이다.

음수는 실제로 존재하지 않는 수로 1500년 동안 많은 수학자들의 연구결과 1872년 독일의 수학자 Hankel이 음수의 연산은 구체적인 사물에 대응시킬 수 없고 형식적으로 해야 한다고 했다. 자연수의 집합에서 사칙연산은 덧셈과 곱셈은 가능하나 뺄셈은 가능하지 않다. 이때 뺄셈을 통하여 차가 서로 같은 것끼리(동치류) 모아서 하나의 수로 나타내어보자.

$$
\begin{array}{l}
\qquad\qquad \cdots \qquad \cdots \qquad \cdots \\
-\cdots\ 4\text{-}1 = 5\text{-}2 = 6\text{-}3 = 7\text{-}4 = \cdots = [\ +3\ ] \\
-\cdots\ 3\text{-}1 = 4\text{-}2 = 5\text{-}3 = 6\text{-}4 = \cdots = [\ +2\ ] \\
-\cdots\ 2\text{-}1 = 3\text{-}2 = 4\text{-}3 = 5\text{-}4 = \cdots = [\ +1\ ] \\
-\cdots\ 1\text{-}1 = 2\text{-}2 = 3\text{-}3 = 4\text{-}4 = \cdots = [\ 0\ ] \\
-\cdots\ 1\text{-}2 = 2\text{-}3 = 3\text{-}4 = 4\text{-}5 = \cdots = [\ \text{-}1\ ] \\
-\cdots\ 1\text{-}3 = 2\text{-}4 = 3\text{-}5 = 4\text{-}6 = \cdots = [\ \text{-}2\ ] \\
-\cdots\ 1\text{-}4 = 2\text{-}5 = 3\text{-}6 = 4\text{-}7 = \cdots = [\ \text{-}3\ ] \\
\qquad\qquad \cdots \qquad \cdots \qquad \cdots
\end{array}
$$

이것을 자연수의 덧셈처럼 예를 들면,

$$[+1]+[+2] = (4\text{-}3)+(6\text{-}4) = 10\text{-}7 = [+3]$$
$$[\text{-}5]+[+3] = (1\text{-}6)+(4\text{-}1) = 5\text{-}7 = [\text{-}2]$$

가 된다. 이처럼 두 자연수의 차를 정수라 하면 크기 비교, 덧셈, 곱셈 등의 연산을 정의하고 여러 가지 성질도 유도된다.

이것을 형식화하여 다음 조건을 만족하는 자연수의 순서쌍을 정수라 한다.

① $(a, b)=(c, d) \Leftrightarrow a+d = b+c$

② $(a, b)>(c, d) \Leftrightarrow a+d > b+c$

③ $(a, b)+(c, d) = (a+c, b+d)$

④ $(a, b)\times(c, d) = (ac+bd, ad+bc)$

이 정의에서 $(a, b) = a-b$로 보고 양음(陽陰)의 부호를 붙여 나타낸 수는 다음과 같다.

- $a>b$일 때 $(a, b) = a-b$(양의 정수)
- $a<b$일 때 $(a, b) = a-b$(음의 정수)
- $a=b$일 때 $(a, b) = 0$

특히, $a>b$인 경우에 (a, b)는 자연수 $a-b$와 같은 성질이 있어 $(a, b)=a-b$는 양의 정수이다. 정수의 개념은 놀이에서 얻기와 잃기, 온도계에서 영상과 영하 등과 같이 여러 가지 상반된 양을 부호를 붙여 수직선에 나타내어서 추상적인 수로 표현하고, 읽기는 '양의 정수', '음의 정수'로 읽는다. 양수와 음수의 기준점으로 0을 대응시키고 0이 정수임을 이해한다.

정수는 다음 공리에 의해 정의할 수도 있다.

① 정수는 1을 포함한다.

② 임의의 정수 a의 바로 다음의 수 a′는 단 하나 존재한다.

③ 임의의 정수 a′의 바로 앞의 수 a는 단 하나 존재한다.

정수 집합은 { …, -3, -2, -1, 0, 1, 2, 3, …}으로 표시하고, 양의 정수와 0, 그리고 음의 정수로 분류된다. 음수는 인도 사람들이 부채라 불렀고, 중국 사람들은 빨갛게 물들인 막대로 나타내었다. 음수는 데카르트가 수직선에 나타내면서부터 사용하였다. 예를 들면 도로의 동쪽은 1, 2, 3, …으로 나타내면 서쪽은 -1, -2, -3, …으로 나타낸다.

- 정수의 성질

① 최소, 최대의 수는 없다

② 집합수이며 순서수이다.

③ 대표가 되는 수는 0과 1이다.

④ 인접한 두 정수 사이에는 다른 정수가 존재하지 않는다.

⑤ 덧셈과 곱셈, 뺄셈에 대해 닫혀 있다.

⑥ 덧셈의 역원(Inverse)이 유일하게 존재한다.

다. 유리수(Rational number)

수의 발생 과정을 역사적, 심리적 관점에서 살펴보면 분수 개념은 특정 물리적인 양을 자연수로 등분하고자 하는 필요성에서 시작되었을 가능성이 크다. 그리고 한 단위의 물리적 양을 여러 단위의 자연수 등분으로 발전시키면서 유리수의 개념으로 이어진다고 볼 수 있다. 이러한 양으로서의 분수의 개념은 고대 바빌로니아, 이집트 등에서 널리 사용된 기록을 볼 수 있다. 분수가 양의 개념으로만 발생한 것은 아니다. 고대 그리스의 학자들은 양으로서의 분수 개념 사용을 꺼렸다. 그들은 1 이라는 단위는 더 이상 쪼갤 수 없는 신성한 것으로 여기는 철학에 사로 잡혀 있었다. 그들에게 분수는 비(ratio)의 개념만으로 사용되었다.

예를 들어 $\frac{2}{5}$는 5 단위에 대한 2 단위의 비를 의미한다. 그러나 고대 그리스 학자들과는 달리 고대 그리스의 상인이나 무역업자들은 양으로서의 분수를 사용하는 데 전혀 거리낌이 없었다. 그들은 단위분수의 개념도 알고 사용하였고, 분수를 표기하는 여러 가지 간편한 방법도 알고 있었다. 그들은 분자 다음에는 악센트 표시 1 개, 분모 다음에는 악센트 표시 2개를 붙여서 분수를 표기하기도 했는데, 예를 들어 2'5"($\beta'\epsilon''$ 또는 $B'E''$)는 $\frac{2}{5}$을 의미한다.

오늘날 사용하는 분수의 분자와 분모를 구별하는 '-' 기호는 12세기경 아랍의 알 하사르(Al-Hassar)에 의해서 발명 사용되었다.

유리수는 기원전 1800년경 고대 이집트의 아메스 파피루스(Ahmes Papyrus, 또는 Rhind Papyrus)에 처음으로 다음과 나타나 있다.

$$\frac{2}{5}=\frac{1}{3}+\frac{1}{15}$$
$$\frac{2}{7}=\frac{1}{4}+\frac{1}{28}$$
$$\frac{2}{9}=\frac{1}{6}+\frac{1}{18}$$
$$\cdots$$

정수 집합에서 방정식 $ax=b(a,b$는 정수$,a\neq 0)$꼴의 해는 모두 구할 수 없어 새로운 수의 약속이 필요했다. 즉, 나눗셈(0으로 나누는 것 제외)이 안 되어 $b\div a=\frac{b}{a}$로 나타내었다.

다음과 같은 동치류를 생각해 보자.

$$\cdots \qquad \cdots \qquad \cdots$$
$$-\cdots \frac{1}{2}=\frac{2}{4}=\frac{3}{6}=\frac{-2}{-4}=\frac{-3}{-6}=\cdots=[\frac{1}{2}]$$
$$-\cdots \frac{-1}{3}=\frac{2}{-6}=\frac{-3}{9}=\frac{5}{-15}=\frac{-10}{30}=[-\frac{1}{3}]$$
$$-\cdots \frac{2}{1}=\frac{4}{2}=\frac{6}{3}=\frac{-4}{-2}=\frac{-6}{-3}=\cdots=[2]$$
$$-\cdots \frac{0}{1}=\frac{0}{2}=\frac{0}{3}=\frac{0}{-2}=\frac{0}{-3}=\cdots=[0]$$
$$\cdots \qquad \cdots \qquad \cdots$$

이때 동치류 $[\frac{1}{2}]$, $[-\frac{1}{3}]$, [2], [0], ⋯ 가 유리수이다. 이때 순서쌍(a, b)$=\frac{a}{b}$, (c, d)$=\frac{c}{d}$ ($b\neq 0$, $d\neq 0$일 때)라 하면 $\frac{a}{b}=\frac{c}{d}\Leftrightarrow a\times d=b\times c$가 된다.

즉, 다음 조건을 만족하는 정수의 순서쌍을 유리수라 한다.

① (a, b) =(c, d) ⇔ ad=bc (b≠0, d≠0)

② (a, b)+(c, d) ⇔ (ad+bc,bd)

③ (a, b)×(c, d) ⇔ (ac, bd)

④ (a, b)>(c, d) ⇔ $abd^2>cdb^2$

여기서 (a, b) $=\frac{a}{b}$로 정의하면 유리수에 관한 모든 성질이 유도되고 증명된다. $b\neq0$일 때 $\frac{a}{b}$을 분수, $\frac{a}{b}$와 동치류인 분수는 무수히 많이 있다. 특히 $(a,b)=\frac{a}{b}$에서 $b=1$인 경우와 a가 b의 정수 곱일 때(즉 $a=bk$, k는 정수)는 $(a,b)=\frac{a}{b}=\frac{bk}{b}=k$가 되어 정수도 유리수이다.

유리수는 양의 크기를 나타내는 수이고, 분수는 유리수를 나타내는 여러 가지 기호 중의 하나이다. 한 유리수는 무한개의 분수 표현이 가능해 분수의 집합과 유리수의 집합은 동치로서 1 : 1대응이 될 수 없다. 분수의 동치류가 유리수이다. 예를 들면 유리수 $\frac{1}{2}$은 $\frac{2}{4}$, $\frac{4}{8}$, $\frac{3}{6}$, …을 하나로 묶은 분수를 통틀어 하나로 나타낸 것이다.

분수 $\frac{a}{b}$는 그 모양에 따라 :

- $a=1$인 경우는 단위분수
- $0<a<b$일 때는 진분수
- $0<b\leq a$인 경우는 가분수
- 자연수와 진분수의 합으로 나타낸 분수를 대분수라고 한다.

분수는 소수보다 곱셈과 나눗셈이 간편하고, 전체에 대한 비율의 판단이나 나누어지지 않는 수의 표현이 편리하다. 그러나 크기에서 분모를 같게 해야 하는 불편한 점도 있다. 가분수는 곱셈과 나눗셈에 편리하고, 대분수는 덧셈과 뺄셈의 경우와 크기 관계를 알아보는데 가분수보다 편리하다. 정수도 분수로 볼 수 있는데 수(유리수)로서는 같지만 수의 이름(분수)은 다르다. 동양에서는 분수보다 소수가 먼저 사용되었다.

약분이나 기약분수는 본래 의미가 바뀌고 양의 비율만 남는다. 약분은 약분과정이 의미 있지 그 자체는 의미가 있는 것은 아니다.

유리수는 최소, 최대의 수가 없고, 양의 크기를 나타내는 집합수이나 순서수는 아니다. 서로 다른 두 유리수 사이에는 반드시 다른 유리수가 존재한다. 또, 사칙연산이 가능하고 덧셈, 곱셈의 교환법칙, 결합법칙, 덧셈에 대한 곱셈의 배분법칙이 성립한다. 덧셈과 곱셈의 단위원과 역원이 존재한다. 두 유리수 a, b가 있을 때 a<b, a>b, a=b 중 하나는 반드시 성립(삼일율)하고, 유리수는 순환소수이다.

■ **분수와 소수(3학년)**

전체를 똑같이 4로 나눈 것 중의 3을 $\frac{3}{4}$이라 쓰고 4분의 3이라고 읽습니다. $\frac{1}{2}$, $\frac{2}{3}$, $\frac{3}{4}$과 같은 수를 분수라 하고, 분수에서 가로 선의 아래쪽에 있는 수를 분모, 위쪽에 있는 수를 분자라고 합니다.

가로 선 $\frac{\mathbf{3}}{\mathbf{4}}$ ← 분자 ← 분모 기약분수; $\frac{b}{a}=\frac{b\div(a,b)}{a\div(a,b)}$

(여기서,(a,b)는 a와 b의 최대공약수이다.)

예 : $\frac{8}{12}=\frac{8\div(12,8)}{12\div(12,8)}=\frac{8\div 4}{12\div 4}=\frac{2}{3}$

(1) 소수(小數, decimal fraction) : 유리수 표현의 다른 방법으로 소수(decimal 또는 decimal fraction)가 있다. 소수는 분모가 10의 거듭제곱인 분수이다. 소수의 역사는 기원전 2000년 고대 바빌로니아 사람들은 육십진소수(sexagesimal)를 사용했다. 예를 들어, 2 27 18는 $2+\frac{27}{60}+\frac{18}{60^2}$이었다. 육십진법 소수표기법은 고대 그리스 사람들도 사용하였다.

십진 소수 표기법은 인도, 중국, 페르시아 등에서 15세기경까지 사용되었다. 십진 소수 표기법 발달에 기여한 사람은 프랑스의 비에트(Francois Viete, 1540~1603), 벨기에의 스테빈(Simon Stevin, 1548~1620), 스코틀랜드의 네이피어(John Napier, 1550~1617) 등이 있다. 스테빈이 제안한 방법은 분수 중 분모가 10의 거듭제곱인 경우에 1 보다 작은 수를 십진법에 맞추어 표현한 방법이다. 스테빈은 소수 표기법을 그의 1579년 논문에서 소수의 성질에 대하여 다음과 같이 설명하고 있다.

- 소수는 십진법의 전개 방법과 동일한 방법으로 전개한다.
- 표기방법은 아라비아 기수법을 따른다.
- 소수의 사용은 분수의 도움 없이도 어떤 유리수의 표현이 가능하다,
- 실제 계산도 소수를 사용하면 분수 도움 없이 가능하다.

스테빈의 제안 당시의 표기법은 현재와 달라 약간 불편하였다. 예를 들어 27.847의 표기는 다음과 같다.

⓪①②③
2 7 8 4 7 또는 2 7⓪8①4②7③

소수점은 네이피어에 의해 도입되고, 현재의 표기법으로 발전시킨 것은 스위스의 수학자 뷰에지(Joost Boergi, 1552-1632) 이다. 그러나 소수점은 국제적으로 통일되어 않았다. 미국은 우리처럼 마침표(.)를 사용하여 3.18로 나타내고, 영국은 가운데 점(·)을 사용하여 3·18로 나타낸다. 또 프랑스나 독일 등은 쉼표(,)를 사용하여 $3,^{18}$로 나타내고, 스칸디나비아 국가들에서는 3,18과 같이 소수점 아래의 숫자를 위첨자로 표기한다.

소수는 영과 자연수의 확장으로 분수보다 덜 복잡하다. 소수는 자리값 등에서 영과 자연수의 성질과 비슷하다. 소수의 크기 비교에서 자연수 56이 7보다 크기 때문에 0.56이 0.7보다 크다고 하는 아동도 있다.

수의 표현은 첫째, 간결하고 정확하며, 둘째, 수의 성질이 이론적 고찰에 적합하고, 셋째, 수의 크기를 알아보기 쉽고, 비교하기 편리하고, 넷째, 계산이 간편하며, 다섯째, 실제 생활에 쓰기가 편해야 한다. 그런데 분수는 이러한 조건을 모두 충족하지 못해서 결점보완을 위해 소수를 개발하여 유리수의 또 다른 표현방법으로 사용하고 있다. 분수 중에서 분모가 10n이 되는 수를 소수라 하여, 10진기수법과 관계를 맺으려는 생각이 소수를 탄생하게 한 근본이다.

분수와 소수를 수직선상에 표현하는 방법과 10진기수법에 따라 도입하는 방법은 일상생활을 통하여 나타나는 측정의 문제 장면에서 복명수을 단명수로 고치는 경우가 있다. 소수의 전개방법은 10진기수법과 같고, 덧셈과 뺄셈이 분수보다 간편하며 사칙 계산형식도 자연수처럼 한다. 크기의 비교는 분수에 비해 간편하고, 분수인 유리수뿐만 아니라 무리수를 소수로 표기하는 방법 등 다양하게 활용 할 수 있다.

분수와 소수의 장·단점은 다음과 같다.

① 분수는 어떤 유리수도 정확하게 나타내는데 소수는 그렇지 않다.
② 분수는 유리수의 성질이나 문자사용에 적당하나 소수는 그렇지 않다.
③ 소수는 대소 판별이 쉽다.
④ 소수는 실용성이 높아 생활 주변의 대부분에서 사용한다.

이처럼 **분수는 이론적인 사용에 적당하며 소수는 실용성이 높다.** 분수는 유리수의 성질, 계산 원리 등의 개념이나 원리 지도에, 소수는 빠른 계산법 등의 기능면에 중점을 두어 실용성을 높이는 것이 핵심이다.

■ 분수와 소수(3학년)

전체를 똑같이 10로 나눈 것 중의 2개, 3개, …, 9개는 $\frac{2}{10}$, $\frac{3}{10}$, …, $\frac{9}{10}$ 입니다. 분수 $\frac{2}{10}$, $\frac{3}{10}$, …, $\frac{9}{10}$ 를 0.2, 0.3, …, 0.9 라 쓰고 영점 이, 영점 삼, …, 영점 구라고 읽습니다. 0.1, 0.2, 0.3과 같은 수를 소수라 하고, '.'을 소수점이라고 합니다.

라. 무리수(Irrational number)

유리수 집합에서 방정식 $x^2=2$의 해는 구할 수 없다. 이 때 새로운 기호 $\sqrt{\ }$를 사용하여 $x = \pm\sqrt{2}$ 라는 새로운 수(무리수)를 만들었다. 무리수는 유리수와 같이 두 정수의 비로 나타낼 수 없는 수이다. **초등학교에서 무리수는 원주율(π)이 있다.**

원주율은 Euclid 기하학에서 지름에 대한 원둘레의 길이의 비의 값으로 옛날에는 3을 사용하였고, Archimedes는 원에 내접 또는 외접하는 정96각형의 둘레를 계산하여 $3\frac{10}{71} < \pi < 3\frac{1}{7}$ 인 관계를 얻었다. Leibniz(1673)의 전개식에서 $\frac{\pi}{4} = 1 - \frac{1}{3} + \frac{1}{5} - \frac{1}{7} + \cdots$ 의 방법을 사용하였다. 적분에 의한 표현방법으로 $\pi = 2\int_0^1 \frac{dx}{\sqrt{1-x^2}}$ 가 된다.

• 무리수의 성질

① 순환하지 않는 무한소수이다.

② 무리수에도 대표가 되는 수 log2, log3, $\sqrt{2}, \sqrt{3}, \cdots$ 이 있다.

마. 실수(Real number)와 복소수(Complex number)

유리수와 무리수를 통틀어 실수라 하고, 실수는 연속성(Continuity)이 있다. 수직선상의 점의 집합이 연속이 된다는 의미는 다음과 같다. 유리수 전체 집합 Q를 두 개의 부분집합 A와 B에 대하여 다음과 같이 나눈 것을 "유리수의 절단"이라 한다.

(1) $A \neq \varnothing$, $B \neq \varnothing$

(2) $A \cup B = Q$, $A \cap B = \varnothing$

(3) $a \in A$, $b \in B \rightarrow a < b$

유리수의 절단은 다음 네 가지 경우가 있다.

(i) A에는 최대의 원소 a가 있고, B에는 최소의 원소가 없다.

예 : $A \leq P$, $B > P$인 모든 유리수로 되어 있을 때

(ii) A에는 최대의 원소가 없고, B에는 최소의 원소 b가 있다.

예 : A<P, B≥P인 모든 유리수 일 때

* (i), (ii)는 한 유리수를 경계로 절단 한 경우

(iii) A에는 최대의 원소가 없고, B에도 최소의 원소가 없다.

* 한 무리수를 경계로 절단한 경우

(iv) A에는 최대의 원소 a가 있고, B에도 최소의 원소 b가 있다.

예 : 이 경우는 전혀 일어날 수 없다.

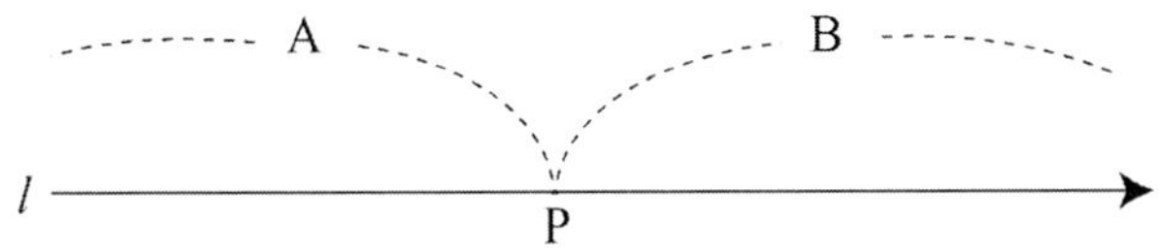

유리수의 집합은 조밀하기 때문에 $a<x<b$인 유리수 x가 존재한다. 이는 x가 A와 B에 속하지 않는 것이 되어 절단의 정의에 모순이기 때문이다. (iii)의 경우에 나타나는 수가 무리수이다. 따라서 **유리수의 절단 (i), (ii), (iii)은 실수의 연속성을 정의하는 것이 되기도 한다.** 이처럼 직선 l을 A, B로 나눌 때 절단이라 하고, 기호(A, B)로 나타낸다. 이것을 Dedekind(1831~1916)는 수직선상의 점집합에 관한 연속의 공리로 생각하였다.

허수는 실수와 대립되는 개념으로 방정식 "$x^2=-1$의 해결과정에서 발생되었다. 이를 만족하는 수는 실수의 집합에서 찾을 수 없어서 새로운 수의 약속이 필요했다. 예컨대 방정식의 해를 구해보면,

$$x^2=-1 \Leftrightarrow x=\pm\sqrt{-1}=\pm i$$

로 새로운 수 집합이 된다. 이때 i를 허수단위라 하며, 허수의 대표가 되는 수이다. 실수와 허수를 나타내는 $c=a+bi$(단 a,b는 실수)꼴의 수를 복소수라 하며 a를 실수부, b를 허수부라 한다. 복소수는 실수의 연속성에 복소수의 완비성을 지니고 있고 모든 방정식의 해를 구할 수 있다. 허수에 대한 연구는 19세기의 수학의 여왕 가우스에 의해 이루어졌다. 허수는 양의 크기관계를 나타내지 않으나 오늘날에는 대수학뿐만 아니라 물리학 등의 자연과학의 기본도구로 쓰이고 있다.

1.4 수의 조직

가. 기수법

사람들은 일상생활의 여러 가지 사물의 현상이나 관계, 구조 등을 수학적 기호의 조작을 통하여 명확히 표현하였다. 예를 들면 다섯을 나타내는 기호로 5, v, 卌, 五 등을 사용한

다. 이때 양의 크기인 다섯은 하나의 수(number)가 되고, 기호인 숫자(numeral)는 5, ⅴ, 卌, 五 등이 된다.

이처럼 임**의의 수를 숫자나 기호로 나타내는 방법이 기수법**(numeration system)이다. 수의 자리가 어디에 있든 언제나 같은 수를 의미하는 로마 숫자와 같은 **절대적 기수법**, 어느 자리에 있는가에 따라 크기가 달라지는 인도-아라비아 숫자와 같은 **위치적 기수법**이 있다.

기수법은 고대 이집트, 바빌로니아, 로마, 희랍, 고대 중국 등의 나라마다 다르게 사용하였다. 오늘날 위치적 기수법인 10진기수법이 12세기에 서구에 전해지면서 수학연구가 도형의 성질 연구인 기하에서 기호를 조작하는 계산법, 곧 대수로 그 중심이 옮겨졌다. 10진기수법은 **인도에서 발명되어 아라비아를 거쳐 유럽으로 전파된 것으로 16세기경에 10진법 체계가 완성되었다.**

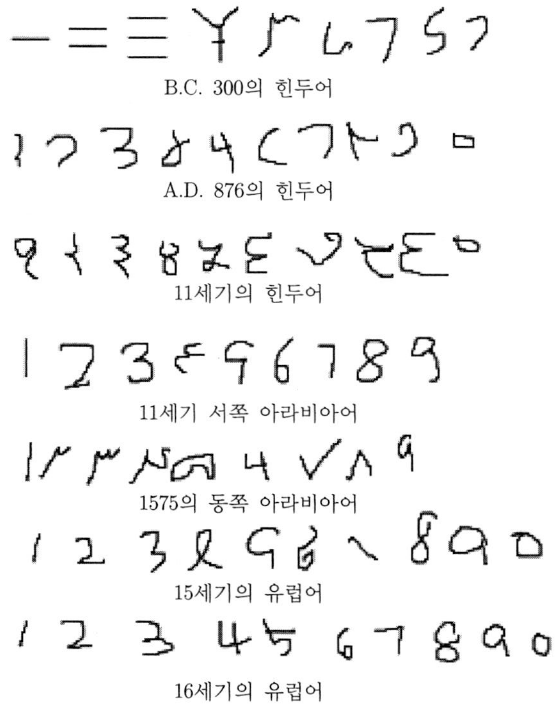

〈인도－아라비아 숫자의 발전과정〉

기수법 중에서 가장 원시적인 방법은 로마 기수법으로 가장 큰 단점은 큰 수의 표현에 많은 숫자를 사용하여 번거로움과 시간과 지면을 차지하고 크기 파악이 힘든 점이다. 이러한 결점을 보완한 것이 곱셈원리에 의한 기수법으로 중국숫자가 있다.

이집트는 B.C. 3400년경에 10씩 묶는 수학체계가 존재하였다. 즉, 물건의 개수를 셀 때 작은 돌을 사용하여 물건 하나에 돌 하나씩을 대응시켜 10개씩 모아지면 한 단위를 올리는 10진법을 사용하였다. 이집트 숫자는 덧셈 체계로 파피루스 종이에 나타나있다. 또, 10진기수법이나 자리값(place value) 개념과 자리잡기(place holder)의 0 개념이 없고 반복의 원리와 덧셈의 원리가 있다. 위치값이나 0이 사용된 최초 기록은 페르시아 수학자 알-콰리즈미(al-Khowarizmi)가 825년에 출간한 책에서 완전한 인도의 수 체계를 설명하고 있다.

그 후 **16세기에 소수가 나타났고, 1617년에 네피어에 의해 소수점이 소개되었다.** 0은 'zero'의 '공허한' 혹은 '텅 빈' 의미의 인도어 sunya가 아라비아어 sifr의 라틴어 형태인 zephirum에서 유래된 것이다. 또 0으로 인하여 10진법이 확립되고 사칙연산을 자유로이 할 수 있게 되었다.

기원전 500년과 기원후 100년경에 개발된 로마 숫자는 1, 10, 100, 1000에 대한 기본적인 기호 I, X, C, M이외에도 5, 50, 500에 대하여 V, L, D를 사용하였다. 로마 숫자의 기원은 Ⅰ, Ⅱ, Ⅲ은 손가락에서 유래되었고, X는 두 V를 합성했거나 교차된 손으로 엄지 손가락에 의해 연산되며 50, 100, 1000에 대한 초기의 기호가 그리스 대기음 Ψ, Θ, Φ이었다는 말이 있다.

이 숫자들의 짜임은 다음과 같다.

Ⅰ=1, Ⅱ=2, Ⅲ=3, Ⅳ=4=5-1, Ⅴ=5, Ⅵ=6=5+1, Ⅶ=5+2, Ⅷ=5+3,
Ⅸ=10-1, Ⅹ=10 L=50, D=500, XL=40, CD=400, C=100, M=1000,
XC=90, CM=900

로마자의 성질은 다음과 같다.

① 5진법적 성격을 가미한 10진법적 기수법이다.

② 자리값의 개념이 없다.

③ 자리잡기로 0에 관한 관념이 없다.

④ 반복의 원리와 덧셈 뺄셈의 원리가 적용된다.

⑤ 1000을 넘는 수의 표기는 숫자 위에 막대기(bar)를 붙여 1000을 곱하여 표기한다.

예 : $\overline{CCXXX} = 23000, \quad \overline{XXI}CCCIX = 21309$

중국의 숫자는 위치적 10진기수법에 가까운 기수법으로 다음과 같다.

一, 二, 三, 四, 五, 六, …十, 百, 千, 萬, 億, 十億, 百億, 千億 兆,…

중국 숫자도 자리값의 원리나 0에 의한 자리 잡기의 원리 등이 없어 로마숫자, 이집트숫자와 비슷하나 반복과 가법과 승법의 원리가 적용된다.

2017 = 二 千 十 七
= 2×1000 + 0×100+ 1×10 + 7(가법 승법의 원리)

오늘날 수학의 긴 곱셈이나 나눗셈의 규칙은 15세기말에 개발되었다. 이렇게 느리게 발전된 이유는 충분한 종이 재료가 없었기 때문이다. 이 어려움을 극복하기 위하여 수판을 사용하였고 덧셈, 뺄셈에서 받아내림이나 올림의 개념이 시작되었다.

오늘날 십진기수법은 사람의 손가락이 10개에서 유래하였고, 자리값과 0에 의한 자리잡기의 원리가 있다. 222에서 각 자리의 숫자는 같으나 자리값은 다르다. 반복의 원리가 있고 어떤 수의 표시는 같은 숫자를 반복하여 사용할 수 있다. 또 덧셈과 곱셈의 원리가 있다. 아라비아 숫자 중에서 가장 늦게 발견된 것은 0이다.

10진기수법의 장점은 다음과 같다.

① 0, 1, …, 9의 10개의 숫자만으로 쉽게 나타낼 수 있다.

② 사칙계산이 편리하고 정확하다. …0.01, 0.1, 1, 10, 100, 1000…처럼 수가 기하급수적으로 늘어나거나 줄어드는 경우도 편리하다.

십진기수법을 처음으로 발견한 나라는 인도였고 서쪽으로 아라비아, 동쪽으로 중국을 거쳐 우리나라에 보급되었다. 5진법은 사람의 한 손의 손가락이 5개에서 만들어진 것으로 0, 1, 2, 3, 4의 5개의 숫자를 사용하고 있다. 로마의 숫자인 Ⅰ, Ⅱ, Ⅲ는 막대기의 개수로 나타내지만 다섯(Ⅴ)에 이르면 새로운 기호로 바뀐다. 우리말의 '다섯'은 손가락이 닫힌다는 의미에서 유래한 말이다.

예 : 10진법의 32은 5진법으로 112_5이 되며 10진법과 구별하기 위해 밑(base)을 작게 써 넣는다.

(i) 10진법 32는 5진법으로 고치기

$\therefore\ 32 = 112_5$

(ii) 5진법의 수 112_5를 10진법수로 고치기

$112_5 = 1\times5^2+1\times5^1+2\times5^0=25+5+2=32$

고대 중국과 우리나라는 모든 것을 음양으로 나누는 경향이 컸다. 태극기에서 '-'(양)을 1, '- -'(음)을 0으로, 111(건(乾)), 011(태(兌)), 101(이(離)), 001(진(震)), 110(손(巽)), 010(감(坎)), 100(간(艮)), 000(곤(坤))과 같이 2진법의 0에서 7까지의 수와 일치한다. 음양사상은 태양과 달, 남자와 여자, 홀수와 짝수, …와 같이 모든 것을 음과 양으로 분류하려는 경향이다. **이 음양 사상이 유럽으로 전해져 Leibniz에 의해 2진법이 발명되었다.** 0은 수의 크기가 없는 것을 나타내는 숫자로 꺼진(off)상태를, 1은 양의 크기가 있는 것으로 켜

진(on)상태를 나타낸다. 이진법의 한자리를 bit라 하는데 이는 'binary digit'를 줄인 말이다. 1진법의 수는 없는데 이는 하나의 숫자로 구성해야 하는데 0으로 크기가 있는 것은 나타낼 수 없기 때문이다.

인류는 선사시대부터 '12진법'을 즐겨 사용했다. 1년은 12달, 시계의 눈금을 12로 나누고, 물건의 1다스가 12개라는 것이 그 예이다. 지금도 영국에서는 12라인=1인치, 12인치=1풋, 12온스=1파운드처럼 12진법을 사용하고 있다. 12진법은 10진법 보다 숫자가 2개 더 있어야 하므로 10=t, 11=s로 표시하면 12진법을 구성하는 숫자는 0, 1, 2, 3, 4, 5, 6, 7, 8, 9, t, s가 된다.

• 12진법의 덧셈과 곱셈

$$\begin{array}{r} 9187_{12} \\ +\ \ 2543_{12} \\ \hline s70t_{12} \end{array} \qquad\qquad \begin{array}{r} 817_{12} \\ \times\ \ \ 2t_{12} \\ \hline 694t \\ 1432\ \ \\ \hline 1s06t_{12} \end{array}$$

4000년 전 고대 메소포타미아에서는 '60진법'의 위치적 기수법을 사용하였다. 원의 둘레를 반지름의 길이로 자르면 6등분이 된다. 각도의 단위로 1회전을 360°, 1°를 60′ (분), 1′ 을 60″ (초)로 한 것이나 하루는 24시간, 1시간은 60분, 1분은 60초로 나누는 것은 바빌로니아에서 유래하였다. 소수로 나타낼 수 있는 분수는 10진법보다 60진법이 훨씬 많다는 이유로 60진법이 사용된 것이라고 생각된다.

p진법을 구성하는 숫자는 0, 1, 2, 3, …, p-1의 p개로 구성된다. 10진수 N을 나눗셈의 기본 성질을 이용하여 p진법으로 나타내면

$$N = pq_1 + a_0 \ \ (0 \leq a_0 < p) \ \ (q_1 \text{ 몫, } a_0\text{은 나머지})$$

인 관계식이 성립한다. 여기서 q_1이 p보다 클 때는 다시 p로 나누면

$$q_1 = pq_2 + a_1 \ \ (0 \leq a_1 < p)$$

이 계산을 반복하면

$$q_2 = pq_3 + a_2 \ \ (0 \leq a_2 < p)$$

$$q_3 = pq_4 + a_3 \ \ (0 \leq a_3 < p)$$

a_0, a_1, a_2, …는 차례로 정해지며 $q_1 > q_2 > q_3$ …이 되므로 언젠가는 이 수열은 $0 < q_n < p$이 되어 q_n으로 끝난다. 이 q_n을 a_n으로 쓰면 $q_{n-1} = pq_n + a_{n-1}$ $(0 \leq a_{n-1} < p)$이다. 다시 정리하면

$$
\begin{aligned}
N &= pq_1 + a_0 \\
&= p(pq_2 + a_1) + a_0 \\
&= p^2 q_2 + p1a_1 + a_0 \\
&= p^3 q_3 + p2a_2 + p1a_1 + a_0 \\
&\cdots \\
&= p^n a_n + pn\text{-}1a_{n-1} + \cdots + p1a_1 + a_0
\end{aligned}
$$

이다. 이 식을 p진법의 전개식이라 하고 N=$(a_n a_{n-1} \cdots a_1 a_0)$p로 나타낸다.

소수도 p진법으로 표시하면 나음과 같다.

$$p^{-1}a_{-1} + p^{-2}a_{-2} + \cdots = (0.a_{-1}a_{-2}\cdots)\text{p} \quad (0 \leqq a_{-i} < p)$$

자연수를 p진법으로 나타낼 때 p가 클수록 자리의 개수는 작아지고, p가 작을수록 자리의 개수는 많아진다. 새로운 수로 수학자들은 12진법을 드는 이유로 10진법의 10의 약수는 1, 2, 5, 10이지만 12진법은 12의 약수가 1, 2, 3, 4, 6, 12인 6개로 여러 가지 양을 분류 정리에 편리하기 때문으로 보고 있다.

나. 명수법

명수법(numeration system)은 수를 적당한 무리로 나누어 간단히 이름(number name)을 붙여 주는 방법이다. 우리나라의 명수법은 한숫자(漢數字)에 근거해 소리 나는 대로 적은 법이고, 명수법의 핵심은 수사(數詞)의 조직이다. 따라서 **수는 양의 크기를 말하고, 숫자는 수의 크기를 나타내는 기호를 뜻하며, 수사는 수의 이름을 불러주는 언어적 표현이다.**

우리나라의 명수법은 1에서 10까지의 수사는 한 글자이고 11에서 20까지는 반복의 원리로 수사가 만들어진다. 또한 10, 100, 1000,…은 10배에 따라 새로운 수사가 정해진다. 두 번째 숫자는 1에서 10까지는 2개 이하의 글자로 앞의 수사보다 편리하지 못하다. 11이상은 반복의 원리가 적용되고 스물, 서른, 마흔,… 등은 발음상 유사하나 확실한 반복원리가 적용되지 않는다.

숫자	1	2	3	4	5	6	7	8	9	10	11	12	13
한국	일	이	삼	사	오	육	칠	팔	구	십	십일	십이	십삼
	하나	둘	셋	넷	다섯	여섯	일곱	여덟	아홉	열	열하나	열둘	열셋
미국	one	two	three	four	five	six	seven	eight	nine	ten	eleven	twelve	thirteen

수를 가리키는 순 우리말로 '골 백번 죽어'에서 '골'은 10의 16제곱, '잘'(정)은 10의 40제곱, '드먼'은 10의 4제곱으로 두만강이 만 가지의 지류를 가진 '드먼'에서 유래 되었다. '온 몸이 아프다'에서 '온'은 백을, '즈믄'은 천을 나타낸다.

또 조선시대 홍정하가 지은 구일집에는 분수에 대한 것으로 1/4는 약반, 1/3은 소반, 1/2은 중반, 2/3은 태반, 3/4는 강반이라 불렀다.

미국의 수사는 1에서 10까지는 발음이 세 글자 이하로 한국의 수사보다 복잡하다. 10이상 수사도 반복의 원리가 명확하지 않고, 또 10배 할 때마다 새로운 수사가 정해지고, 발음의 양이 많아서 불편하다. 수사는 단순하고 발음하기 쉽고, 반복의 원리가 있어야 한다.

어떤 수의 소수점 아래 첫째자리는 분(分), 둘째자리부터 차례로 리(厘), 毛(모)…자리가 된다. 예를 들면 0.123을 1분 2리 3호라 읽는다. 분이 소수 첫째자리의 단위는 일상생활에서 십분(十分), 십이분(十二分) 등에서도 알 수 있다.

10을 기준으로 나타내는 할푼리는 명칭이 소수의 수사에서 유래하여 소수와 혼동하는 경향이 많다. 비율 할푼리는 개화기에 우리나라에 전해졌다. **할푼리는 할을 기준으로 비율을 나타내는 하나의 방법으로 소수의 수사와는 본질적으로 개념이 다르다.** 소수의 분, 리, 모,…는 자연수의 수사 일, 십, 백, 천, …과 똑같은 품사분류상의 수사여서 그 뒤에 필요한 단위 cm, m, km 파운드 등을 마음대로 붙일 수 있다. **반면에 할, 푼, 리, …는 반드시 기준량이 있어야만 그 뒤에 단위를 붙일 수 있다.**

◎ 큰 수와 작은 수의 이름(명수법)

환산량		명칭		환산량		명칭	
①	②			③	④		
1	1	一(壹)	일(one)	10^{-1}	10^{-1}	分	분(푼)(tenth)
10	10	十(拾)	십(ten)	10^{-2}	10^{-2}	이/厘	리(hundredth)
10^2	10^2	百	백(hundred)	10^{-3}	10^{-3}	毛(모)	모
10^3	10^3	千	천(thousand)	10^{-4}	10^{-4}	絲	사
10^4	10^4	萬	만	10^{-5}	10^{-5}	忽	홀
10^8	10^8	億	억	10^{-6}	10^{-6}	微	미
10^{16}	10^{12}	兆	조	10^{-7}	10^{-7}	纖	섬
10^{24}	10^{16}	京	경	10^{-8}	10^{-8}	沙	사
10^{32}	10^{20}	垓	해	10^{-16}	10^{-9}	塵	진
10^{40}	10^{24}	抒(秭)	서(자)	10^{-24}	10^{-10}	埃	애
10^{48}	10^{28}	穰	양	10^{-32}	10^{-11}	渺	묘

<table>
<tr><td>10^{56}</td><td>10^{32}</td><td>溝</td><td>구</td><td>10^{-40}</td><td>10^{-12}</td><td>莫</td><td>막</td></tr>
<tr><td>10^{64}</td><td>10^{36}</td><td>澗</td><td>간</td><td>10^{-48}</td><td>10^{-13}</td><td>模糊</td><td>모호</td></tr>
<tr><td>10^{72}</td><td>10^{40}</td><td>正</td><td>정</td><td>10^{-56}</td><td>10^{-14}</td><td>逡巡</td><td>준순</td></tr>
<tr><td>10^{80}</td><td>10^{44}</td><td>載</td><td>재</td><td>10^{-64}</td><td>10^{-15}</td><td>須臾</td><td>수유</td></tr>
<tr><td>10^{88}</td><td>10^{48}</td><td>極</td><td>극</td><td>10^{-72}</td><td>10^{-16}</td><td>瞬息</td><td>순식</td></tr>
<tr><td>10^{96}</td><td>10^{52}</td><td>恒河沙</td><td>항하사</td><td>10^{-80}</td><td>10^{-17}</td><td>彈指</td><td>탄지</td></tr>
<tr><td>10^{104}</td><td>10^{56}</td><td>阿增紙</td><td>아증지</td><td>10^{-88}</td><td>10^{-18}</td><td>刹那</td><td>찰나</td></tr>
<tr><td>10^{112}</td><td>10^{60}</td><td>那由他</td><td>나유타</td><td>10^{-96}</td><td>10^{-19}</td><td>六德</td><td>육덕</td></tr>
<tr><td rowspan="2">10^{120}</td><td rowspan="2">10^{64}</td><td rowspan="2">不可思議</td><td rowspan="2">불가사의</td><td>10^{-104}</td><td></td><td></td><td>허</td></tr>
<tr><td></td><td>10^{-20}</td><td>虛空</td><td>허공</td></tr>
<tr><td rowspan="4">10^{128}</td><td rowspan="4">10^{68}</td><td rowspan="4">無量數</td><td rowspan="4">무량수</td><td>10^{-112}</td><td></td><td></td><td>공</td></tr>
<tr><td>10^{-120}</td><td></td><td></td><td>청</td></tr>
<tr><td></td><td>10^{-21}</td><td>淸淨</td><td>청정</td></tr>
<tr><td>10^{-128}</td><td></td><td></td><td>정</td></tr>
</table>

①은 18세기 이전까지, **②는 19 세기 이후 사용**

③은 19세기 중엽까지, **④는 개화기(19 세기 말) 이후 사용**

※ $\frac{1}{2}$(half), $\frac{1}{3}$(thrid), $\frac{1}{4}$(quater), $\frac{1}{5}$(fifth), 12(dozen, dz). 12×10=120(small gross), $12^2=144$(gross, gr), $12^3=1728$(great gross)

연습문제

1. 아래 수와 연산의 지도가 처음으로 시작되는 학년은?

(1) 덧셈과 뺄셈 (2) 곱셈 (3) 분수 (4) 나눗셈
(5) 소수 (6) 약수와 배수 (7) 소수와 분수

2. 수세기 과정의 4가지 중요한 원리는?

3. Piaget의 보존개념에 대하여 설명하시오.

4. Piaget의 수의 합성과 분해에 대하여 설명하시오.

5. 가부번집합(denumerable set)에 대하여 설명하시오.

6. 집합적사고의 4가지에 대하여 설명하시오.

7. 페아노(G. Peano)의 공리에 대하여 설명하시오.

8. 0에 대한 성질을 설명하시오.

9. 자연수를 의미에 따라 분류하고 설명하시오.

10. 정수와 유리수의 형성과정에 대하여 설명하시오.

11. 유리수는 순서수가 아닌 이유를 설명하시오.

12. 분수와 소수의 장단점에 대하여 설명하시오.

13. 실수의 연속성을 Dedekind의 절단을 통하여 설명하시오.

14. 기수법과 명수법에 대하여 설명하시오.

15. 우리말에서 수를 나타내는 말을 조사하여 보시오.

2. 연산

연산의 첫 단계는 연산의미 지도로 형식적인 약속은 최소화하고 논리적 법칙을 전개하고 성질을 지도한다. 또 연산 개념은 구체물의 조작이나 관계를 통하여 양의 합병, 제거, 동수누가, 등분할 등을 양적으로 처리한 후에 사칙연산의 추상화, 형식화, 일반화로 적용범위를 확장해 나간다.

연산이란 일종의 대응과 조작의 매우 포괄적인 개념이다. 예컨대, 2개의 막대로 하나의 막대를 만들거나 3을 더한다, 방향을 바꾼다 등도 모두 연산이다. 이처럼 연산은 수뿐만 아니고 두 원소를 하나의 원소로 만들어 내면 모두 연산이다.

집합 X에서 정의역이 X×X이고, 공역이 X인 함수 f(즉, f : X×X→X가 존재할 때 함수 f를 이항연산(binary operation)이라 한다. 함수값 f(a, b)를 간단히 f(a, b)=a※b로 나타내고, a※b는 그 집합의 원소 중에 일의적으로 결정된다. 여기서 기호 ※는 +, −, ×, ÷, … 등을 나타내는 이항연산 기호이다.

연산의 지도목표는 다음과 같다.

① 연산의 의미를 이해하도록 한다.

② 연산 방법의 발견과 이에 대한 논리적 설명을 하게 한다.

③ 형식계산방법을 알게 한다.

연산은 다음과 같은 방법이 있다.

① 세기는 수가 커질 때는 불가능하나 기본적인 수에 의존한다.

② 암산은 필기도구가 없는 계산으로 어느 정도 필요하나 방법은 알고 있어야한다.

③ 연산 도구로 계산기나 컴퓨터를 이용할 수 있으나 도구는 계산원리가 잘 나타나지 않아 학습에서 중요하지 않다.

④ 필산은 필기도구만을 사용한 계산으로 보통계산이라 한다.

가. 계산과 연산

수학교육이 현대화되면서 연산이란 용어가 본격적으로 사용되었다. 계산(calculation)은 계산의 계획과 방법, 해석은 물론 암산과 어림셈, 간편셈 등에 따른 여러 가지 행동과 결과를 총망라한다. 따라서 계산은 크게 형식과 비형식으로 형식산은 자릿수를 맞추거나 일의 자리에서 십의 자리로 받아 올림을 하는 것 등이다. 비형식산은 암산, 간편셈, 어림셈 등이 있다.

일상생활에서 계산은 좁은 의미로 형식산을 의미하나 넓은 의미로 형식산과 비형식산을 모두 뜻한다. 오늘날 계산지도는 원리면에서 목표는 형식산에 두고, 방법은 비형식산에서 형식산으로 진행하고 있다.

계산의 3대 발명으로 아라비아 숫자, Napier(1550~1617)의 로그, 小數의 발명을 들고 있다. 연산은 어떻게 조작되어 있는가를 알아보는 것이다.

예 : 2*3=3, 5*4=5, 7*8=8일 때 100*99=?

연산은 사칙연산뿐만 아니라 사랑, 질투 등의 뜻을 나타낼 수도 있다. **집합 S={a, b, c, d, …}에서 다음 연산(operation)을 만족하면 '*에 관해 연산가능하다'라 한다.**

(1) a*b=c∈S

(2) a*b=c(uniqueness)

S가 홀수 집합은 곱셈이 가능하고, S가 정수 집합은 덧셈, 뺄셈, 곱셈이 가능하다.

2.1 덧셈(Addition)과 뺄셈(Subtraction)

자연수 집합에서 덧셈과 뺄셈은 자연수의 합성과 분해, 두 수의 대소관계 등을 자유롭게 하는 십진기수법의 기초가 선행되어야 한다. 모델에 적합한 문제는 학습목표의 도달이나 오랫동안 기억 할 수 있고, 흥미를 가질 수 있어야 한다. 교사는 모델 문제를 철저히 지도한 후에 연습문제나 응용문제를 해결하도록 한다.

덧셈은 서로 소인 두 집합 A, B에서 n(A)=a, n(B)=b일 때, n(A∪B)=n(A)+n(B)을 말한다. 예를 들면 2+3=5에서 2를 피가수, 3을 가수, 5를 화(和) 또는 합이라 한다.

가. 덧셈의 모델

(1) 첨가형(增加, 繼時的) : 하나의 모임 수에 다른 모임의 수를 첨가하여 전체를 나타내는 경우이다.

■ **덧셈과 뺄셈(1학년)**

나뭇가지에 참새 3마리가 앉아 있습니다. 2마리가 더 날아왔습니다. 참새는 모두 몇 마리인지 알아보시오.

• 덧셈식을 쓰고 읽어 보시오.

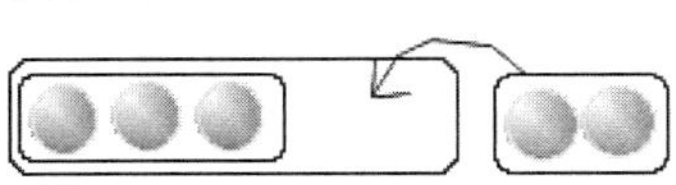

3+2=□

(2) 합병형(同時併存) : 두 모임의 수를 동시에 하나로 합하는 경우이다.

■ **덧셈과 뺄셈(1학년)**

흰 강아지 5마리와 검은 강아지 2마리가 있습니다. 강아지는 모두 몇 마리인지 알아보시오.

• 덧셈식을 쓰고 읽어 보시오.

쓰기 ....

(3) x−b=a인 형 : 영준이는 동생에게 300원을 주었더니 500원 남았다. 영준이가 처음 가졌던 돈은 얼마일까?

* 사고과정에서 (1), (2)은 순사고형, (3)은 역사고형 문제로 (1), (2)에 비해 학습 성취도가 매우 낮아 여러 가지의 학습자료의 사용과 문제유형에 따른 해결방법으로 오랫동안 정착할 수 있는 지도가 필요하다. **덧셈의 의미는 문장 속에 '합치면', '모두', '전체', '늘이면', '받으면' 등으로 나타난다.** 유리수의 덧셈은 분리량의 조작에서 연속량의 조작으로 발전한다.

나. 뺄셈의 모델

① 제거형(減少, 繼時的, 求殘) : **두 집합 A, B에서 B⊂A, n(A)=a, n(B)=b일 때, n(A)−n(B)인 경우이다.**

■ **덧셈과 뺄셈(1학년)**

나비 7마리가 있습니다. 그 중에서 3마리가 날아갔습니다. 나비가 몇 마리 남아 있는지 알아보시오.

• 뺄셈식을 쓰고 읽어 보시오.

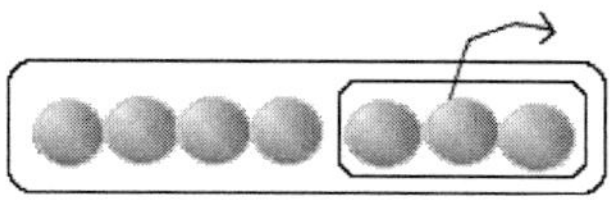

쓰기 ....

② 비교형(同時的, 求差) : **두 집합 A, B에서 A, B가 서로소이고, n(A)=a, n(B)=b일때, n(A)−n(B)인 경우이다.**

■ 덧셈과 뺄셈(1학년)

흰 고양이 7마리와 검은 고양이 5마리가 있습니다. 흰 고양이는 검은 고양이보다 몇 마리 더 많은지 알아보시오.

• 뺄셈식을 쓰고 읽어 보시오.

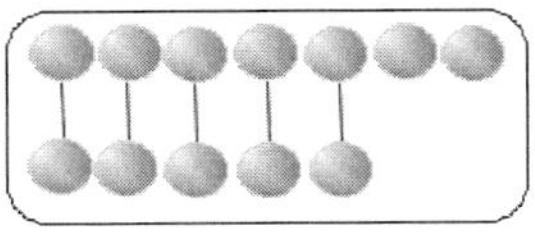

쓰기 ....

③ x+b=a형 : A는 가지고 있는 단감 중에서, 3개를 B에게 받았더니 7개가 되었다. A가 갖고 있는 단감은 몇 개일까?

뺄셈은 여집합 뜻이 있으나 차집합은 뺄셈이 적용되지 않는다. **뺄셈의 의미는 '덜어내면', '줄이면', '나머지는', '어느 쪽이 더 많은가?' 등의 낱말로 알 수 있고 형식화하게 된다.** 뺄셈은 덧셈의 성질을 완전히 이해한 후에 지도하는 것이 좋다. 학생들이 연산을 어려워하는 이유는 주어진 외적 표현방식에서 계산에 대한 적당한 정신모델을 형성하지 못하는 데 있다. 더구나 형성한 모델도 다른 것과 연결시키지 못하거나 자리값의 이해 부족이 중요한 이유이다. 뺄셈에서 피감수를 분해하여 감수를 빼는 지도가 필요하다.

다. 자연수의 덧셈과 뺄셈

일반적으로 자연수의 덧셈과 뺄셈은 다음과 같은 순서로 지도한다.

① 3+2=5 (받아 올림이 없는 (1자리수)+(1자리수)의

② 7+3=10 (받아 올림이 있는 (1자리수)+(1자리수)의 계산)

③ 17+2=19 (받아 올림이 없는 (2자리수)+(1자리수)의 계산)

17+2=(10+7)+2=10+(7+2)=10+9=19

④ 7+4=11 (받아 올림이 있는 (1자리수)+(1자리수)의 계산)

⑤ 17+4=21 (받아 올림이 있는 (2자리수)+(1자리수)의 계산)

⑥ 17+12=29 (받아 올림이 없는 (2자리수)+(2자리수)의 계산)

⑦ 17+14=31 (받아 올림이 1번 있는 (2자리수)+(1자리수)의 계산)

⑧ 57+64=121 (받아 올림이 2번 있는 (2자리수)+(1자리수)의 계산)

57+64=(50+7)+(60+4)=(50+60)+(7+4)=110+11=121

■ **활동 : 그림을 보고 계산하시오.(2학년 덧셈과 뺄셈)**

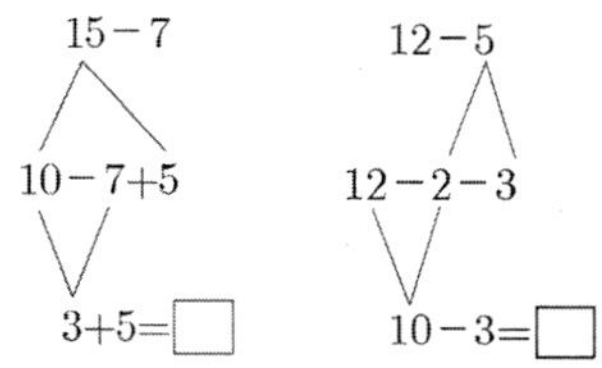

라. 분수의 덧셈과 뺄셈

분수의 덧셈과 뺄셈은 분모가 같은 분수만 가능하므로 분모가 다른 경우는 먼저 분모를 같은 분수로 만드는 통분을 한다. 분수 개념 지도 과정에서 분수 개념을 발전시킬 때 유의해야할 점은 해당 분수를 나타낸 구체물의 상대적 크기나 모양과는 무관하며, 단지 전체(분모)를 몇으로 등분할하고, 그 결과 부분(분자) 몇 개에 해당하는지가 분수를 결정한다는 것을 이해하도록 한다.

■ **분수의 덧셈과 뺄셈(4학년)**

생일날 친구들과 함께 케이크를 먹었습니다. 나는 전체 케이크의 $\frac{1}{4}$을 먹었고, 친구들은 전체 케이크의 $\frac{2}{4}$를 먹었습니다. 나와 친구들이 먹은 케이크는 모두 얼마 인지 알아봅시다.

(1) 분모가 같은 분수의 덧셈과 뺄셈 : 분수의 덧셈이나 뺄셈은 자연수의 덧셈이나 뺄셈처럼 방법이 비슷하여 분자끼리 더하거나 빼는 방식임을 이해하고 숙달시킨다. 분수 $\frac{a}{n}$의 개념은 $\frac{1}{n}$이 a개임을 이해하고 덧셈과 뺄셈을 진행시킨다. 즉, $\frac{a}{n}\pm\frac{b}{n}$는 $\frac{1}{n}$이 $a\pm b$개 이므로 $\frac{a\pm b}{n}$ 가 된다.

분모가 같은 분수의 덧셈과 뺄셈의 지도 순서는 일반적으로 다음의 같다.

① 구체물 조작활동으로 덧셈, 뺄셈의 원리를 알아보게 한다.

② 선분과 같은 반구체물로 덧셈, 뺄셈의 원리를 알아보게 한다.

③ 수직선상에 표시하여 덧셈, 뺄셈의 원리를 지도한다.

④ 최종적인 형식화는 다음과 같이 구분하여 덧셈, 뺄셈을 숙달시킨다.

ⓐ 진분수가 되는 진분수끼리의 덧셈, 뺄셈

ⓑ 합이 1 보다 큰 진분수끼리의 덧셈

ⓒ 받아 올림이 없는 대분수끼리의 덧셈

ⓓ 받아 올림이 있는 대분수끼리의 덧셈

자연수 부분은 자연수끼리 진분수 부분은 진분수끼리의 합으로 계산하고, 합의 결과의 분수가 가분수이면 대분수로 바꾸면서 자연수 부분은 받아 올려 답을 대분수로 나타내도록 지도한다.

ⓔ 받아 내림이 없는 대분수의 뺄셈

ⓕ 받아 내림이 있는 대분수의 뺄셈

대분수의 진분수 부분에서 피감수의 진분수가 감수의 진분수보다 작기 때문에 피감수에서 받아 내림을 하여 분수 부분을 가분수로 바꾸어 계산하도록 지도한다.

■ $3\frac{2}{7}-1\frac{5}{7}$**를 어떻게 계산하는지 알아보시오.(5학년)**

그림을 이용하여 계산하는 방법을 알아보시오.

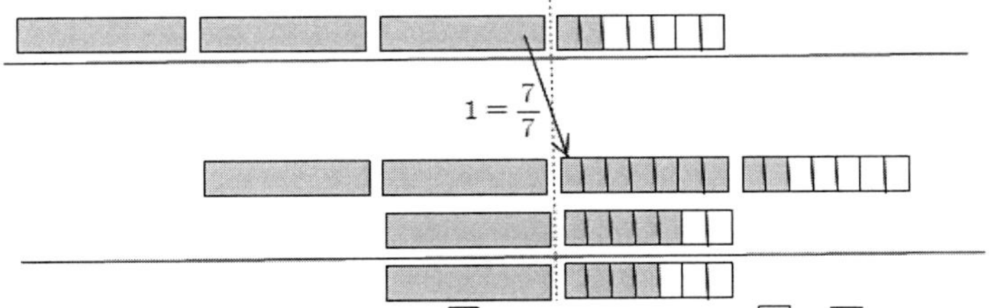

$$3\frac{2}{7}-1\frac{5}{7}=2\frac{\square}{7}-1\frac{5}{7}=(\square-\square)+(\frac{\square}{7}-\frac{\square}{7})$$

$$=\square+\frac{\square}{7}=\square\frac{\square}{7}$$

(2) 분모가 다른 분수의 덧셈과 뺄셈 : 분모가 다른 분수의 경우는 공통분모를 찾는 과정만 추가하면 나머지 과정은 분모가 같은 분수의 덧셈과 같은 방법으로 한다. 즉, $\frac{a}{m}\pm\frac{b}{n}=\frac{a\times n}{m\times n}\pm\frac{b\times m}{n\times m}=\frac{an\pm bm}{mn}$가 된다. 분모가 같은 분수로 고쳐서 앞에서와 같은 방법으로 계산한다.

■ $\frac{1}{2}+\frac{2}{3}$를 계산하는 방법을 알아보시오.(5학년)

$\frac{1}{2}$과 $\frac{2}{3}$를 통분하여 색칠하고 $\frac{1}{2}+\frac{2}{3}$를 계산하시오.

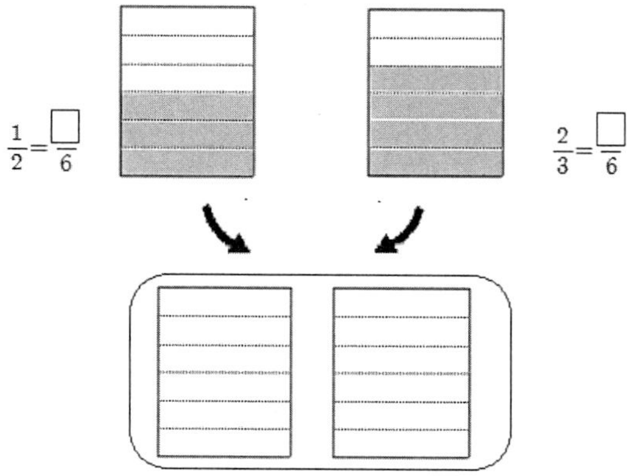

$$\frac{1}{2}+\frac{2}{3} = \frac{\square}{6}+\frac{\square}{6} = \frac{\square}{6} = \square$$

분모가 다른 분수끼리의 덧셈, 뺄셈은 다음의 과정을 따른다.

① 동치분수를 만들어 덧셈, 뺄셈의 방법을 알아본다. 즉, 0 이 아닌 같은 수를 분모, 분자에 곱하여도 분수의 크기는 같다는 성질을 이용한다.

② 구체물 조작 활동으로 이분모분수의 덧셈, 뺄셈의 의미를 파악한다.

③ 선분도와 같은 반구체물로 이분모분수의 덧셈, 뺄셈의 의미를 파악한다.

④ 이분모분수의 덧셈, 뺄셈은 분모끼리의 최소공배수의 통분 과정을 통하여 동분모분수를 만들어 계산하도록 형식화하여 숙달지도를 한다.

■ $\frac{7}{10}+\frac{5}{6}$를 두 가지 방법으로 계산하시오.(5학년)

분모의 곱을 이용하여 통분한 후 계산하시오.

$$\frac{7}{10}+\frac{5}{6} = \frac{7\times 6}{10\times 6}+\frac{5\times 10}{6\times 10} = \frac{\square}{60}+\frac{\square}{60}$$

$$= \frac{\square}{60} = \square\frac{\square}{60} = \square$$

(3) 소수의 덧셈 : 소수의 덧셈은 자연수 십진기수법의 확장으로 자연수의 덧셈과 뺄셈과 비슷하다. 같은 자리의 수끼리 맞추고, 자연수의 덧셈이나 뺄셈처럼 계산한 다음 소수점을 그대로 사용한다.

■ **소수의 덧셈과 뺄셈(4학년)**

영준이는 0.36m 와 0.45m의 끈을 가지고 있습니다. 두 끈의 길이는 모두 m인지 알아봅시다.

일반적으로 소수의 덧셈은 다음과 같은 순서로 지도한다.

① 0.7+0.2=0.9

② 0.7+0.4=1.1

③ 2+3.2=2+(3+0.2)=(2+3)+0.2=5+0.2=5.2

④ 3.2+2=5.2

⑤ 2.7+3.2=5.9

⑥ 2.7+3.4=2+0.7)+(3+0.4)=(2+3)+(0.7+0.4)=5+1.1=5+(1+0.1)=(5+1)+0.1
=6+0.1=6.1

위에서 서로 같은 점, 다른 점을 찾아보고 학습한 사항과 관련하여 지도하는 것이 학습의 구조화나 발견적 태도면에서 매우 바람직하다.

[Algorithm] 인도-아라비아 계산법을 성문화한 것으로 8세기 Al-kwarizmi의 이름에서 비롯되었다. 답의 발견에 이용되는 조직적이고, 단계적인 진행 절차로 수학에서 강력한 힘을 주는 동시에 개념적 깊이를 더해 주는 기술적 수단이다. 예를 들면 분수의 곱셈에서 분모와 분모, 분자와 분자를 곱하는 것이다. 또한 컴퓨터를 이용한 문제해결에서 프로그래밍의 핵심으로 최근에 더욱 강조되고 있다.

[덧셈과 뺄셈의 기호]

수학은 기호의 학문으로 말이나 글로 표현하면 길어진다.

① +와 −의 기호는 계산술의 아버지 Widmann(독일, 1489년)이 라이프니쯔에서 발표했던 책에 처음으로 나타나 있다. 처음에 지나치다(+), 부족하다(−)의 뜻으로 사용되다가 덧셈과 뺄셈의 기호로 사용하였다. Widmann의 기호는 『및』이란 용어를 바꾸어 놓은 것이다.

- 「$\frac{1}{3}$및$\frac{1}{4}$ 및$\frac{1}{5}$실링」로 쓰고 그 옆에 「$\frac{1}{3}+\frac{1}{4}+\frac{1}{5}$실링」로 쓰고 있다.
- 『−는 보다 적다』로, 『+는 보다 많다』의 뜻이 있다.

② +, − 기호를 최초 사용한 인쇄본은 독일의 Gramateus의 지도서(1518)이다.

③ + 기호는 라틴어 '또는' 이라는 의미의 et를 빨리 쓴 형태에서 비롯되었다. 14~15세기의 수학 문서에서 「및」은 t와 비슷한 기호로 나타내고 있다.

④ − 기호의 기원은 상업상 결손기호의 하이픈(-)으로 해석되고 있다. minus를 빨리 쓴 것이 오늘날의 기호와 같이 되었다.

⑤ ffi는 「또는」의 뜻으로 Grard가 처음 사용하였다(1626). 연산기호 의미와 양수 및 음수 기호 의미와 명확한 차이는 Wilkins(1800)의 저서에서 밝히고 있다.

2.2 곱셈(Multiplication)

곱셈과 나눗셈의 도입에서 수의 단위에 대한 성질은 중요하다. 곱셈의 시작은 한 단위의 연산에서 합성단위로 옮겨가는 것이다. 덧셈과 뺄셈은 두 개의 수가 하나 수를 만든다. 그러나 곱하기와 나누기는 두 개의 비슷한 수가 비슷하지 않는 하나의 수를 만든다.

곱셈의 Peano공리에 의한 정의는 다음과 같다.

(1) $a\times1=1\times a=a$

(2) $a\times(b+1)=a\times b+a$

이 정의로 자연수에 대한 다음 기본적인 법칙을 유도한다.

$ab=ba$ $(ab)c=a(bc)$ $ac=bc$이면 $a=b$ $(c\neq0)$

가. 곱셈의 모델

곱셈의 상황은 문제내용의 어의적 분석으로 다음과 같은 유형이 있다.

(1) 동수누가 : 동수누가로 곱셈을 도입하는 초보 직관적 모형으로 곱셈을 이해하고 사용하는 방법이다.

■ **곱셈(2학년)**

$8 + 8 + 8 + 8 = 32 \quad 8 \times 4 = 32$

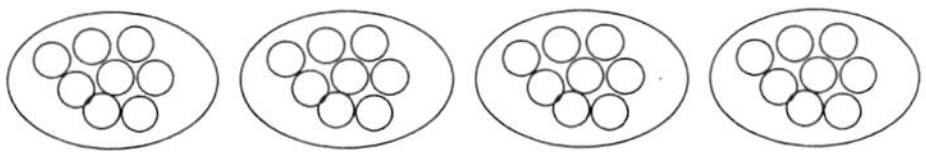

8×4=32**는 8 곱하기 4는 32와 같습니다**라고 읽습니다.

(2) 스칼라(scalar)곱 : A는 4개의 사탕을 가지고 있다. B는 A의 3배의 사탕을 가지고 있다. B는 몇 개의 사탕을 가지고 있는가? 와 같이 x배 만큼이란 형식으로 이루어지며 비대칭 상황으로 분류된다.

(3) 교차곱(cross product) : 두 집합 A, B에 대하여 A와 B의 Cartesian product(카르테시안 곱 또는 데카르트 곱)은 a∈A이고 b∈B인 모든 순서쌍 (a, b)의 집합이다.

$$A\times B=\{(x,\ y)|\ x\in A, \in B\}$$

곱셈의 다른 정의는 Cartesian product로 두 집합 A, B는 유한집합, A의 원소의 개수를 n(A)=a, B의 원소의 개수를 n(B)=b라 하면

$$n(A\times B)=n(A)\times n(B)=a\times b=c$$

을 만족 할 때 a×b를 곱셈이라 한다. 이 때 a를 피승수, b를 승수라 하고, c를 a와 b의 곱 또는 적이라 한다.

0과 자연수의 집합은 다음과 같은 성질이 있다.

(0) $a\times b\in W$

(1) $a\times 0=0\times a=0$(0-factor의 성질)

(2) $a\times 1=1\times a=a$(1은 곱셈의 단위원)

(3) $a\times b=b\times a$

(4) $(a\times b)\times c=a\times (b\times c)$

(5) $a\times (b+c)=(a\times b)+(a\times c)$

(6) $a\times b=(a\times m)\times (b\div m)=(a\div m)\times (b\times m)$,(단 $m\neq 0$)

나. 곱셈의 발전과정

곱셈은 비교적 늦게 발전하였는데 이집트에서는 피승수를 차례로 2배하며 나온 결과를 더하여 계산하였다.

• 17×13=17×(1+4+8)=221의 계산

*1	17
2	34
*4	68
*8	136
13	221

*독일의 수학자 Ptensutainer(15세기)는 곱셈을 다음과 같이 하였다.

예 : 456×97=44232

```
      456
    3192 7
   4104  9
   44232
```

*옛날에 많이 활용한 Gelosia가 만든 격자 곱셈은 아래와 같다.

예 : 456×97=44232

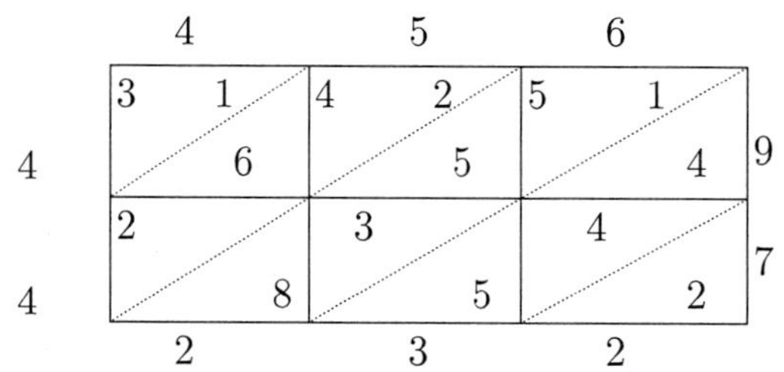

피승수는 윗줄 가로에, 승수는 오른쪽에 세로로 쓰고 각각 곱하면 한 자리나 두 자리수가 얻어진다. 곱한 수의 10의 자리 숫자는 빗금의 왼쪽 위에, 1의 자리 숫자는 오른쪽 아래쪽에 쓴다. 그런 후 각 숫자를 빗금 방향으로 합하여 아래쪽에 적는다.

현재의 곱셈은 Adam-Reieze(1489~1559)가 사용한 방법이다.

이탈리아의 Pacioli가 소개하는 8가지의 곱셈에 대해 알아보자.

[방법 1] 876×67

```
    876
 ×   67
   6132
  5256
  58692
```

[방법 2] 세로셈

[방법 3] 표의 도움을 받아 계산함

[방법 4] 416×253

$= \times6+10(3\times1+5\times6)+100(3\times4+5\times1+2\times6)+1000(5\times4+2\times1)+10000(2\times4)$

[방법 5] 정사각형법 $934\times413=385742$의 계산

[방법 6] 격자 곱셈 방법

[방법 7] $234\times48=234\times6\times8$과 같이 계산

[방법 8] $163\times17=163\times10+163\times7$과 같이 계산

곱셈의 초기는 곱셈의 기초, 곱셈구구, (두 자리 수)×(한 자리 수), (세 자리 수)×(한 자리 수), (두 자리 수)×(두 자리 수)로 구분될 수 있다.

① 구구셈 지도 : 구구셈은 **학습경험과 난이도에 따라 2 → 5 → 4 → 3 → 6 → 7 → 8 → 9 단의 순서로 지도하는 것이 일반적이다.** 이 과정에서 피승수가 일정하고 승수가 1씩 커지면 곱이 피승수만큼 커진다는 사실을 알고, 구체적인 보기를 들어 교환법칙이 성립함을 이해한다.

② $2\times10=20$형 : 기습사항과 관련지어 $2\times10=2\times9+2=18+2=20$

③ $2\times12=24$형 : 승수 12를 두 수로 분해하고 배분법칙을 사용하여 계산한다. 승수가 클 때는 승수를 두 수로 분해하고 배분법칙을 적용하는 것이 좋다.

소수 곱셈은 (소수)×(자연수), (자연수)×(소수), (소수)×(소수)의 순으로 소수점이하의 자리수가 작은 것에서 많은 것으로 지도한다.

① (소수)×(자연수)

$0.2\times3=0.2+0.2+0.2=0.6$

$1.2\times3=(1+0.2)\times3=(1\times3)+(0.2\times3)=3+0.6=3.6$

■ **0.5×3을 여러 가지 방법으로 알아보시오.(5학년)**

- 0.5×3을 계산하면 어떤 결과가 나올지 예상해 보시오.
- 0.5×3을 수직선을 이용하여 알아보시오.

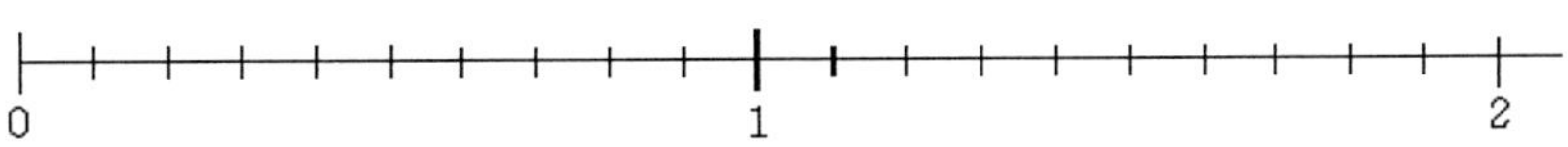

- 0.5×3을 덧셈식으로 고쳐서 계산하시오.
- 0.5×3을 분수의 곱셈으로 고쳐서 계산하시오.

② (자연수)×(소수)

- 면적으로 구하는 방법
- (기준양)×(비의 값)=(비교하는 양) 등과 관련된 지도가 바람직하다.
- 계산의 간편함을 생각하여 곱셈의 성질을 활용하여 계산해 보자.

■ **2×0.7을 여러 가지 방법으로 알아보시오.(5학년)**

- 2×0.7의 결과를 예상해 보시오.
- 2×0.7을 그림을 이용하여 알아보시오.

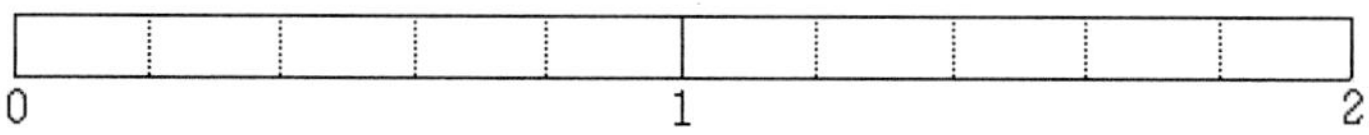

- 2×0.7을 분수의 곱셈으로 고쳐서 계산하시오.

(i) $3\times0.2=(3\div10)\times(0.2\times10)=0.3\times2=0.6$에서 $0.2\times3=3\times0.2$임을 알도록 한다.

(ii) $3\times1.2=3\times(1+0.2)=(3\times1)+(3\times0.2)=3+0.6=3.6$

(iii) $3\times21.2=3\times(20+1+0.2)=(3\times20)+(3\times1)+(3\times0.2)=60+3+0.6=63.6$

③ (소수)×(소수)

(i) $0.3\times0.2=(0.3\div10)\times(0.2\times10)=0.03\times2=0.06$

■ **0.6×0.4를 계산하는 방법을 알아보시오.(5학년)**

- 0.6×0.4를 분수의 곱셈으로 고쳐서 계산하시오.

$$0.6 \times 0.4 = \frac{\square}{10}\times\frac{\square}{10} = \frac{\square}{100} = \square$$

- 6×4와 0.6×0.4의 계산을 비교해 보시오.

$$6 \times 4 = \square$$

$$0.6 \times 0.4 = \square$$

- 6×4의 값을 이용하여 0.6×0.4를 계산하는 방법을 설명해 보시오.

승수가 소수인 경우는 곱이 피승수보다 작게 되며 곱의 소수점 이하의 자리수는 피승수와 승수에 나타나 있는 소수점이하의 자리수의 합과 같다.

(ii) $1.3\times0.2=(1+0.3)\times0.2=1\times0.2+0.3\times0.2=0.2+0.06=0.26$

(iii) $1.3\times3.2=(1+0.3)\times(3+0.2)=(1\times3)+(0.3\times3)+(1\times0.2)+(0.3\times0.2)$

$= 3+0.9+0.2+0.06 = 3+1.1+0.06 = 3+1+0.1+0.06 = 4+0.1+0.06 = 4.16$

또는 $1.3\times3.2=(1.3\div10)\times(3.2\times10)=0.13\times32=4.16$ 이다.

분수의 곱셈 알고리즘을 효율적으로 학습하기 위해서는 다음 순서에 따라 지도하는 것이 일반적이다.

① (단위분수)×(자연수), ② (진분수)×(자연수), ③ (가분수)×(자연수),
④ (대분수)×(자연수), ⑤ (자연수)×(단위분수), ⑥ (자연수)×(진분수),
⑦ (자연수)×(가분수), ⑧ (자연수)×(대분수), ⑨ (단위분수)×(단위분수),
⑩ (진분수)×(단위분수), ⑪ (단위분수)×(진분수), ⑫ (진분수)×(진분수),
⑬ (가분수)×(가분수), ⑭ (대분수)×(대분수)

① (분수)×(자연수) : 단위분수의 자연수 배 개념으로 이해시킨다.

- 수직선에서 직관적으로 처리한다.
- 배의 개념이 성립하므로 동수누가의 방법으로 한다.

$\frac{2}{3}\times5=\frac{2}{3}+\frac{2}{3}+\frac{2}{3}+\frac{2}{3}+\frac{2}{3}=\frac{10}{3}$

- 공식을 만들면 다음과 같다.

$\because \frac{2}{3}\times5=\frac{2\times5}{3}=\frac{10}{3}$

■ **$\frac{1}{2}\times6$를 계산하는 방법을 알아보시오.(5학년. 분수의 곱셈)**

- $\frac{1}{2}\times6$에 알맞게 색칠하시오.

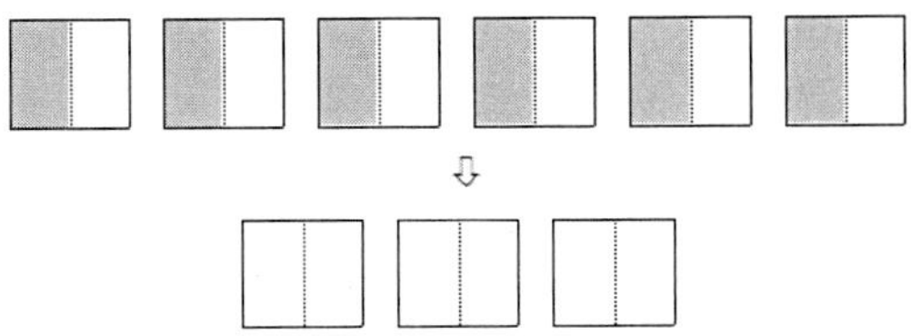

- $\frac{1}{2}\times6$을 덧셈식으로 나타내고 계산하시오.

$\frac{1}{2}\times6=\frac{\square}{\square}+\frac{\square}{\square}+\frac{\square}{\square}+\frac{\square}{\square}+\frac{\square}{\square}+\frac{\square}{\square}=\square$

② (자연수)×(분수) : (자연수)×(분수)의 지도는 (분수)×(자연수)와 계산 방법의 절차적 원리만 놓고 보면 교환법칙으로 지도해도 된다고 할 수 있다.

■ **$3\times\frac{1}{3}$을 계산하는 방법을 알아보시오.(5학년 분수의 곱셈)**

- $3\times\frac{1}{3}$에 알맞게 색칠하시오.

- 색칠한 것은 얼마입니까?
- 다음을 계산하여 $3\times\frac{1}{3}$의 값과 비교해 보시오.

$$\frac{3\times1}{3}=\square$$

- $3\times\frac{1}{3}$의 계산 방법을 알아보고 이야기해 보시오.

그러나 연산의 의미에 적용되는 개념은 다르다. (분수)×(자연수)의 경우는 동수누가의 개념을 적용할 수 있지만, (자연수)×(분수)의 경우에는 '분수 배'의 개념, 즉 연산자로서의 분수 개념이 적용되고, 이 개념을 계산 방법의 절차적 원리로 발전시키는 과정도 그다지 간단하지 않다.

예를 들면 $12\times\frac{3}{4}$은 다음과 같이 계산한다.

- 수직선에서 12의 $\frac{1}{4}$는 $12\times\frac{1}{4}$이고, $12\div4$와 같다.
- 수리적으로 12의 $\frac{3}{4}$는 12의 $\frac{1}{4}$의 3배이므로 $12\times\frac{3}{4}=(12\times\frac{1}{4})\times3=(12\div4)\times3=\frac{12}{4}\times3=\frac{12\times3}{4}=3\times3=9$이다.
- 공식을 만들면 $12\times\frac{3}{4}=\frac{12\times3}{4}$이다.

③ (분수)×(분수)

예 : 가로가 $\frac{2}{5}$, 세로가 $\frac{3}{4}$인 직사각형의 넓이는 얼마일까?

■ $\frac{2}{5}\times\frac{3}{4}$을 계산하는 방법을 알아보시오.(5학년 분수의 곱셈)

• $\frac{2}{5}\times\frac{3}{4}$을 색칠하기 위하여 그림의 $\frac{2}{5}$만큼 노란색으로 칠한 뒤 색칠한 노란색 부분의 $\frac{3}{4}$만큼 빨간색으로 칠하시오.

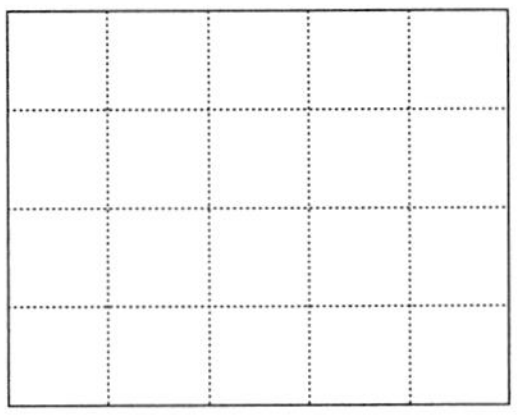

• 겹쳐서 색칠한 부분을 분수로 나타내어 보시오.

위의 계산을 다른 방법으로 알아보자.

(i) $\frac{3}{4}\times\frac{2}{5}=(\frac{3}{4}\div 5)\times(\frac{2}{5}\times 5)$…(승수를 정수로 고침)

$=(\frac{3}{4}\div 5)\times 2$…(제수 5가 정수이므로 뜻이 생김)

$=(\frac{3\times 5}{4\times 5}\div 5)\times 2=\frac{15\div 5}{20}\times 2=\frac{3}{20}\times 2=\frac{6}{20}$

(ii) $\frac{3}{4}\times\frac{2}{5}=\frac{3}{4}\times(2\div 5)=(\frac{3}{4}\times 2)\div 5=\frac{3\times 2}{4}\div 5=\frac{3\times 2}{4\times 5}=\frac{6}{20}$ 분수 곱셈을 톤스톨(1474~1559)은 $\frac{1}{2}$의 $\frac{1}{3}$의 $\frac{3}{4}$을 $\frac{3}{4}\frac{1}{3}\frac{1}{2}$로 나타냈다.

2.3 나눗셈

가. 나눗셈의 모델

나눗셈의 상황은 다음과 같이 두 가지의 모델을 생각할 수 있다.

(1) 등분제(等分除, partitive) : 10개의 사탕을 5명에게 똑같이 나누어주면 한 사람에게 몇 개씩 주면 될까? 와 같이 각 집합의 개수를 구할 때이다. 등분제는 나눗셈의 직관적 초기의 모델로 피제수는 제수보다 크고 영과 자연수이어야 한다.

■ **바둑돌 8개를 두 접시에 똑같이 나누어 보시오.(3학년, 나눗셈)**

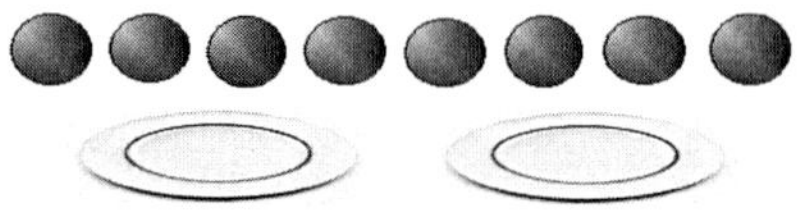

• 한 접시에 바둑돌을 몇 개씩 놓았습니까?

• 다른 방법도 생각해 보시오.

(2) 포함제(包含除, division) : 12개의 사탕을 한 사람에게 4개씩 주면 몇 사람에게 줄 수 있는가?와 같이 큰 수안에 주어신 수의 몇 배가 포함되는지 알아본다. 즉 **같은 양끼리의 나눗셈으로 보면 포함제이다.** 또 동수누감 $12-4-4-4=0$이 가능하다. 즉, (전체량)÷(기준량)=(비율)의 꼴에서 전체량과 기준량이 모두 같은 양이다.

■ **바둑돌 18개를 3개씩 나누어 보시오.(3학년, 나눗셈)**

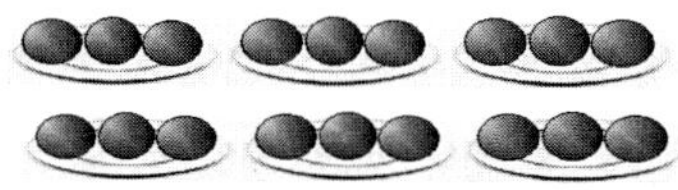

• 18에서 3을 몇 번 빼면 0이 됩니까?

$$18-\square-\square-\square-\square-\square-\square=0$$

• 나눗셈식으로 나타내어 보시오.

나눗셈 기호 하이픈(−)은 피사의 Leonard(13 세기)가 사용하였으나 아라비아인에 의해 만들어졌다. 기호(:)는 Johnson의 저서(1633)에 처음 사용하였다. 또 Perry (1619~1685)는 오늘날의 기호 (÷)를 사용하였고, 1659년에 출판된 Rain(1622~1676)의 수학 책에서 처음으로 나타나 있다.

나. 나눗셈의 성질

(1) 아무 것도 없는 양을 a로 똑같이 나누면 몫이 0이나 $\frac{0}{0}$과 $\frac{a}{0}$의 의미는 다소 어렵게 느껴진다. 지도방법은 다음과 같다.

$$1\times0=0\rightarrow\ 0\div0=1$$
$$2\times0=0\rightarrow\ 0\div0=2$$
$$3\times0=0\rightarrow\ 0\div0=3$$
$$\cdots\ \cdots\qquad\cdots\ \cdots$$

이처럼 $\frac{a}{0}$은 $a=0$일 때 $\frac{0}{0}$의 값은 하나로 정해지지 않는다.

(2) 교환, 결합법칙이 성립하지 않는다.

(3) 오른쪽에 대한 배분 법칙은 성립 하나, 왼쪽은 성립하지 않는다. 즉, $(a+b)\div c=(a\div c)+(b\div c)$, $a\div(b+c)\neq(a\div b)+(a\div c)$

(3) $a\div b=(a\times m)\div(b\times m)=(a\div m)\div(b\div m)$, $m\neq 0$

예 : $96\div 8=(96\div 2)\div(8\div 2)=48\div 4=(48\div 2)\div(4\div 2)=24\div 2=12$

(4) $a\div(b\times c)=(a\div b)\div c$

(5) $a\div(b\div c)=(a\div b)\times c$

(6) $(a\times b)\div c=(a\div c)\times b=(b\div c)\times a$

다. 나눗셈의 발전과정

이집트의 나눗셈은 2배, 2분의 1 분할로서 하고 있다.

$$19 \div 8 = 2 + \frac{1}{4} + \frac{1}{8}$$

1	8
*2	16
1/2	4
*1/4	2
*1/8	1

왼쪽 *표가 붙은 수는 19를 얻기 위해 8을 $(2+\frac{1}{4}+\frac{1}{8})$배 한 것이다.

나눗셈 지도의 초기는 나눗셈의 도입, 곱셈구구로 나눗셈의 몫 구하기, 몫이 두 자리 수인 (두 자리 수)÷(한 자리 수), 나머지가 있는 나눗셈, (십의 배수)÷(몇십), (두 자리 수)÷(몇십), (세 자리 수)÷(두 자리 수) (가장 몫 세우기)로 구분될 수 있다.

(1) 자연수의 나눗셈

① $8\div 2$

② $12\div 4$ $\because 12\div 4=(12\div 2)\div(4\div 2)=6\div 2=3$

③ $128\div 4$ $\because 128\div 4=(128\div 2)\div(4\div 2)=64\div 2=32$

＊그 밖의 방법

(i) 128÷4(10진법전개에 따른 나눗셈)$=(100+20+8)\div 4=(100\div 4)+(20\div 4)+(8\div 4)=25+5+2=32$

(ii) 128=120+8(필산에서 몫의 위치를 정해주는 배분법칙 방법)

$= (4\times30)+(4\times2) = 4(30+2) \qquad \therefore\ 128\div4=32$

④ 129÷4(나머지가 있는 계산) : 나머지가 없는 쪽에서 있는 쪽으로 지도하고 a를 b로 나눌 때 몫을 q, 나머지를 r이라 하면, 몫과 나머지의 결정조건은 다음과 같다.

즉, a=bq+r에서

(i) $bq \le a < b(q+1)$, q는 정수…(몫의 결정조건)

(ii) $0 \le r < b$……(나머지의 결정조건)

또 129÷4은 129÷4=32…1로 표현은 약속에 불과하며 129=4×32+1이 바르다.

⑤ 갈레이 방법(Galley method)(A.D, 1100～1700)유럽에서 사용한 방법이다.

예 : 7798÷36

77에 36이 몇 번 있는지의 몫 2는 오른편에, 77에서 2×36=72를 뺀 나머지 5를 77위에 쓰고 77을 지운다. 다시 59에는 36이 몇 번 있는지의 몫 1은 2옆에 쓰고, 59－36－=23을 5위에 쓰고 59를 지운다. 같은 방법으로 238에 36이 몇 번 있는가를 생각하면 몫 216과 나머지 22를 얻는다. 따라서 7798=36×216+22가 된다.

	22	나머지
	238	
	598	
피제수	7798,	216
	36	몫
	제수	

(2) 분수의 나눗셈 : 분수의 나눗셈 지도의 핵심은 분수의 곱셈으로 고쳐서 계산하도록 하는 것이다. 분수의 나눗셈 지도방법은 (분수)÷(자연수), (자연수)÷(분수), (분수)÷(분수)순서로 지도한다.

① (분수)÷(자연수)은 그림을 이용하여 지도한다.

(i) $\frac{3}{4}\div3=\frac{3\div3}{4}=\frac{1}{4} \qquad \therefore\ \frac{3}{4}\div3=\frac{3}{4}\times\frac{1}{3}$

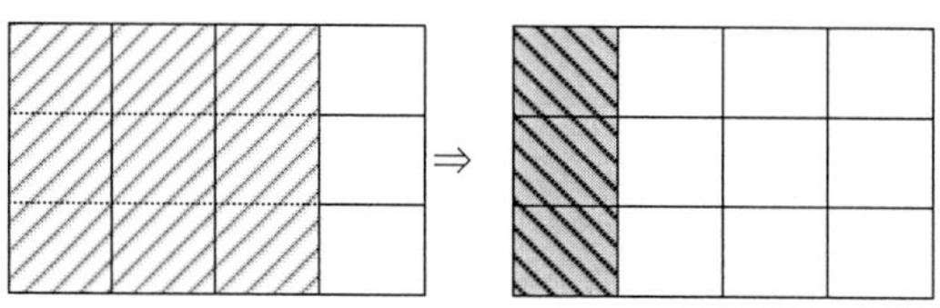

(ii) $\frac{4}{5}\div3=\frac{4\times3}{5\times3}\div3=\frac{12}{15}\div3=\frac{4}{15} \qquad \therefore\ \frac{4}{5}\div3=\frac{4}{5}\times\frac{1}{3}$

② (자연수)÷(분수)

(i) $3\div\frac{2}{5}=\frac{3\times5}{5}\div\frac{2}{5}=3\times5\div2=\frac{3\times5}{2}$ $\qquad\therefore\ 3\div\frac{2}{5}=3\times\frac{5}{2}$

(ii) $3\div\frac{2}{5}=(3\times5)\div(\frac{2}{5}\times5)=(3\times5)\div2=\frac{3\times5}{2}$ $\quad\therefore\ 3\div\frac{2}{5}=3\times\frac{5}{2}$

(iii) $3\div1\frac{2}{5}=3\div\frac{7}{5}=3\times\frac{5}{7}=\frac{15}{7}=2\frac{1}{7}$

■ **$2\div\frac{1}{3}$을 어떻게 계산하는지 알아보시오.(6학년, 분수의 나눗셈)**

$\frac{1}{3}$	$\frac{1}{3}$	$\frac{1}{3}$

$\frac{1}{3}$	$\frac{1}{3}$	$\frac{1}{3}$

- 1에서 $\frac{1}{3}$을 몇 번 덜어 낼 수 있습니까?
- $2\div\frac{1}{3}$은 얼마라고 생각합니까?
- $2\div\frac{1}{3}$을 2×3으로 바꾸어 계산해도 좋은지 생각해 보고, 그렇게 생각한 이유를 이야기해 보시오.

$$2\div\frac{1}{3}=\square\times(1\div\frac{1}{3})=\square\times\square=\square$$

③ (분수)÷(분수)

■ **$3\frac{1}{2}\div1\frac{1}{4}$을 계산하는 방법을 알아보시오.(6학년, 소수의 나눗셈)**

- 다음 세 가지 계산 방법의 차이점을 찾아보시오.

[방법 1] $3\frac{1}{2}\div1\frac{1}{4}=\frac{7}{2}\div\frac{5}{4}=\frac{7\times2}{2\times2}\div\frac{5}{4}=14\div5=2\frac{4}{5}$

[방법 2] $3\frac{1}{2}\div1\frac{1}{4}=\frac{7}{2}\div\frac{5}{4}=\frac{7}{2}\times\frac{4}{5}=\frac{14}{5}=2\frac{4}{5}$

[방법 3] $3\frac{1}{2}\div1\frac{1}{4}=\frac{7}{2}\div\frac{5}{4}=\frac{7}{2}\times\frac{4}{5}=\frac{7}{1}\times\frac{2}{5}=\frac{14}{5}=2\frac{4}{5}$

중요한 것은 계산 알고리즘 즉, 나누는 수의 분모와 분자를 바꾸어 곱한다는 방법을 익히는 것이다. 이 부분에서 구체적 조작 활동의 강조는 계산 알고리즘을 익히기에 방해가 될 수도 있다.

(4) 소수의 나눗셈 : 소수 나눗셈은 (소수)÷(자연수), (자연수)÷(소수), (소수)÷(소수) 순서로 지도한다.

■ **2.6 ÷ 2를 계산하는 방법을 알아보시오.(6학년, 소수의 나눗셈)**

- 2.6 ÷ 2를 분수로 고쳐서 계산하시오.

$$2.6 \div 2 = \frac{\square}{10} \div 2 = \frac{\square}{10} \times \frac{1}{\square} = \frac{\square}{10} = \square$$

- 26 ÷ 2와 2.6 ÷ 2의 값을 비교해 보시오.

$26 \div 2 = \square$ $2.6 \div 2 = \square$

- 26 ÷ 2의 값을 이용하여 2.6 ÷ 2를 계산할 수 있습니까?

① (소수)÷(자연수) : 수직선이나 구체적인 자료를 통해 지도한다.

ⓐ 0.8÷2=0.4

ⓑ 1.2÷4=0.3

ⓒ 12.8÷4=(12+0.8)÷4=(12÷4)+(0.8÷4)=3+0.2=3.2

ⓓ 1.28÷4=(1.2+0.08)÷4=(1.2÷4)+(0.08÷4)=0.3+0.02=0.32

ⓓ의 피제수는 (iii)보다 $\frac{1}{10}$이 줄어 그 몫도 $\frac{1}{10}$로 줄었다.

② (자연수)÷(小數) : **제수가 소수나 분수인 경우에 나눈다는 의미는 상실되나 나눗셈의 성질을 알고 지도하면 그 뜻을 쉽게 이해할 수 있다.**

(i) 8÷0.2=(8×10)÷(0.2×10)=80÷2=40

(ii) 128÷0.04=(128×100)÷(0.04×100) =12800÷4=3200

■ **14 ÷ 3.5를 계산하는 방법을 알아보시오.(6학년, 소수의 나눗셈)**

- 14 ÷ 3.5를 분수의 나눗셈으로 바꾸어 계산하시오.

$$1.4 \div 3.5 = \frac{140}{10} \div \frac{35}{10} = \square \div \square = \square$$

③ (小數)÷(小數)

(i) 0.8÷0.4=(0.8×10)÷(0.4×10)=8÷4=2

(ii) 12.8÷0.4=(12.8×10)÷(0.4×10)=128÷4=32

(iii) 1.28÷0.4=(1.28×10)÷(0.4×10)=12.8÷4=(12+0.8)÷4=(12÷4)+(0.8÷4)=3+0.2=3.2

(iv) 2.785÷2.3에서 몫과 나머지는?

제수를 정수로 고치면 ①의 경우와 같이 계산할 수 있다.

■ **2.4÷0.4를 계산하는 방법을 알아보시오.(소수의 나눗셈)**

• 2.4cm와 0.4cm를 mm로 바꾸어 계산하시오.

$$2.4\ \text{cm} = \square\ \text{mm},\ 0.4\ \text{cm} = \square\ \text{mm}$$

$$\Rightarrow 2.4 \div 0.4 = 24 \div \square = \square$$

• 2.4÷0.4를 분수의 나눗셈으로 바꾸어 계산하시오.

$$2.4 \div 0.4 = \frac{24}{10} \div \frac{4}{10} = \square \div \square = \square$$

• 2.4÷0.4를 세로로 계산하는 방법을 알아보시오.

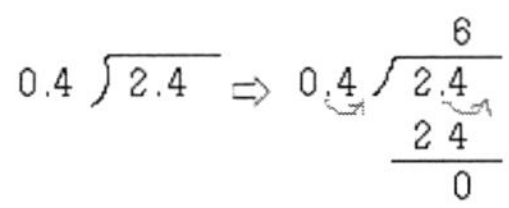

마. 사칙연산의 관계

a+b=c	← 역연산 →	c−b=a
동수누가 ↓		↓ 동수누감
2×3=2+2+2=6	← 역연산 →	6÷2⇒(6−2−2−2)⇒3

분수의 곱셈과 나눗셈은 실생활이 모델링이 될 수 있고, 넓이와 배열의 모델은 분수와 분수의 곱셈 표현을 나타내기 위해 사용될 수 있다. **분수의 나눗셈은 모델링이 어렵고, 곱셈과 나눗셈간의 역관계에 대한 수학적 정당화가 필요하다. 일반적으로 분수의 곱셈과 나눗셈에서 '곱셈은 더 크게', '나눗셈은 작게', '나누는 수는 나누어지는 수보다 작아야'로 생각하는 학생들은 10진분수 해석에 어려움을 갖는다.**

[등호] Recorde(영국, 1519~1558)의 지혜의 숫돌(The Whetstone of Witte)에서 현대적 등호(=)사용했다. 이 기호는 두 평행선으로 '어떠한 두 개도 이것보다 더 같을 수 없기 때문' 이라고 밝혔다. 당시 '='의 기호는 인정을 받지 못하고, 16~17세기의 같음을 표시하기 위해 'ǁ'의 기호 또는 '같다'인 말을 줄인 것을 사용하였다.
Descartes는 같다는 표시에 특별 기호인 ∞를 사용하였으며(1637) 이는 '='로 바뀌어 유럽 수학자들이 사용된 것이 직접적인 계기가 되었다. Leibniz와 그 후계자들이 해석학에서 '=' 기호 사용과 일반인이 받아들이기 시작한 것은 유럽에서 '='의 기호의 보급의 힘이 컸다.

[부등호] 부등의 기호 '<'와 '>'는 Harriort(영국, 1560~1621)의 책(Artis Analyticae praxis)에 처음 사용하였다. '≤'과 '≥'은 그 후 1세기가 지나 Bouguer에 의해 쓰였다. Recorde가 제안된 ≡가 오랫동안 받아들여지지 못했는데 Harriort의 부등호 '<, >'가 빠르게 사용된 것은 인쇄설비의 영향이었다. 즉, 인쇄소에서 '≡'의 활자가 없어 라틴문자 V의 활자를 옆으로 누인 '<' 또는 ' >'가 되었기 때문이다.

[소괄호] 소괄호 '( )'는 1556년 Tartaglia(1499~1557)의 책에서, 괄호 '『』'는 1572년에 발행된 Bombelli의 수학 책에서 소괄호 대신에 라틴문자인 L을 사용한 것에서 비롯되었고, 중괄호 '{ }'는 Vieta(1540~1603)의 1593년 책에 처음 나타나 있다.

곱셈과 나눗셈의 M과 D(Multiplicatio와 Divisio의 첫 문자)는 Stevin(1548~1620) 등 몇 사람이 사용하였다. 곱셈기호 ×는 Ohtolet(영국, 1574~1660)의 책 '수학의 열쇠'(1631)의 +에서 유추한 것으로 보인다. 곱셈 기호 점(·)은 Regiomontanus(1436~1476)가 처음 사용 했으며, 강조는 Leibniz(1693)이다.

2.4 모듈러의 연산(modular operation)

modulus의 수학구조는 순환적인 반복과 같은 현상에서 나타난다.

월요일	화요일	수요일	목요일	금요일	토요일	일요일
7n의 형	7n+1형	7n+2형	7n+3형	7n+4형	7n+5형	n+6형

두 수의 차가 어떤 수의 배수일 때, 이 두 수는 그 수에 관해서 "합동"이라한다. 예를 들면 달력에서 6일, 13일은 7에 대하여 "합동"이다. 이런 합동식을 생각한 사람은 Gauss였다. 일반적으로 두 수 a와 b가 법 m에 합동인 것은 a와 b의 차가 m의 배수가 된다. 이것을 Gauss는 a≡b(mod m)(단, mod는 modulus의 약자)로 나타내었다.

예 : 어느 달의 6일, 13일, 20일, 27일은 어느 두 수의 차도 7의 배수로 같게 되어 6≡13≡20≡27(mod 7)은 모두 같은 요일이 된다.

일반적으로 사칙연산은 무한 집합에서 생각하나 합동식에서 사칙연산은 유한 집합을 대상으로 생각하고 있다.

가. (mod 5)의 덧셈과 뺄셈

(1) (mod 5)의 덧셈 : 아래 시계에서 4시부터 17시간 지나면 몇 시 일까?

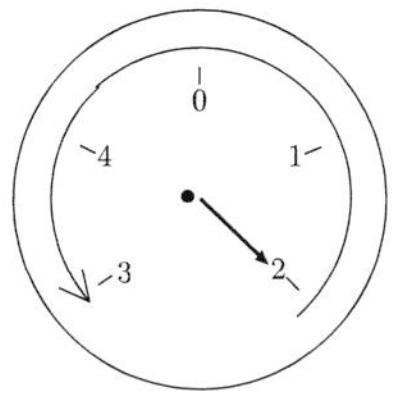

(2) (mod 5)의 덧셈표와 성질

① 닫힘성(closure)이 있다. m을 법으로 하는 잉여계는 {0, 1, 2, 3,⋯, m−1}이다. 정수 I={⋯−3, −2, −1, 0, 1, 2, 3,⋯]에서 R0={⋯,−5, 0, 5,⋯} R1={⋯,−4, 1, 6,⋯} R2={⋯,−3, 2, 7,⋯} R3={⋯,−2, 3, 8,⋯} R4={⋯,−1, 4, 9,⋯}이며, R0, R1 ,R2, R3, R4를 잉여류라 하고, I=R0∪R1∪R2∪R3∪R4가 된다.

⊕	$\bar{0}$	$\bar{1}$	$\bar{2}$	$\bar{3}$	$\bar{4}$
$\bar{0}$	0	1	2	3	4
$\bar{1}$	1	2	3	4	0
$\bar{2}$	2	3	4	0	1
$\bar{3}$	3	4	0	1	2
$\bar{4}$	4	0	1	2	3

② a⊕e=e⊕a=a가 되는 e가 있다.

③ a⊕b=b⊕a

④ (a⊕b)⊕c=a⊕(b⊕c)

⑤ a⊕x=x⊕a=e가 되는 x가 존재한다.

(3) (mod 5)의 뺄셈

예 : x⊕3=2에서 x는? 2−3≡4(mod)5

나. (mod 5)의 곱셈

(1) (mod 5)의 곱셈 : 정수의 곱셈처럼 정의할 수 있다.

예 : 2시간씩 3번 가면 몇 시인가? 2×3≡1(mod 5)

(2) (mod 5)의 곱셈표와 성질

① 닫힘성(closure)이 있다.

② a⊗e=a가 되는 단위원 1이 있다.

③ a⊗b=b⊗a

④ (a⊗b)⊗c=a⊗(b⊗c)

⑤ a⊗x=e인 x가 없다.

⊗	$\bar{0}$	$\bar{1}$	$\bar{2}$	$\bar{3}$	$\bar{4}$
$\bar{0}$	0	0	0	0	0
$\bar{1}$	0	1	2	3	4
$\bar{2}$	0	2	4	1	3
$\bar{3}$	0	3	1	4	2
$\bar{4}$	0	4	3	2	1

(3) (mod 5)의 나눗셈 : 2⊗3=1(mod 5)에서 1÷3=2(mod 5). 이것은 항상 가환군을 이루고 덧셈과 곱셈이 가능(0으로 나누는 것 제외)하고 역연산도 가능하다. 모듈러의 연산은 생각하는 집합이 분명하고 주어진 원소들 사이의 연산조작이 가능한지를 알아보고 결합관계에서 얻을 수 있는 여러 가지 성질을 발견하도록 한다.

연습문제

1. 계산과 연산에 대하여 설명하시오.

2. 덧셈과 뺄셈의 모델에 대하여 설명하시오.

3. Algorithm에 대하여 설명하시오.

4. 곱셈과 나눗셈의 모델에 대하여 설명하시오.

5. 곱셈의 발전과정에 대하여 설명하시오.

6. 사칙연산의 관계에 대하여 설명하시오.

7. 모듈러의 연산(modular arithmetic)을 설명하고 (mod 5)의 사칙연산을 하시오.

임용시험 문제

[2017학년도 교육과정 A]

4. (가)는 2009 개정 수학과 교육과정 3~4학년군 '수와 연산 영역의 학습 내용 성취기준의 일부이고, (나)와 (다)는 4학년 1학기 '곱셈과 나눗셈' 단원 지도에 관하여 예비 교사와 지도교사가 나눈 대화의 일부이다. 물음에 답하시오. [4점]

(가) 4 나눗셈

① 나눗셈이 이루어지는 실생활 상황을 통하여 나눗셈의 의미를 이해한다.

② 한 가지 상황을 곱셈식과 나눗셈식으로 나타내는 활동을 통하여 (㉠)을/를 이해한다.

(나) 예비 교사 : (세 자리 수)×(두 자리 수)의 계산을 지도할 때, 무엇을 유의해야 하나요?

지도 교사 : (세 자리 수)×(몇)과 (세 자리 수)×(몇 십)의 계산을 종합하도록 지도해야 하지요. 이때 덧셈에 대한 곱셈의 (㉡)이/가 중요한 역할을 합니다. 예를 들어, 236×27의 계산 과정을 보세요.

$$\begin{array}{r} 236 \\ \times\ 7 \\ \hline 1652 \end{array} \qquad \begin{array}{r} 236 \\ \times\ 20 \\ \hline 4720 \end{array} \qquad \begin{array}{r} 236 \\ \times\ 27 \\ \hline 1652 \\ 4720 \\ \hline 6372 \end{array}$$

예비 교사 : 위의 계산을 다음과 같이 다시 써 보니 (㉡)이/가 분명히 드러나네요.

$$236\times27 = ㉢ = 1652+4720+6372$$

지도 교사 : 교사는 이것을 알고 있어야 곱셈을 지도할 때 적절한 발문을 할 수 있습니다.

(다) 예비 교사 : 나눗셈과 관련된 실생활 문제를 지도할 때에는 무엇을 유의해야 하나요?

지도 교사 : 계산 원리를 이해하고 나눗셈을 능숙하게 하더라도 다음과 같은 문제에 잘못 답하는 학생이 있으니, 몫과 나머지를 구한 후 문제 상황에 맞는 답을 하도록 지도해야 합니다.

문제 : 농장에서 사과 316상자를 수확하여 모두 트럭에 실으려고 합니다. 트럭 1대에 36상자까지 실을 수 있을 때, 트럭은 적어도 몇 대 필요합니까?

예비 교사 : 이 문제의 조건을 바꾸어 트럭 1대에 실을 수 있는 사과 상자의 수를 36이 아닌 (㉣)(이)라고 해도 답은 9대로 변함없습니다. 학생들에게 이것을 알아보라고 하는 것은 어떨까요?

(1) 다음은 (가)의 ㉠을 지도하기 위한 활동이다. ㉠에 들어갈 알맞은 말을 쓰시오. [1점]

30 ÷ 6 = 5 → □ × □ = □, □ × □ = □

8 × 4 = 32 → □ ÷ □ = □, □ ÷ □ = □

(2) (나)의 ㉡에 들어갈 알맞은 용어와 ㉢에 들어갈 알맞은 등식을 쓰시오. [2점]

(3) (다)의 ㉣에 들어갈 알맞은 자연수 3개를 모두 쓰시오. [1점]

[2016학년도 교육과정 A]

4. 다음은 소수 지도에 관하여 교사들이 나눈 대화의 일부이다. 물음에 답하시오. [4점]

최 교사 : 오늘은 소수 지도에 관해 논의해 보겠습니다.
송 교사 : 학생들은 분수에 비해 소수를 쉽게 이해하는 것 같습니다. 소수의 표현 원리가 ㉠ 자연수의 표현 원리와 동일하기 때문이겠지요?
김 교사 : 그렇긴 하지만, 예컨대 207이 27보다 크기 때문에 2.07이 2.7보다 크다고 생각하는 학생들이 있습니다.
송 교사 : 그런 학생들을 위해 저는 수 모형을 사용합니다. ㉡ 수 모형은 소수점의 위치를 고려하여 소수의 크기를 비교하도록 지도하는 데에 효과적으로 사용될 수 있습니다. 소수점의 위치는 소수의 곱셈에서도 중요하지요.
김 교사 : 소수의 곱셈 알고리즘은 자연수의 곱셈 알고리즘을 적용할 수 있어서 학생들이 관계적 이해보다 도구적 이해를 하는 것 같습니다.
최 교사 : 그래서 저는 ㉢ 소수 곱셈의 계산 원리를 충분한 시간을 두고 지도합니다. 계산 연습을 시킬 때에도 계산상의 실수나 오류를 스스로 파악할 수 있도록 계산 전에 계산 결과를 어림해 보도록 합니다.

(1) 다음은 2009 개정 수학과 교육과정의 1~2학년군 '수와 연산' 영역의 학습내용 성취 기준의 일부이다. ㉠과 관련하여 ⓐ와 ⓑ에 들어갈 말을 각각 쓰시오. [2점]

최 교사 : 오늘은 소수 지도에 관해 논의해 보겠습니다.
송 교사 : 학생들은 분수에 비해 소수를 쉽게 이해하는 것 같습니다. 소수의 표현 원리가 ㉠ 자연수의 표현 원리와 동일하기 때문이겠지요?
김 교사 : 그렇긴 하지만, 예컨대 207이 27보다 크기 때문에 2.07이 2.7보다 크다고 생각하는 학생들이 있습니다.
송 교사 : 그런 학생들을 위해 저는 수 모형을 사용합니다. ㉡ 수 모형은 소수점의 위치를 고려하여 소수의 크기를 비교하도록 지도하는 데에 효과적으로 사용될 수 있습니다. 소수점의 위치는 소수의 곱셈에서도 중요하지요.
김 교사 : 소수의 곱셈 알고리즘은 자연수의 곱셈 알고리즘을 적용할 수 있어서 학생들이 관계적 이해보다 도구적 이해를 하는 것 같습니다.
최 교사 : 그래서 저는 ㉢ 소수 곱셈의 계산 원리를 충분한 시간을 두고 지도합니다. 계산 연습을 시킬 때에도 계산상의 실수나 오류를 스스로 파악할 수 있도록 계산 전에 계산 결과를 어림해 보도록 합니다.

1 네 자리 이하의 수

① 0과 100까지의 수 개념을 이해하고, 수를 세고 읽고 쓸 수 있다.

② 일, 십, 백, 천의 (ⓐ)와/과 (ⓑ)을/를 이해하고, 네 자리 이하의 수를 읽고 쓸 수 있다.

㉡과 관련하여 다음 수 모형에서 A를 1로 하고, A, B, C를 사용하여 2.07과 2.7의 크기를 비교하시오. [1점]

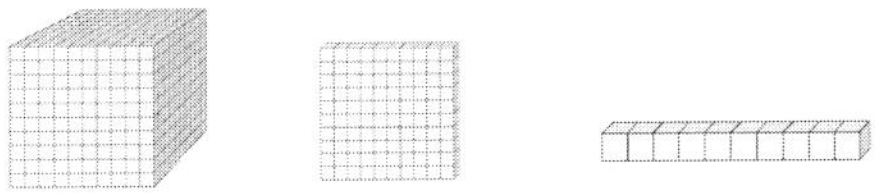

A B C

(3) 학생들이 관계적 이해를 할 수 있도록 ㉢을 설명하시오. [1점]

[2015학년도 교육과정 A]

4. (가)는 초등학교 3학년 학생 A와 5학년 학생 B의 수학 일기이고, (나)는 학생 A의 담임교사 C와 학생 B의 담임교사 D의 대화이다. 물음에 답하시오. [3점]

(가)

■ 학생 A의 수학 일기

오늘 수학 시간에 '여우의 하루'라는 이야기를 들었다. 욕심 많은 여우가 다람쥐, 너구리, 토끼랑 떡을 나눠 먹으면서 자신이 절반을 먹고, 친구들에게는 남은 떡을 똑같이 나누어 주었다. 넷이서 모두 한 조각씩 나눠 먹었으니까 여우도 떡의 $\frac{1}{4}$을 먹은 게 아닐까?

■ 학생 B의 수학 일기

나는 오늘 진분수끼리 곱하는 것을 배웠다. 분수끼리 곱할 때에는 분모는 분모끼리, 분자는 분자끼리 곱하면 된다는 것을 알았다.
<u>㉠곱하는 방법이 쉬워서 선생님께서 나눠 주신 활동지와 익힘책에 있는 문제를 모두 잘 풀었다. 그런데 진분수의 곱셈에서 분모는 분모끼리, 분자는 분자끼리 곱하는 이유를 잘 모르겠다.</u> 자연수와 분수를 곱할 때에는 원리까지 잘 알아서 친구에게 설명을 해줬는데⋯.

(나) 교사 D : 저는 '진분수의 곱셈' 수업에서 ㉡정사각형을 여러 부분으로 나누고 빗금을 쳐서 진분수끼리의 곱을 표시한 다음, 분모끼리의 곱은 분할된 전체의 개수, 분자끼리의 곱은 빗금이 겹친 부분의 개수라고 설명했어요. 학생 B에게 다시 알려 주어야겠어요.

교사 C : 수학 일기를 보면, 학생 A는 수업 시간에 배운 (㉢)(으)로서의 분수의 의미를 잘못 이해하고 있는 것 같아요. 학생 A가 '모두 한 조각씩'이라고 쓴 걸 보면 학생 A는 자연수에서 다루는 개수 개념을 분수에 적용한 것 같아요. 큰 지우개 한 개와 작은 지우개 한 개가 있을 때, 크기에 관계없이 지우개가 두 개 있다고 하잖아요.

주어진 양 (cm)	단위(기준량) (cm)	값
1	2	$\frac{1}{2}$
1	4	$\frac{1}{4}$

[그림 1]

교사 D : 분수에서는 기준이 되는 단위가 중요하지요. [그림 1]의 퀴즈네어 막대에서 보듯이 주어진 양의 크기는 단위에 따라 다르게 나타낼 수 있으니까요.

교사 C : ㉣ [그림 1]의 퀴즈네어 막대를 이용하여 학생 A의 생각이 틀린 이유를 설명할 수 있겠어요.

(1) ㉠에 나타난 분수의 곱셈에 대한 학생 B의 이해 상태를 스켐프(R. Skemp)의 용어로 쓰시오. [1점]

(2) 분수끼리의 곱셈을 지도하기 위해 사용한 ㉡의 모델을 쓰고, ㉢에 들어갈 단어를 쓰시오. [1점]

(3) ㉣을 '여우가 먹은 떡의 양'과 관련지어 쓰시오. [1점]

[2013학년도 교육과정 A]

6. 다음은 학생들의 추론 능력을 신장시키기 위한 수업의 일부이다. 물음에 답하시오. [3점]

단계	교수·학습 활동
도입	교사 : 지난 시간까지 두 자리 수의 곱셈을 배웠습니다. 이번 시간에는 두 자리 수의 곱셈을 하는 다른 방법을 알아보겠습니다.
관찰 및 실험	교사 : (가)는 21×31을 계산하는 방법을 나타낸 것입니다. 어떻게 계산한 것인지 생각해 보세요. (가) 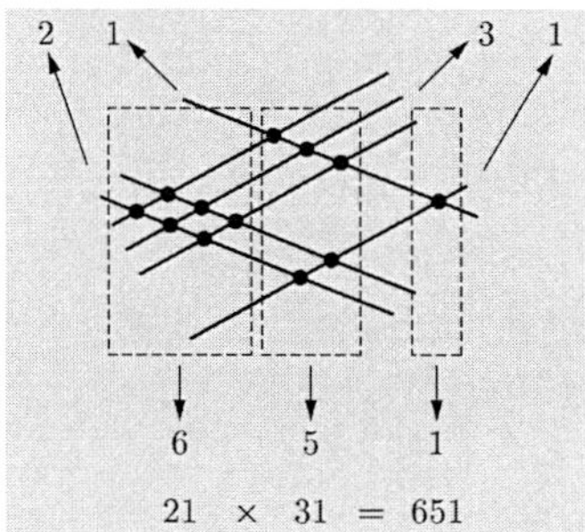 (학생들은 사례를 관찰한다.)
추측하기	(㉠)
추측의 검증	(학생들은 자신의 추측을 ㉡ 23×32에 적용하여 검증한 후, 일반화한다.)
발전	(교사와 학생들은 일반화한 내용에 대해 정당화를 시도한다.)
정리 및 평가	(교사는 학생들의 활동 내용을 요약하여 정리해 준 후 다음 차시를 예고한다.)

(1) 2007개정 수학과 교육과정의 교수·학습 방법에 제시된 추론 능력과 관련지어 ㉠에 들어갈 활동을 1가지 쓰시오. [1점]

(2) ㉡을 (가)와 같은 방법으로 계산한 결과를 그림과 함께 제시 하시오. [2점]

[2012학년도 2차]

4. 다음은 2학년의 수학 수업 장면으로 (가) 수업은 '받아내림이 있는 두 자리 수의 뺄셈'을 지도하는 2차시이고, (나) 수업은 '여러 가지 방법으로 계산하기'를 지도하는 4차시이다.

(가) 수업

교사 : 과일 가게에 사과가 43개 있습니다. 그 중에서 15개를 팔았습니다. 남은 사과는 몇 개인지 알아보는 식을 만들어 보세요. 정우는 식을 어떻게 썼어요?

정우 : 43－15라고 썼습니다.

교사 : 다른 학생들도 그렇게 생각하나요?

학생들 : 네!

교사 : 자, 이제 43－15를 어떻게 계산하는지 수 모형으로 알아봅시다. (학생들이 수 모형으로 43을 놓은 후) 여기에서 낱개 모형 5개를 덜어내려고 해요. 가능할까요?

연아 : 낱개 모형이 3개 밖에 없어서 5개를 덜어내려면 2개가 부족해요.

교사 : 그러면 어떻게 해야 될까요?

민호 : ㉠십 모형 하나를 낱개 모형 10개로 바꾸어요.

교사 : 아, 좋은 생각이에요. 이제 낱개 모형은 모두 몇 개가 되었나요?

민호 : 13개가 됩니다.

교사 : 그 중에서 낱개 모형 5개를 덜어내면 낱개 모형은 몇 개가 남나요?

민호 : 8개가 남아요.

교사 : 십 모형은 몇 개 남아 있지요?

정우 : 3개요.

교사 : 그 중에서 십 모형 한 개를 덜어내면 십 모형은 몇 개가 남나요?

정우 : 2개요.

교사 : 그렇다면 43－15의 답은 얼마가 될까요?

학생들 : 28입니다.

교사 : 이제 43－15를 다음과 같이 세로로 쓰고, 계산하는 방법을 알아봅시다.

㉡
$$\begin{array}{r} 43 \\ -15 \\ \hline \end{array}$$

(나) 수업

교사 : 54－37을 여러 가지 방법으로 계산할 수 있겠지요? 여러 가지 방법을 각자 생각해 보고, 그 방법으로 풀어보세요.

(얼마 후)

교사 : 자, 다 풀었나요? 다 푼 사람은 손을 들어보세요. 많은 학생들이 손을 들었네요. 민호는 답이 얼마라고 생각하나요?

민호 : 23이요.

교사 : 민호는 왜 답이 23이라고 생각하나요?

민호 : 저는요, 54에서 4를 먼저 빼면 50이고, 50에서 33을 빼면 23이라고 생각했어요.

정우 : 민호의 방법은 맞는데 50에서 33을 뺄 때 실수를 한 것 같아요. 저는 답이 17이라고 생각해요.

민호 : 무엇을 실수했지? (잠시 생각한 후) 아! 이제 알겠어요. 제가 잘못 생각했네요. 일의 자리 숫자끼리 바꿔서 뺐네요.

교사 : 네. 그러면 경수는 어떤 방법으로 계산했나요?

경수 : 54에서 30을 빼면 24이고, 24에서 7을 빼서 17이 되었어요.

교사 : 경수의 방법에 대해 어떻게 생각하나요?

학생들 : 그렇게 해도 될 것 같아요.

교사 : 자, 그러면 또 다른 방법으로 계산할 수 있을까요? 어떤 방법이 있다고 생각하나요?

연아 : 50에서 (㉢)

교사 : 네. 여러분은 연아의 방법에 대하여 어떻게 생각 하나요?

학생들 : 그렇게 해도 되겠네요.

(1) (가) 수업에서 43－15의 계산 방법을 ㉡과 같이 세로로 써서 알아보려는 이유를 ㉠과 관련지어 설명하고, ㉡형식의 근거가 되는 수학적 원리를 제시하시오.

(2) ㉢에 들어갈 수 있는 올바른 풀이 방법의 예를 3가지 제시하시오.

(3) 제시된 수업 장면에서 드러난 구성주의적 수학 수업의 특징 3가지를 수업 장면에서 찾아 논하시오.

[2012학년도 교육과정]

15. 다음은 예비교사들이 교육실습 후 각자 자신의 수학 수업에 대해 말한 것이다. 이 중 옳게 지도한 예비교사를 고르면?

박 예비교사 : 문장으로 된 자연수 덧셈 문제를 지도할 때, 단순히 문제 풀이를 시키기보다는 놀이를 통해 지도했어요. 놀이를 이용하면 학생들이 문제에 제시된 상황을 더 잘 이해할 수 있고, 놀이 규칙을 수정하면서 다양한 사고를 할 수 있어요.

신 예비교사 : 24의 약수를 구할 때, 24개의 정사각형 모양의 타일을 서로 겹치지 않게 바닥에 빈틈없이 모두 깔아서 다양한 직사각형을 만들어보게 하였어요. 만들어진 직사각형 마다 가로와 세로에 타일이 몇 개씩 있었는지 알아보게 하여 약수의 개념을 이해하도록 지도하였어요.

양 예비교사 : 큰 수의 나눗셈은 먼저 간단한 형태로 만들어서 계산하는 것이 편리합니다. 저는 630 ÷ 80의 몫과 나머지를 구할 때 "630÷80의 몫과 나머지는 63÷8의 몫과 나머지와 같다."는 것을 이용하도록 지도하였어요.

최 예비교사 : 학생들이 분수의 나눗셈이 생활에 어떻게 적용되는지 잘 이해하지 못해서 나눗셈 식을 문장으로 된 문제로 만들어 지도했어요. 예를 들면, 4/5÷1/2 이라는 식을 "우유 4/5 L를 2명이 똑같이 나누어 마시면 몇 L씩 마시게 됩니까?" 라는 문제로 만들어 제시하였어요.

김 예비교사 : 2007년 개정 수학과 교육과정에서는 계산능력을 목표로 하지 않는 복잡한 계산을 수행하는 경우에 계산기를 활용할 수 있도록 하고 있어요. 그래서 원주율에 대한 수업에서 여러 가지 원기둥 모양의 둘레와 지름을 측정하여, 둘레를 지름으로 나눌 때 계산기를 활용하도록 하였어요.

① 박 예비교사, 신 예비교사, 양 예비교사
② 박 예비교사, 신 예비교사, 김 예비교사
③ 박 예비교사, 최 예비교사, 김 예비교사
④ 신 예비교사, 양 예비교사, 최 예비교사
⑤ 양 예비교사, 최 예비교사, 김 예비교사

[2010년도]

15. 다음은 2007년 개정 수학과 교육과정에 따라 박 교사가 4학년 (네 자리 수)×(두 자리 수)를 지도하려는 수업 활동이다. 이와 관련된 {보기}의 설명 중 옳은 것을 모두 고르면?

활동 : 8527×46을 어떻게 계산하는지 알아봅시다.
* (가) <u>8527×6은 얼마입니까?</u>
* 8527×40은 얼마입니까?
* (나) <u>그렇다면 8527×46은 얼마입니까?</u>
* 8527×46을 계산하는 방법을 말해보시오.

(보기)

ㄱ. 이 수업 활동은 문제해결 수업모형의 절차를 따르고 있다.
ㄴ. (가)는 이미 학습한 (네 자리 수)×(한 자리 수) 계산 방법을 이용하여 8527×46의 계산 방법을 찾게 하려는 발문이다.
ㄷ. (나)는 8527×46을 계산하기 전에 답을 어림해 보게 하려는 발문이다.
ㄹ. 이 활동에서 학습한 계산 원리를 일반화하여 자연수의 곱셈에 대한 학습이 4학년에서 완성되도록 한다.
ㅁ. (네 자리 수)×(두 자리 수)를 반복 연습할 때, 계산 후 계산기를 사용하여 답을 확인할 수 있다.

---

① ㄱ, ㄷ　　② ㄴ, ㄹ
③ ㄱ, ㄷ, ㄹ　　④ ㄴ, ㄷ, ㅁ
⑤ ㄴ, ㄹ, ㅁ

Chapter. 3

도형

◎ 도형 영역의 학년군별 내용 요소

핵심 개념	일반화된 지식	학년(군)별 내용 요소			기능
		1~2학년	3~4학년	5~6학년	
평면 도형	주변의 모양은 여러 가지 평면도형으로 범주화 되고, 각각의 평면도형은 고유한 성질을 갖는다.	• 평면도형의 모양 • 평면도형과 그 구성 요소	• 도형의 기초 • 원의 구성 요소 • 여러 가지 삼각형 • 여러 가지 사각형 • 다각형 • 평면도형의 이동	• 합동 • 대칭	만들기 꾸미기 그리기 구별하기 분류하기 활용하기 이름짓기 이해하기 채우기 추론하기 설명하기 규칙찾기 조작하기 표현하기 추측하기 확인하기 문제 해결하기
입체 도형	주변의 모양은 여러 가지 입체도형으로 범주화 되고, 각각의 입체도형은 고유한 성질을 갖는다.	• 입체도형의 모양		• 직육면체, 정육면체 • 각기둥, 각뿔 • 원기둥, 원뿔, 구 • 입체도형의 공간 감각	

1. 기하학

기하학은 그리스어인 geometrein(geo : 땅, metrein : 측정하다)에서 유래된 것으로 땅을 측정하는 학문이다. **고대 이집트에서 나일 강이 범람할 때마다 일어나는 토지 구획정리 사업이나 피라미드, 스핑크스 설계 등에서 얻어진 지식을 정리한 것이 기하였다.** 이처럼 이집트와 바빌로니아 시대에는 땅의 넓이, 도형의 길이, 부피 등과 같이 일상생활에서 수학이 필요하였다. 이때는 도형의 관찰보다는 계산법과 구체적인 문제처리가 더 중요하였다. 이러한 과정에서 형성된 기하학은 논리적 체계가 결여되어 학문으로 보기에는 어려웠으나 체계적인 기하학의 밑바탕이 되었다.

Euclid 기하학은 17세기에 Descartes가 점을 순서쌍으로 표현한 해석기하학이 수립되면서 도형을 방정식이나 부등식으로 나타내었다. 19세기에 Pestalozzi는 도형 지도에서 도야적 가치를 강조하였고, 20세기 초에 Treutlein는 직관기하의 교육적 가치를 주장하였다. 그 이후 오늘날 도형의 개념과 성질에 대한 비형식적인 지도는 초등수학과 중학교 저학년 수학의 주요 내용이 되었다.

1960년대 학교수학의 현대화를 추구한 '새 수학' 프로젝트인 SMSG의 교과서가 현대적인 관점에서 도형의 모태가 되었다. 현대수학은 현저하게 대수적인 경향을 띠고 있으며, 수학의 모든 영역을 차지하고 있을 정도로 대수학의 시대였다.

가. 사물의 모양과 도형

Thales(B.C. 640~550)이전의 기하학은 자연계의 여러 가지 사실들을 구체적인 사물의 모양과 비교하였다. 그리고 이들 모양을 감성적 직관에 의하여 그림으로 그려보고 개념화하였다. 더 나아가 유사한 모양들을 종합적으로 판단하여 그들 사이에 존재하는 공통개념을 추출하여 추상화하고 이상화된 도형으로 발전시켰다. 예를 들면, 달과 지붕의 모양에서 원반과 세모 모양을 찾아 추상적, 이상적 도형인 원과 삼각형이 갖는 도형의 여러 가지 성질을 찾는 것으로 발전하였다.

모양은 사물의 현상을 구체적 또는 반구체적으로 나타낸 대략적인 그림이고, 도형은 수학적 용어에 의하여 설명된 명확한 그림으로 추상성과 도형의 성질을 갖는다. 예를 들면 '네모 모양'은 책받침과 같이 대략적이지만, 직사각형은 '네 각이 모두 직각인 사각형'으로 추상적이고 이상적인 도형을 뜻한다. 도형의 기본요소는 점, 선, 면으로 이 요소들은 기하학에서 무정의 용어로 사용하고 있다.

수학의 대상인 수나 도형, 함수 등은 단순히 보이는 것이 아니고 그런 것처럼 눈에 보이는 것이므로 인간의 손에 의해 만들어진 개념이다. 보이는 대로 인식이 아니라 보고자하는 인간의 주체적인 노력을 통하여 인식되는 것이다. 바꾸어 말하면 대상 쪽에서 향하는 감각적인 지식이 아니고 인간 쪽에서 대상 쪽으로 적극적으로 움직여 가는 것에서 얻어지는 능동적인 지식이다. 이는 다른 동물에서는 볼 수 없는 인간만의 독특한 지식이다.

■ 여러 가지 모양(1학년, 여러 가지 모양)

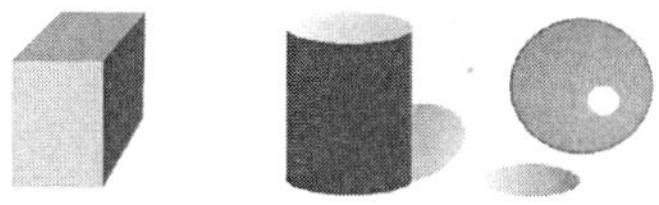

나. Euclid(B.C. 300)기하학

초등수학의 많은 내용은 유클리드 《원론》에 있는 내용들이다. 일반적으로 '학교수학'은 초·중·고등학교에서 일반 학생들을 대상으로 교육의 일환으로 지도되는 수학이다. 반면에, **수학자들이 연구하는 학문 분야로서의 수학을 '학문수학'이라 할 수 있다. 학문수학을 가르치고 배우기 위해 학교수학으로 변환하는 것을 '교수학적 변환'이라고 하며, 교수학적 변환은 교육과정 개발자, 교과서 저자, 교사 등의 다양한 주체에 의해 이루어진다.**

유클리드 《원론》은 학문수학에 해당하며, 초등학교 교과서의 수학 내용은 학교수학에 해당된다. 학문수학의 내용이 학교수학의 내용으로 어떻게 변환되어 있는가에 주목할 필요가 있다. 유클리드는 점을 '부분이 없는 것'으로, 직선을 '그 위의 모든 점이 곧게 놓여 있는 선'으로 정의하였다. 또한 '한 점에서 또 다른 한 점으로 한 직선을 그릴 수 있다'를 제 1 공준으로 설정하였다. 그러나 초등학교 수학에서는 점에 대해 별도의 정의를 하지 않고, 직선은 '양쪽으로 끝없이 늘인 곧은 선, 점 ㄱ, ㄴ을 지나는 직선을 직선 ㄱㄴ이다.'라고 설명할 수밖에 없다. 교과서 저자들은 학문수학으로서의 유클리드 《원론》에 제시된 내용을 초등학교 학생들의 인지 수준에 맞추어 학교수학의 내용으로 변환한 것이다.

Euclid는 플라톤의 제자로 기원전 300년경에 13권으로 된 책 '원론'에서 그리스 기하학과 수론에 대한 명확한 이론을 이룩하였다. 이것은 거의 2000년 동안이나 기하학의 교육을 지배해왔다. **특히 Euclid에 의해 사용된 공리적인 방법은 오늘날 순수수학의 원형이 되었다.**

20세기까지 학교 기하의 대부분은 Euclid원론 제 9권에서 유래하고 있다. Euclid의 업적은 몇 개의 간단한 공준에서 456개의 명제를 추론해 냈다. 원론이 아름다운 것은 그렇게 많은 것이 그렇게 적은 것에서 추론되었다는 것이다. 현대수학의 원형인 Euclid의 기하학원론은 가장 단순한 것에서 시작하여 복잡한 명제로 전개하고 있다. Lobachevskii(러시아, 1793~1856)와 Bolyai(헝가리, 1802~1860)는 **Euclid의 제5공준인 평행선 공준은 만난다를 부정하여 비Euclid기하학을 주장하였다.**

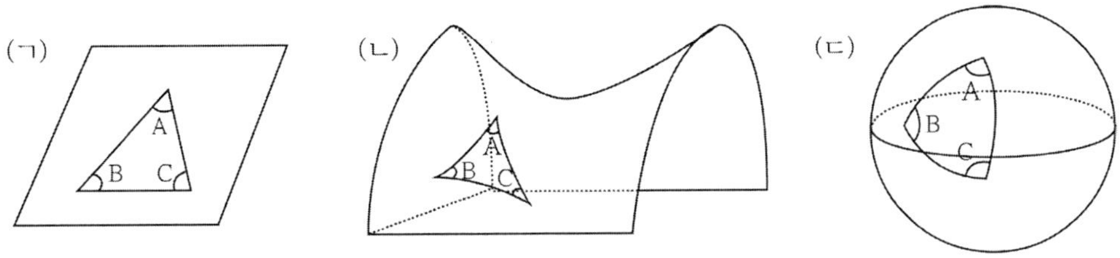

이들은 Euclid의 제5공준 "평면내의 한 직선 바깥의 한 점을 지나서 이 직선과 만나지 않는 직선은 무수히 많다"로 바꾸어 생각했고, 또 Riemann(독일, 1826~1866)은 '직선은 구면상에서 가장 큰 원이며 두 개의 큰 원은 반드시 구의 양끝에서 만나기 때문에 두 직선은 반드시 두 점에서 만난다.'라고 주장했다.

즉, 비Euclid기하학에서 "한 직선 바깥의 한 점을 지나 이 직선과 만나지 않는 직선(평행선)은 존재하지 않는다.", "직선은 폐곡선이다.", "삼각형(=구면 삼각형)의 내각의 합은 2직각보다 크다." 등이 성립한다고 주장하였다.

2. 도형

가. 도형지도의 의의

도형은 일상생활에서 매우 유용하고 수학의 다른 영역과 연결성이 강하여 다른 영역 학습에 기초가 되고 있다. **도형의 개념과 표현은 학생들이 수와 측정에 관한 학습에서 효과적이다.** 예를 들어 수직선은 자연수, 분수, 정수, 확률의 표현 방법에 활용하며, **곱하기, 분수, 백분율, 넓이에 대한 모델을 제공한다. 도형과 수는 함수의 개념, 좌표 평면, 그래프에 관련된 내용과 밀접하며, 닮은 삼각형은 비율과 비 개념의 발달에 활용될 수 있다.**

나. 도형의 학습목표

초등학교에서 도형 학습의 목표는 크게 4가지로 볼 수 있다. (강완 외, 초등수학 교수단위사전, 2013)

첫째, 도형의 개념과 관련된 점, 직선, 선분, 각, 삼각형, 사각형, 원 등의 평면도형과 직육면체, 정육면체, 각기둥, 원기둥, 각뿔, 구 등의 입체도형의 개념 이해와 성질 파악이 중요하다.

여기에서는 다음과 같은 학습 목표를 달성할 수 있도록 지도가 필요하다.

- 도형의 인식, 명명, 만들고 비교하며 분류할 수 있다.
- 도형의 성질 확인, 분석, 비교, 기술하며, 그 성질을 기술하기 위한 적절한 용어를 구사할 수 있다.
- 도형을 공통 성질에 따라 분류, 그 공통 성질을 이용하여 이등변삼각형, 평행사변형, 직육면체 등의 정의를 이해하고 말할 수 있다.

둘째, 도형의 이동과 대칭의 이해, 적용에서 다음과 같은 학습 목표를 달성하도록 지도하는 것이 필요하다.

- 평면도형의 밀기, 돌리기, 뒤집기 등을 알고 적용할 수 있다.
- 평면도형의 밀기, 돌리기, 뒤집기의 결과를 예측하고 기술할 수 있다.
- 도형에서 선대칭과 점대칭을 확인하고 기술할 수 있다.
- 선대칭성과 점대칭이 갖는 도형을 알고 만들 수 있다.

셋째, 공간적 사고력을 향상시키기고 문제해결을 위한 시각화, 공간적 추론 등의 활용에 대한 지도가 필요하다.

- 공간 기억과 공간 시각화를 통하여 도형의 정신적 이미지를 만들 수 있다.
- 기하학적 대상을 만들고 그릴 수 있다.
- 입체도형의 2차원 표현을 보고 입체도형을 확인하고 만들 수 있다.
- 입체도형을 확인하여 2차원으로 표현할 수 있다.
- 여러 위치에서 본 입체도형의 시각화와 입체도형의 단면을 이해할 수 있다.
- 수, 측정과 같은 다른 수학 영역의 문제를 해결에 도형과 관련된 아이디어를 사용할 수 있다.

넷째, 기하학은 오랫동안 수학 교육과정에서 추론을 배우고 수학의 공리 구조를 이해할 수 있는 영역이었다. 여기에서 다음과 같은 학습 목표를 달성을 위해 지도할 필요가 있다.

- 여러 도형의 성질과 관련성에 대한 수학적 추측을 만들 수 있다.
- 수학적 추론을 활용하여 추측을 조사하고 정당화할 수 있다.
- 수학적 추론을 수학의 가장 근본적인 측면으로 인식할 수 있다.

초등학교의 대부분 수학적 원리와 사실은 귀납적 추론 방식에 의존하나 간단한 연역적 추론을 다루고 있다. 예를 들어, 사각형의 내각의 합이 360°의 추론 방식은, 첫 번째는 귀납적 추론 방식은 서로 모양이 다른 사각형 2개를 제시하고, 각각의 사각형에서 내각의 크기를 각도기로 측정하고 모두 더하여 360°가 됨을 확인한 다음에 이를 바탕으로 360°임을 설명하는 방식이고, 두 번째는 연역적 추론 방식은 임의의 사각형을 제시한 후에 두개의 삼각형으로 분해하고 삼각형의 내각의 합은 180°이므로 360°임을 설명하는 방식이다. 초등학교에서의 연역적 추론은 중학교에서 다루는 연역적 추론인 증명에 비해 매우 간단한 수준이다.

다. 도형의 개념지도

(1) 선분, 사각형, 삼각형, 원 : **초등학교의 도형지도에서 정확한 정의와 용어의 사용보다는 직관적이고 활동적으로 직접 참여하는 가운데 개념이 형성되도록 돕는다.** 그러므로 주변의 사물을 관찰하여 도형의 개념을 발달시키도록 한다. 주변의 사물에서 그 모양을 파악할 수 있는 것이 사각형, 삼각형, 원이다. 더욱이 일상 언어로 '네모', '세모', '동그라미'가 어떤 모양의 뜻을 알고, 처음부터 수학적 용어 도입보다는 친숙한 일상 언어로 표현하고 분류하도록 지도한다. 주변의 사물을 모양에 따라 사각형, 삼각형, 원으로 분류하는 활동은 도형에 대한 대략적인 감각을 형성하게 한다. 그러나 일상 언어 '네모'는 정확하게 사각형이 아닌 경우까지 포괄한다. 이제 일차적으로 형성한 심상을 대상으로 분석적 사고를 하면, 사각형에 대한 보다 자세하고 수학적 의미를 형성할 수 있다. 이것이 주변의 사물과는 독립적으로 존재하는 도형으로서 사각형을 대상으로 탐구하는 단계라 할 수 있다. 사각형의 구성 요소 중 하나인 선분을 직선과 구분하도록 한다.

■ 도형의 이름(3학년, 평면도형)

두 점을 곧게 이은 선을 **선분**이라고 합니다. 점 ㄱ과 점 ㄴ을 이은 선분을 **선분 ㄱㄴ** 또는 **선분 ㄴㄱ**이라고 합니다.

양쪽으로 끝없이 늘인 곧은 선을 **직선**이라고 합니다. 점 ㄱ과 점 ㄴ을 지나는 직선을 **직선 ㄱㄴ** 또는 **직선 ㄴㄱ**이라고 합니다.

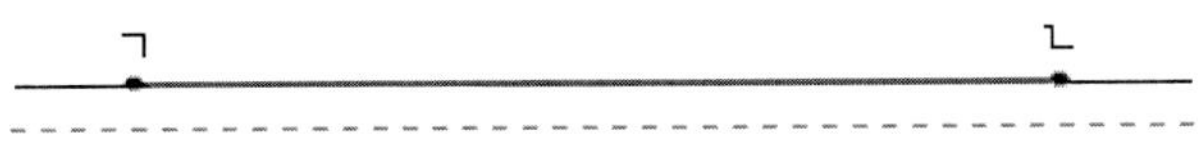

점과 면은 엄밀한 정의가 아니라 예를 들어 확인한 후 직관적으로 의미를 파악하도록 한다. 선분을 배운 다음 도형을 선분으로 이루어진 삼각형과 사각형, 곡선으로 이루어진 원으로 구분할 수 있게 한다. 그리고 삼각형과 사각형, 원을 그려봄으로써 도형의 구성 요소에 주목할 수 있다. 이러한 활동으로 삼각형과 사각형은 단지 모양에 따른 구분이 아니라, 변의 개수, 꼭짓점의 개수라는 구성요소의 차이에 의하여 구분할 수 있다는 것을 알게 된다.

이제 학생들은 각 평면도형에 대한 분석적 사고에 의하여 공통점을 찾아 삼각형과 사각형, 원의 정의를 만들어낼 수 있게 된다. 그런데 사각형을 '네개의 각을 가진 도형'으로 정의하지 않고 '네개의 선분으로 둘러싸인 도형'이라고 정의한다는 점이 아동들에게는 혼동을 줄 수 있다. 선분을 이용하여 정의한다면 사각형이 아니라 사변형이라고 부르는 것이 더 자연스럽다고 생각할 가능성이었기 때문이다. 수학적인 용어와 그 정의 내용이 일치하지 않는 경우임을 알고 지도할 때 유의할 필요가 있다.

이와 같이 도형을 모양에 따라 인식하고, 분류하고, 분류 활동을 되돌아보고, 구성 요소에 주목하면, 각 평면도형의 정의만을 암기하여 학습하는 것에 비하여 개념적으로 풍부한 이해를 가능하게 하고, 오랫동안 기억하여 적용할 수 있는 능력을 발전시킬 수 있다.

(2) 각 : 각은 도형의 구성 요소 중 하나로 사각형, 삼각형, 원의 도입처럼 주변의 사물 중에서 모난 부분을 찾아 본을 떠보는 방식으로 도입한다. 각의 정의를 정확하게 도입하기보다는 나무젓가락 두 개의 밑 부분을 고무줄로 묶은 뒤에 한각의 크기를 표현하는 방식과 같이 직관적으로 각의 의미를 파악하게 하는 것이 중요하다.

■ **도형의 이름(3학년, 평면도형)**

한 점에서 그은 두 반직선으로 이루어진 도형을 **각**이라고 합니다. 오른쪽 각에서 점 ㄴ을 **꼭짓점**이라 하고,
반직선 ㄴㄱ과 반직선 ㄴㄷ을 **변**이라고 합니다.
이 각을 **각 ㄱㄴㄷ** 또는 **각 ㄷㄴㄱ**이라고 합니다.

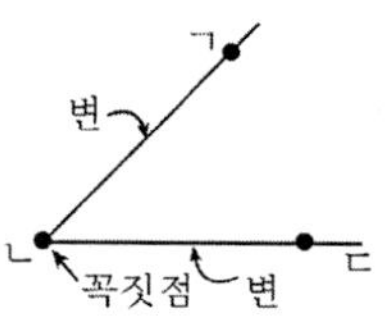

이어서 각의 꼭짓점과 변을 기호로 나타내어 도형의 한 구성 요소를 수학적으로 명확하게 표현하면 편리하도록 한다. 마지막으로 특수한 각의 하나로 직각을 도입하여 직각삼각형, 직사각형, 정사각형, 예각삼각형, 둔각삼각형의 이해하도록 한다.

(3) 사다리꼴, 평행사변형, 마름모 : 사다리꼴은 '마주보는 한 쌍의 변이 서로 평행인 사각형'인 도형이다. **프로이덴탈(Freudenthal, 1983)은 학생들이 수학적인 정의를 전달받는 것보다 스스로 만들어 내는 것이 의미가 있다고 하였다.** 사다리꼴은 주변에 실제로 사용하고 있는 사다리 사진이나 그림을 살펴보고, 그 특징을 찾아 정의를 발견하는 것이 바람직하다. 사다리꼴의 사진이나 그림을 살펴볼 때 '마주보는 한 쌍의 변이 서로 평행'이라는 특징을 활용하려면, 종이 띠를 분할하여 사다리꼴을 만드는 활동은 사다리꼴 개념을 강화할 것이다. 다음에 모눈종이 위에 사다리꼴을 그려보면, 개념을 바르게 적용하는 연습의 기회가 될 것이다.

■ **사다리꼴, 평행사변형, 마름모(4학년, 다각형)**

'마주보는 한 쌍의 변이 서로 평행인 사각형'이라는 사다리꼴의 정의를 일부 변형한다면 '마주보는 두 쌍의 변이 서로 평행인 사각형'이라는 평행사변형의 정의에 자연스럽게 도달할 것이다. 평행사변형 역시 계단과 같은 일상의 대상이나 사진, 그림 자료를 이용하여 도입할 수 있다. 그러나 한편으로는 앞서 배운 사다리팔의 정의를 반성하게 하여 평행사변형의 정의를 발견하게 하는 활동도 적극적으로 활용할 필요가 있다. 이후에 사각형 사이의 관계 학습에서 혼동하는 학생들이 많은 것은 고립된 개념으로 사각형을 학습하기 때문이다.

특히, 수학은 실제 사물을 수학적인 대상으로 추상화하고 그 추상화 과정을 다시 추상화 대상으로 보는 연속적인 추상화 과정에 의하여 발전하였다. 초등학생들이 비형식적인 방식으로 수학을 학습하더라도 이전에 학습한 내용을 대상으로 반성적인 분석을 거듭한다면 추상화의 연쇄를 초등화한 경험은 매우 좋은 기회가 될 것이다. 마름모 역시 주변의 사물 중에서 마름모 모양을 띠는 자료를 이용하여 도입할 수 있다. 종이를 접어 오려서 마름모를 만드는 것도 '네 변의 길이가 같다'는 것을 확인하게 하는 좋은 방법이다.

(4) 원 : 원을 '동그라미'라는 일상 언어에 의존하여 직관적으로 도입할 때는, 원의 정의를 스스로 만들기보다 그 대략적인 모양에 주목하도록 한다. 이어서 사각형이나 삼각형과 마찬가지로 원의 구성 요소를 파악하며, 이 때 원이 사각형이나 삼각형과 다른 점이 무엇인지 생각하도록 한다.

학생들이 원은 곡선으로 이루어졌다는 것을 알아내기는 쉽지만, 한 점에서 일정한 거리에 있는 점들의 집합이라는 발견은 어렵다. 그러므로 여러 사람이 양 손을 잡고 둥글게 서 보거나, 동그란 모양을 본 떠 그려보면서 어느 한쪽도 일그러지지 않은 도형이라는 것, 곧 대칭적인 도형이라는 것을 인식하게 할 필요가 있다. 다음으로 컴퍼스로 종이에 원을 그려보면, 원의 중심과 반지름이 원의 구성 요소가 될 수 있음을 발견하게 할 수 있다. 반지름의 길이를 변화시켜가면서 원을 그려보도록 해야 한다.

■ **도형의 이름(3학년, 원)**

원의 한가운데에 있는 점을 원의 중심이라 하고, 원의 중심과 원 위의 한 점을 이은 선분을 원의 **반지름**이라고 합니다.
오른쪽 그림에서 선분 ㅇㄱ은 원 ㅇ의 반지름입니다.

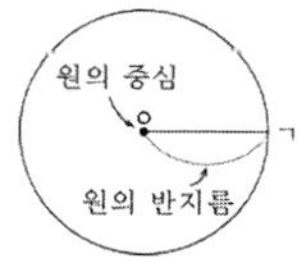

[정의하는 방법]

① 공리적 정의(公理的 定義) : **약속에 의하여 만들어지는 정의로서 삼각형의 높이처럼 삼각형 구성 요소인 밑변과 꼭지점에 대한 약속이 있어야 한다.** 이러한 약속은 삼각형의 밑변은 삼각형의 놓인 위치에 관계없이 세 변은 모두 밑변으로 약속한 다음에 각을 삼각형의 꼭지점이라 약속하고 있다. 이와 같이 정의는 약속(공리)을 기초로 새로운 용어에 대한 정의를 만드는 것으로 수학학습에서 창조성을 신장하는 면과 관련된 지도가 바람직하다.

■ **변과 꼭짓점(2학년, 여러 가지 도형)**

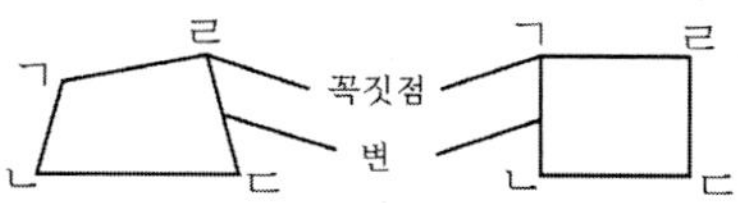

② 명명적 정의(命名的 定義) : **명명적 정의는 개념의 공통성질을 찾아 논리적으로 명명하는 명제이다.** 정의는 '주어지는 것이 아니고 만들어 내는 것'으로 완성할 때는 관점을 될 수 있는 대로 아동이 발견하는 생각을 갖고 어느 정도 의도적으로 방향을 제시하는 것이 효과적이다.

■ **직각(3학년, 평면도형)**

한각이 직각인 삼각형을 직각삼각형이라고 합니다.

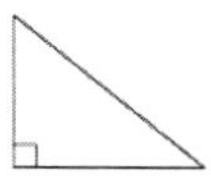

비슷한 개념에서 차이를 구분하여 붙인 정의로 가령 직사각형의 정의를 내릴 때 비슷한 개념과 차이는 다음과 같다.

비슷한 개념	차이	정의 개념
사각형 중에서	네 각이 직각인 사각형이	직사각형이다
상위 개념	조건	하위 개념

이것의 보다 간결한 표현은 '네 각이 직각인 사각형'이다.

- 이등변삼각형은 '두 변의 길이가 같은 삼각형'
- 정삼각형은 '세 변의 길이가 같은 삼각형'
- 정사각형은 '네 변의 길이가 같고 네 각이 모두 직각인 사각형'
- 마름모꼴은 '네 변의 길이가 같은 사각형'

등은 모두 명명적 정의로서 도형의 판별, 작도, 포함관계 등의 지도에 매우 중요한 역할을 한다.

③ 예시적 정의(例示的 定義) : **주로 저학년에 사용하는 방법으로 구체적 예로 정의한다.** 예를 들면 1, 2, 3,…과 같은 수를 '자연수', 성냥상자와 같은 모양을 '직육면체'와 같은 정의이다. 직육면체는 추상개념으로 성냥상자와 다르다는 사실도 알도록 한다.

■ 원(2학년)

그림과 같은 모양의 도형을 원이라고 합니다.

특히 공리론적 정의를 처음 지도할 때 점, 선, 면, 입체에서 '점은 위치만 있고 모양과 크기가 없는 도형이다', '점은 두 직선이 만나는 곳이다'고 정의할 수 있다. 이러한 정의는 새로운 용어인 위치, 모양, 크기, 직선, 만난다, 위치에 대한 새로운 정의가 계속 필요하여 복잡성을 띄게 된다. 그래서 점, 선, 면, 입체와 같은 용어의 정의는 직관적으로 알게 하고 정의 없이 사용하는 것이 편리하여 무정의 용어라 한다.

도형의 용어를 정의할 때 유의할 점은 다음과 같다.

① 도형을 구성하는 요소나 조작에 관심을 갖고 정의해야 한다.

② 정의 방법은 여러 가지가 있다는 것을 알며 내용은 간단하고 명확해야한다.

③ 정의와 성질을 구별할 줄 알아야 한다.

예 : 직사각형의 정의를 다음과 같이 했을 때 가장 적당한 것은?

A : 마주 보는 변의 길이가 같고 평행한 사각형
B : 마주보는 변의 길이가 같고 평행하며 네 각이 직각인 사각형
C : 네 각이 직각인 사각형

A는 정의를 잘 못 말한 것, B는 성질과 혼돈한 것이고, C가 바른 설명이다. 또 직사각형의 정의인 '네 각이 직각인 사각형'은 직사각형을 구성하는 선분을 말하는지 또는 선분과 내부를 포함하는지 명확한 구별이 필요하다. 직사각형의 정의는 두 가지를 모두 포함하고 있다. 작도 지도방법으로 초등학교에서는 삼각자, 각도기, 컴퍼스 등의 주어진 계기를 사용하고, 점차 중학교로 이행할 수 있는 기초를 기르도록 한다.

① 작도할 일부분을 교사와 함께 그리고 나머지를 완성하는 방법
② 모눈종이에 작도하는 방법
③ 도형판에 고무줄로 도형을 구성하는 방법

다. 도형의 성질

도형의 성질은 정의에서 이끌도록 한다. 예를 들면 직사각형에서 '네 개의 각이 직각인 사각형이 직사각형이다.'는 정의이고, '마주보는 변은 평행이다.'와 '마주보는 변의 길이는 같다'는 성질이다. 도형의 성질지도는 변이나 각의 크기처럼 도형의 요소, 대각선의 길이나 만남, 대각선으로 분할된 삼각형의 합동, 대칭이나 회전 등의 조작적 고찰 등으로 의도적인 발견학습이 되어야 한다. 도형의 성질을 발견하는 방법의 하나는 도형 구성요소에 관심을 갖는 방법과 다른 하나는 도형을 여러 가지로 조작과정에서 발견하는 방법이 있다.

(1) 삼각형의 성질 : 사각형, 삼각형 등 평면도형의 개념 학습은 주변 사물을 모양에 따라 분류하고, 분류 활동을 대상으로 반성적 사고를 통하여 꼭짓점, 변, 면을 구성 요소에 주목하였다. 이제 개념화한 평면도형을 대상으로 도형의 속성을 구체적으로 파악하는 활동을 한다. 먼저 삼각형의 경우, '세모' 모양의 사물에 대한 직관적 인식, '세 개의 선분으로 둘러싸인 도형'이라는 정의에 대한 이해를 바탕으로, 삼각형을 더 세분화할 수 있는 속성을 배울 차례이다. 만약 각의 크기에 주목한다면 직각삼각형, 예각삼각형, 둔각삼각형으로 구분할 수 있다. 초등학교에서는 분류한 후 이름을 붙이는 정도로만 다룬다. 한편, 변의 길이에 주목하면, 이등변삼각형과 정삼각형으로 구분할 수 있다. 이것도 중학교 이후에 자세한 성질을 배우지만, '이등변삼각형의 두 밑각의 크기가 같다', '정삼각형의 세 내각의 크기가 같다'는 성질은 조작 활동에 의

하여 알 수 있도록 한다. 예를 들어, 색종이를 오려서 이등변삼각형을 만들면 두 밑각의 크기가 같다는 것을 겹쳐보는 활동으로 쉽게 알아볼 수 있다. 색종이로 만든 이등변삼각형을 겹쳐서 두 밑각의 크기가 같다는 성질을 확인하는 것은 수학적인 증명이라고 볼 수는 없지만, 수학적인 성질의 정당성을 비형식적으로 파악하는 과정이다. 이러한 수학적 경험과 직관을 풍부하게 하여 증명 능력 향상에 기여할 수 있다. 정삼각형도 컴퍼스로 직접 그려보고 대칭성이 있는 도형임을 직관적으로 파악하게 한다. 세 내각의 크기가 같다는 성질 역시 직관적으로 발견할 수 있어 아동에게 탐구의 기회를 제공이 중요하다.

(2) 사각형의 성질 : 평행사변형, 마름모, 직사각형 그리고 정사각형 각각에 대해서 어떤 방식으로 정의하는지 이해하도록 한다. 여기서는 각각의 도형에 대한 성질을 이해하는 문제를 생각해 본다. 먼저 평행사변형의 경우, '마주보는 두 쌍의 변이 평행인 사각형'이라는 정의와 수학적으로 동치인 다음 명제들을 평행사변형의 성질로 학습하도록 해야 한다.

■ **평행사변형의 성질(4학년, 다각형)**

평행사변형의 여러 가지 성질을 알아봅시다.

초등학교에서는 종이를 접어보거나 오려보면서 관찰하여 평행사변형의 일반적인 성질로 파악하도록 한다. 단 한 번의 구체적인 조작 활동으로 일반적인 성질을 발견하기는 어렵고 또 성립할 것이라고 확신은 힘들다. 그러므로 학생들 스스로 확신을 얻고 활동 없이도 논리적 사고만으로 성질로 인정할 때까지 다양한 탐구 기회의 제공이 중요하다.

마름모의 경우, '네 변의 길이가 모두 같은 사각형'이라는 정의를 기초로 '마주보는 두 쌍의 변이 평행'이라는 성질을 알도록 한다. 모눈종이 위에 마름모를 그린 후에 직접 동위각 또는 엇각의 크기를 재어 같다는 것을 확인하도록 한다. 이는 실제로 평행선에 대한 명제를 이해하고, 그 정당성을 기초로 새로운 명제를 만들어 다시 그 정당성을 확인하는 매우 어려운 추론 과정이다. 초등학생들에게 이러한 추론 과정을 충분하게 파악하여 성질의 의미와 정당성을 이해하는 것은 매우 어렵다. 직사각형과 정사각형 역시 '마주보는 두 쌍의 변이 평행'이라는 것을 이해하며, 각각의 도형에 대한 성질뿐만 아니라 도형 사이의 관계에 대한 성질로 발전되는 추론 과정에 대한 이해 능력을 필요로 한다. 그러므로 **초등학교에서 평면도형의 성질 지도는, 구체적인 조작과 직관적인 논의를 통하여 그 정당성의 확보에 도**

움을 주는 것이 중요하며, 엄밀한 추론은 강조하지 않도록 한다.

(3) 원의 성질

- 지름은 모두 같고 무수히 많다.
- 반지름은 모두 같고 무수히 많다. 또 지름은 반지름의 2배이다
- 1개의 지름에 의하여 2개의 합동인 반원으로 나누어진다.
- 원둘레의 길이는 지름의 약 3.14배이다
- 중심 0에 관하여 대칭인 도형이다.
- 선대칭인 도형이다
- 대칭축은 무수히 많다.
- 원둘레의 두 점과 중심으로 만들어지는 삼각형은 이등변삼각형이다.
- 원둘레를 반지름으로 나누어 연결하면 정육각형이 된다.

(4) 도형의 구성과 작도 : Piaget는 **구체적 조작단계의 학생들은 분류나 구성, 작도 등과 같은 조작활동이 매우 중요하다고 하였다.** 도형의 개념은 아동이 능동적으로 그 대상에 작용을 가함으로서 형성된다. 도형의 구성활동은 색종이, 찰흙, 성냥개비, 모눈종이, 쌓기나무 등으로 만드는 것을 말한다. 저학년은 도형에 대한 흥미와 관심, 친숙감을 갖도록 도형의 모양이나 구성요소인 꼭지점의 개수, 변의 개수, 면의 개수 또는 변과 면의 관계(상등, 평행, 수직 등)를 알게 한다.

도형의 성질 이해와 심화를 위해 작도지도가 필요하다. 직사각형의 성질에서 '두개의 대각선의 길이는 같고 서로 다른 것을 이등분한다', '마주 보는 변의 길이가 같다'는 성질을 알고 직사각형을 작도하는 것이 이에 속한다. 도형의 기초적인 성질을 이해한 후에 발전적 고찰을 할 수 있다. 직사각형의 정의에서 정사각형이 직사각형의 집합에 포함된다는 외연적 성질을 발견할 수 있다. 그리고 성질지도에서 직사각형의 모든 성질의 집합은 정사각형의 성질의 집합에 포함된다는 내포적 성질을 알 수 있다. 초등학교의 도형지도에서 조작은 중요한 수단으로서 연결하는 조작과 잘라보는 조작이 있다.

라. 도형의 변환

도형 변환은 평면상의 도형을 다른 평면상으로 옮기는 일대일대응이다. 즉 두 삼각형의 합동은 $\triangle ABC$는 직선l을 대칭축으로 접었을 때 $\triangle A'B'C'$가 만들어진다. 그러므로$\triangle ABC$를 점집합P로,$\triangle A'B'C'$를 점집합P'로 본다. 이 때 P의 임의의 한 원소x는 P'의 유일한

원소x'와 일대일대응관계가 되어 하나의 함수$x'=f(x)$가 성립한다. 따라서 도형의 변환이란 도형의 동적조작에 의한 함수를 알아보는 것이다.

(1) 합동변환

- 도형의 이동 : **도형의 모양과 크기가 변하지 않는 합동변환으로 밀기(평행이동, parallel translation, slide), 뒤집기(대칭이동, symmetric transformation), 돌리기(회전이동, rotation)의 조작이 있다.**

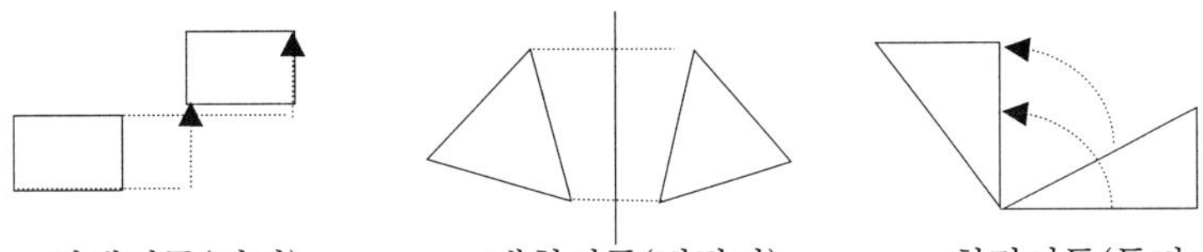

평행이동(밀기) 대칭이동(뒤집기) 회전이동(돌리기)

평행이동은 '민다'는 조작으로 2차원인 평면상의 변환으로 정(正)의 합동변환이다. 대칭이동은 '접는다'는 조작으로 접는 선이 대칭축이다. 접을 때는 3차원 공간에서만 가능하며 뒤집어 맞출 때의 대칭을 부(負)의 합동변환이라 한다. 회전이동은 '돌린다'는 조작으로 돌릴 때의 중심이 대칭의 중심이고, 특히 180도 회전이동의 점대칭이며, 2차원공간상의 변환이므로 정(正)의 합동변환이다. 회전이동의 경우에 회전점은 중요하고 두 번의 이동 후에 그 결과에 이야기 하도록 한다.

초등학교에서 합동변환지도는 구체물을 통하여 학습자의 흥미를 유발하고 생활 속에서 '밀기, 뒤집기, 돌리기'의 상황을 찾아보는 활동으로 공간 감각을 기르도록 하고 있다. 이것은 평면도형의 이동과 관련되기 때문에 평면도형을 사용해야 한다. 그러나 초등학생은 수학적으로 정확한 도형의 변환의 학습이 아니라 다양한 경험을 통해 변환 후 모양을 관찰하고 직관적 이해가 목적이기 때문에, 평면도형 대신 구체물을 통한 밀기, 뒤집기, 돌리기 상황을 경험하게 한다. 또 도형의 밀기, 뒤집기, 돌리기의 작도는 모눈종이 위의 활동으로 예측해보는 활동으로 익숙할 때까지 반복 지도 한다.

도형의 변환은 변환 방법을 학생 스스로 이해하고 경험하는 것이기 때문에 반복 연습을 통해 지도한다.

(2) 닮음변환 : **도형의 모양은 같고 크기만 변하는 변환으로 확대 및 축소의 변환이다.** 삼각형은 대응각만 같으면 닮음이지만 사각형은 대응하는 각과 대응변의 비가 같을 때 닮음이다. 합동변환은 닮은 변환의 특수한 경우 1 : 1 닮음이다.

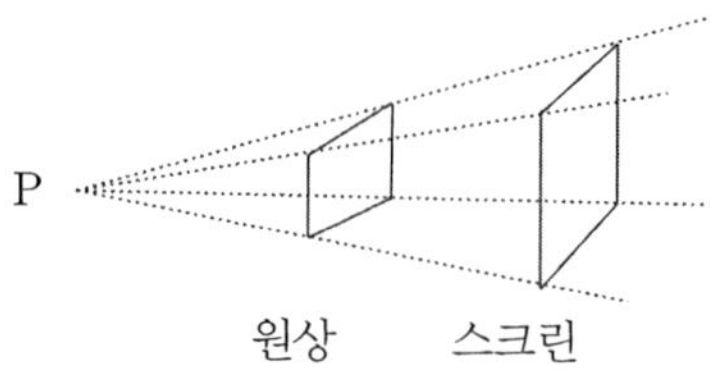

(3) 등적변환 : **도형의 모양은 다르나 크기(길이, 넓이, 부피 등)가 변하지 않는 변환**으로 초등학교에서는 두 면적이 같다는 것을 증명할 때 흔히 이용된다.

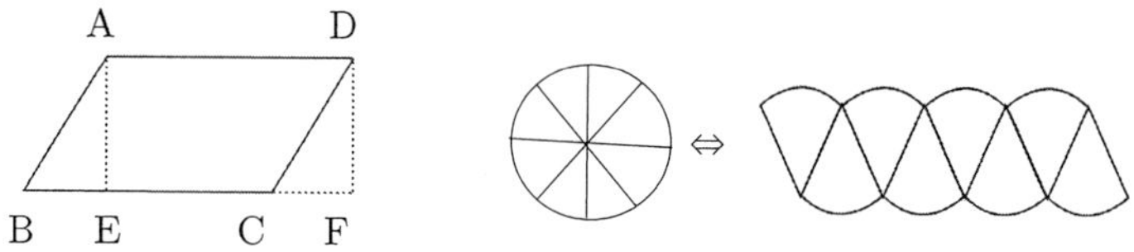

(4) affine변환 : **평행광선으로 투영을 나타낸 변환으로 각의 크기, 선분의 길이 등은 변하나 평행인 관계만은 변하지 않는 변환이다.** 직사각형의 affine변환으로 직사각형이나 정사각형 또는 평행사변형이 될 수 있다. 직육면체의 겨냥도도 affine변환에 대한 것이라 할 수 있다.

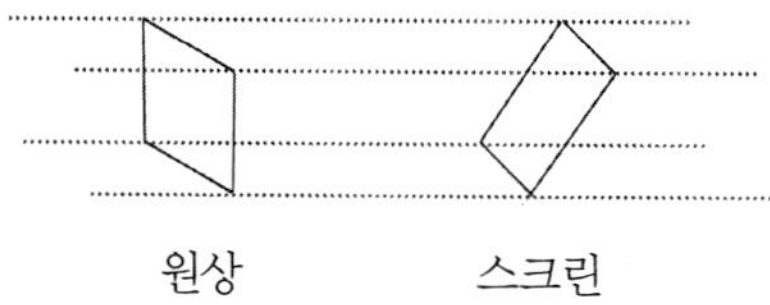

(5) 사영변환 : **한 점 P에서 광원으로 도형에 비출 때 나타나는 변환**으로 점의 순서, 연결방법은 변하지 않는다. 곧 사영변환은 점 투영에 따라 직선은 직선, 평면은 평면으로 옮기는 변환이다. 평면과 공간상의 사영변환은 점은 점, 선은 선, 평면은 평면으로 투영되며 이때 점의 순서, 연결방법 등은 변하지 않는다. 공간에서 원의 사영변환은 도형과 스크린이 평행인 경우는 닮음이지만 평행이 아닌 경우는 타원이나 쌍곡선, 포물선으로 투영된다. 사영변환은 한 점 P를 광원을 생각하게 되므로 Euclid 평면처럼 평행선의 개념이나 각의 개념 등이 있다.

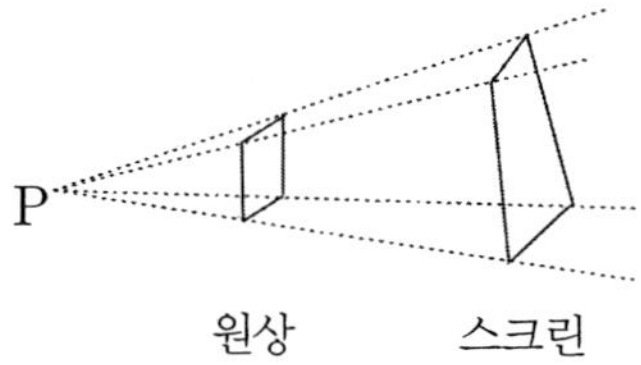

(6) 위상변환 : **affine변환이나 사영변환에서 조건인 평행투영이나 한 점 투영과 같은 조건을 모두 풀어준 변환으로 점의 순서나 연결방법은 변하지 않는 변환이다.** 위상변환은 일대일 연결변환으로 변하지 않는 도형의 성질을 연구하는 기하학을 말한다. 직사각형을 위상변환하면 사다리꼴, 평행사변형, 삼각형, 원, 타원 등은 단일폐곡선(simple closed curve)이 만들어지며 하나의 선분은 개곡선(open curve)이 만들어진다.

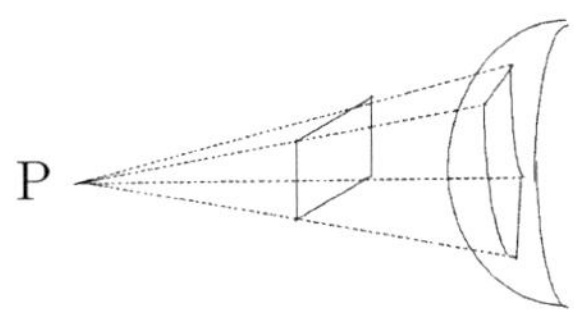

이 때 변하지 않는 성질은 점은 점으로, 점의 연결순서는 변하지 않으며 이어진 선은 이어진 선으로, 교차한 선은 교차한 선으로, 끊어진 선은 끊어진 선으로 옮겨지기 때문에 자유롭게 신축할 수 있는 고무판 위에서의 기하학이라 볼 수 있다.

도형의 성질에서 합동변환, 닮음변환, 등적변환, 아핀변환, 사영변환은 모두 위상변환에 포함되고 합동변환은 닮음 변환에 포함된다. 따라서 도형변환의 지도는 일반·특수의 관계를 고려하여 위상변환, 사영변환, 아핀변환의 계량적 성질이 없는 위상적 성질을 먼저 지도한 다음에 등적변환, 닮음변환, 합동변환과 같은 계량적 성질이 있는 변환으로 지도해야한다고 심리학자 등은 강조하고 있다.

[Euler[2](Leonhard Euler)의 정리]

선분을 변, 양 끝 점을 정점이라 하자. 두 선분이 만났을 때 하나의 정점이 결정되고, 면이 없는 선분으로 만든 도형을 수형도라 한다. 정점의 수를 V, 변의 수를 E라 할 때 $V-E=1$의 관계식을 얻는다. 평면도형에서 면의 수가 F개 일 때는 $V-E=-(F-1)$가 되어 $V-E+F=1$이 된다. 또 입체도형에서 정점의 수, 변의 수, 면의 수는 $V-E+F=2$인 관계식을 얻는다. 이것을 'Euler의 정리'라 한다.

---

2) Euler는 요한 베르누이의 수제자로 조숙한 천재였다. 60살이 넘은 나이에 실명했으나 독창적인 연구를 계속하였다. 그는 원주율 기호로 Π를 사용하였으며 시그마(Σ). logx, sinx, cosx, f(x) 등의 기호를 발명하였다.

[단순폐곡선과 개곡선의 성질]

① 한 점에서 시작하여 겹치는 일없이 처음 시점으로 돌아올 수 있는 선은 폐곡선이고 그렇지 않는 선을 개곡선이다.

② 폐곡선과 개곡선 상에 임의의 한 점을 찍을 때 폐곡선은 하나의 선분이나 개곡선은 두 개의 선분이 된다.

③ 폐곡선과 개곡선 상에 임의의 2점 A, B에서 A에서 B로 가는 방법은 폐곡선은 두 가지 방법이 있으나 개곡선은 한 가지 방법만 있다.

④ 폐곡선은 평면을 내부와 외부로 나누지만 개곡선은 그렇지 않다.

⑤ 폐곡선의 내부의 한 점과 외부의 한 점을 연결하면 반드시 폐곡선과 한 점 이상에서 만난다.

점 P가 폐곡선의 내부인가 외부인가는 폐곡선 밖의 다른 한 점 Q를 잡고 P, Q를 맺을 때, 만나는 회수가 홀수이면 P점은 폐곡선의 내부의 점이고 짝수이면 P점은 외부점이다. (단, P, Q를 맺는 선분이 폐곡선과 접하는 경우는 2점으로 간주).

[한붓그리기(Traverse)]

한 붓 그리기 문제는 1735년 오일러에 의해 소개된 것이다. 아래 그림과 같이 독일의 쾨니히스베르크(Konigsberg)에는 한 개의 강과, 두 개의 섬, 그리고 일곱 개의 다리가 있다. 각각의 다리를 정확히 한번씩만 건너는 방식으로 그 도시 주위를 둘러볼 수 있는가를 결정하는 것이다.

점은 A, B, C, D로 표시하고, 적절한 점을 연결하는 곡선은 길을 표시한다. 그 점은 정점이라 부르고, 그 곡선은 호(arcs)라 한다. 어떤 점에서 시작하여

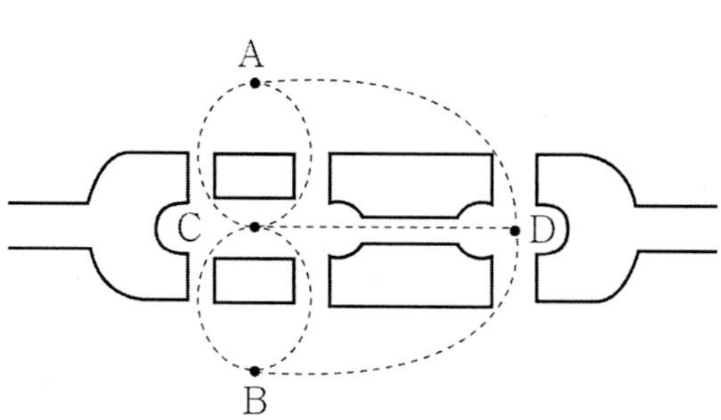

그 점이나 다른 점에서 끝나며 각각의 호를 정확히 한번만에 가는 길이 있으면 그 도형을 한 붓 그리기라 부른다.

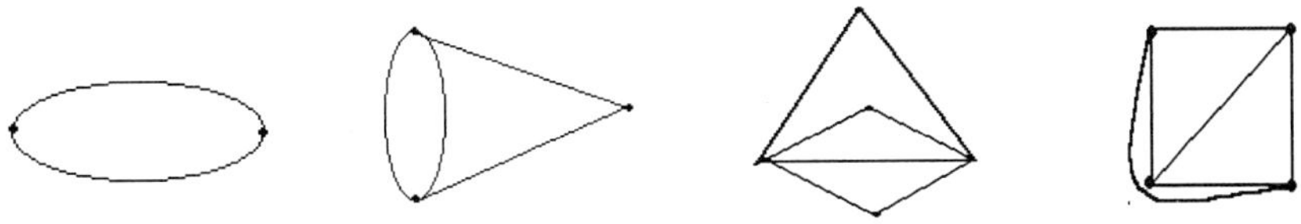

(a) (b) (c) (d)

위에서 한 붓 그리기가 되지 않는 (d)는 모든 정점이 홀수이다. **한 붓 그리기는 도형이 모두 짝수 정점이면 한 붓 그리기가 된다. 그때 시작점이 끝점이 된다. 두 개의 홀수점이면 한 붓 그리기가 되고 한 개의 홀수점은 시작점이고, 다른 홀수점은 끝점이다.** 한 붓 그리기가 가능한 것은 위상적으로 같다고 한다. 그림에서 세 도형, (a), (b) 그리고 (c)는 한 붓 그리기가 가능하고 (d)는 안 된다. 연결망에서 만나는 호의 개수가 (a)와 (c)인 점을 짝수점(even vertex)라 하고 호의 개수가 홀수개이면 홀수점(odd vertex)이라 한다. (b)에서 오직 홀수점이 시작점이나 끝점으로 가능하다.

연습문제

1. 아래 용어가 처음으로 나오는 단계는?

(1) 모양 (2)도형 (3)합동과 대칭

2. 고대 기하학의 발달에 대하여 설명하시오.

3. Euclid(B.C. 300)기하학에 대하여 설명 하시오.

4. 비Euclid기하학에 대하여 설명 하시오.

5. 공리의 전제(또는 조건)가 되는 규약 5가지에 대하여 설명 하시오.

6. 도형교육의 목표에 대하여 설명 하시오.

7. 도형의 정의를 내리는 방법에 대하여 구체적인 예를 들어 설명 하시오.

8. 삼각형과 사각형의 성질에 대하여 설명 하시오.

9. 도형의 변환에 대하여 설명 하시오.

10. Euler의 정리에 대하여 설명 하시오.

11. 한 붓 그리기에 대하여 설명 하시오.

임용시험 문제

[2017학년도 교육과정 A]

5. (가)는 패턴블록(pattern block)을 설명한 것이고, (나)는 수학교구 활용과 관련하여 교사들이 나눈 대화의 일부이다. 물음에 답하시오. [4점]

(가)

패턴블록은 정삼각형, 정사각형, 평행사변형, 마름모, 사다리꼴, 정육각형 모양의 조각을 모아 놓은 것이다. 사다리꼴의 아랫변을 제외하면 모든 도형의 변의 길이는 동일하고, 사다리꼴의 아랫변의 길이는 다른 변의 길이의 2배이다. 모든 도형의 한 각의 크기는 150°, 120°, 90°, 60°, 30° 중 하나이다.

정삼각형	정사각형	평행사변형	마름모	사다리꼴	정육각형

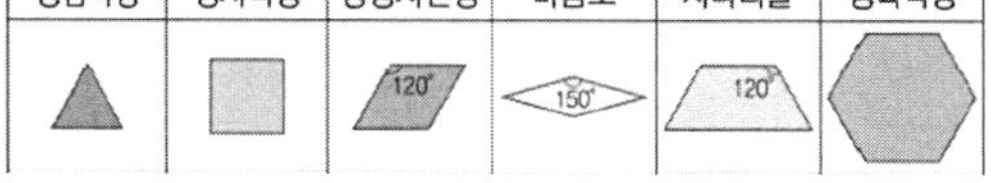

(나)

김 교사 : 학교수학은 학생의 발달 수준을 고려하여 지도해야 합니다. 초등학교에서는 개념을 먼저 (㉠)(으)로 이해하도록 지도하지요. 교구를 활용한 구체적 조작 활동은 대상을 보고 (㉠)(으)로 사고하는 데 도움이 됩니다. 교구를 활용한 수업 사례에 대해 이야기해 봅시다.

최 교사 : 저는 패턴블록을 사용하여 합동인 모양을 만드는 활동을 하게 했어요. 그런데 한 학생이 [그림 1], [그림 2]와 같이 서로 합동인 두 모양을 만들고 이를 이용해서 ㉡ 패턴블록의 정사각형 1개의 넓이에 대한 마름모 1개의 넓이의 비를 바로 구하더군요.

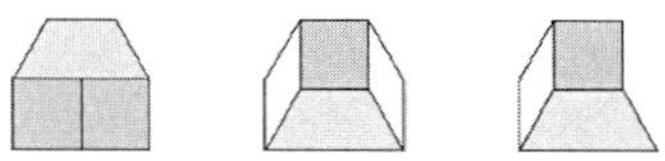

[그림 1] [그림 2] [그림 3]

이 교사 : 저는 [그림 2]와 같은 모양을 만들고 이 모양이 육각형임을 설명해 주었는데, 어떤 학생이 ㉢ [그림 2]에서 마름모 1개를 빼낸 [그림 3]과 같은 모양도 육각형인지 묻더군요.

윤 교사 : 저는 '(자연수)−(분수)'를 지도하면서 패턴블록을 이용해 보았어요. 평행사변형 1개의 크기를 $\frac{2}{3}$로 하여 [그림 4]의 왼쪽 모양에서 오른쪽 모양을 빼는 것으로 뺄셈식 ㉣ 을/를 설명해 주었더니 학생들이 쉽게 이해하더군요.

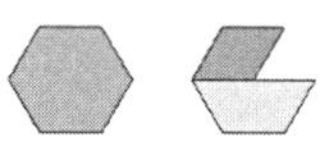

[그림 4]

(1) 다음은 2015 개정 수학과 교육과정 1~2학년군 '도형' 영역의 학습 내용 성취기준의 일부이다. (나)의 ㉠과 다음의 ⓐ에 공통으로 들어갈 말을 쓰시오. [1점]

[2] 평면도형과 그 구성 요소

[2수02-03] 교실 및 생활 주변에서 여러 가지 물건을 관찰하여 삼각형, 사각형, 원의 모양을 찾고, 그것들을 이용하여 여러 가지 모양을 꾸밀 수 있다.

[2수02-04] 삼각형, 사각형, 원을 (ⓐ)(으)로 이해하고, 그 모양을 그릴 수 있다.

(2) (나)의 ① ㉡을 쓰고, ② ㉢이 육각형인지 아닌지를 그 이유와 함께 쓰시오. [2점]

- ① :
- ② :

(3) (나)의 ㉣에 들어갈 알맞은 뺄셈식을 쓰시오. [1점]

[2015학년도 교육과정 A]

5. (가)는 2009 개정 수학과 교육과정 3~4학년군의 각도 관련 학습 내용 성취기준이고, (나)는 ㉠의 성취기준에 도달하기 위한 활동 사례이며, (다)는 (가)의 성취기준 ④와 관련된 수업을 한 후 교사들이 나눈 대화이다. 물음에 답하시오. [4점]

(가)

[5] 각도

① 각의 크기의 단위인 1도(°)를 알고, 각도기를 이용하여 각의 크기를 측정할 수 있다.

② 주어진 각도와 크기가 같은 각을 그릴 수 있다.

③ (㉠)**여러 가지 각도를 어림하고 직접 재어 보는 활동을 통하여 양감을 기를 수 있다.**

④ 여러 가지 방법으로 삼각형과 사각형의 내각의 크기의 합을 추론하고, 자신의 추론 과정을 설명할 수 있다.

(나)

<활동 1>

현수 : (각을 가리키며) 몇 도쯤 될 것 같아?

정아 : 70° 정도? 각도기로 재어 확인해 보자.

<활동 2>

현수 : 부채 갓대로 50°를 만들어 볼래?

정아 : (부채 갓대를 벌리며) 이 정도 될 것 같아.

현수 : 각도기로 재어 확인해 보자.

(다)

김 교사 : 한 학생이 삼각형의 내각의 크기의 합을 구하기 위해 점종이에 삼각형을 그리고 각도기로 재었는데 180°가 되지 않았다면서 완벽한 삼각형을 그릴 수 있는지 물었습니다.

박 교사 : <u>㉡삼각형은 세모 모양인 모든 사물들의 공통적인 속성을 뽑아 개념화한 것</u>이며, <u>㉢현실에서는 아무리 정교하게 그린다 해도 내각의 크기의 합이 180°인 완전한 삼각형을 그릴 수 없고, 완전한 삼각형은 눈으로 보거나 만질 수 있는 것이 아니라 관념의 세계에서만 존재</u>한다는 점을 학생들에게 설명하기는 쉽지 않은 것 같습니다.

이 교사 : 도형을 잘라 맞추어보거나 각도기로 재어 보는 조작적 활동을 통해 내각의 크기의 합을 확인하는 방법에 만족하지 못하는 학생들이 있는 것 같아요.

송 교사 : 저는 삼각형의 내각의 크기의 합이 180°라는 것을 ㉣삼각형의 변을 따라 움직이면서 각각의 내각의 크기만큼 연필을 돌리는 방법으로 설명해주었는데 학생들이 잘 이해하고 만족스러워 하였습니다.

(1) (나)의 〈활동 1〉과 〈활동 2〉를 참고하여, (가)의 ㉠에 들어갈 성취기준을 쓰시오. [2점]

(2) 박 교사가 말한 ㉡과 ㉢이 가장 잘 보여주는 수학의 특성이 무엇인지 각각 한 단어로 쓰시오. [1점]

[2012학년도 교육과정 A]

16. 다음은 수학 수업에 대한 교사들의 의견이다. 각 교사의 의견 중 밑줄 친 부분을 수학교육 이론과 관련지어 옳게 설명한 것을 〈보기〉에서 고르면?

김 교사 : 원의 성질을 알아보기 위해서는 종이컵 바닥의 본을 떠 보는 활동보다는 (가)추를 실에 묶어 돌려 보는 활동을 활용하는 것이 더 좋은 지도 방법이라고 생각합니다.

송 교사 : 다각형의 성질을 탐구할때는 (나)정사각형을 왼쪽이나 오른쪽으로 돌리더라도 정사각형이 됨을 이해하도록 하고, 평행사변형의 마주보는 각의 크기를 비교하기 위하여 대각선으로 잘라서 겹쳐 보도록 지도하는 것이 좋습니다.

서 교사 : 수학에서 개념을 지도하기 위해서는 다양한 예들을 살펴보도록 할 필요가 있다고 생각합니다. 이를 테면, (다)평행사변형을 지도할 때 마주보는 두 쌍의 변이 서로 평행한 속성은 그대로 두고 각의 크기나 변의 길이를 바꾸어 가면서 다양한 평행사변형의 예를 탐구해 보도록 하는 것이 좋습니다.

정 교사 : 학생에게 수학을 지도할 때 공식을 제시하기 전에 구체적인 자료를 사용하여 활동하게 할 필요가 있어요. 예를 들면, 직육면체의 부피 공식을 제시하기 전에 (라)작은 정육면체 모양의 쌓기나무를 바닥부터 빈틈없이 채우면서 쌓아올려 직육면체를 만들었을 때, 밑면에 놓인 쌓기나무의 개수와 쌓은 층 수로부터 전체 쌓기나무의 개수를 구하는 활동을 해 보게 하는 것이 좋습니다.

권 교사 : 수학에서는 문제를 구조적으로 사고하여 해결하는 것이 중요합니다. 예를 들어, (마)사다리꼴의 넓이를 구하기 위해 보조선을 그어 직사각형 모양으로 만드는 것과 같이 사다리꼴의 넓이를 구하는 방법의 구조적 이해, 즉 통찰을 활용하도록 지도할 필요가 있다고 생각합니다.

ㄱ. (가)는 브루너(J. Bruner)의 상징적 표현의 한 예이다.
ㄴ. (나)는 반힐(van Hiele)의 분석적(analytic) 수준과 관련된다.
ㄷ. (다)는 디에네스(Z. Dienes)의 수학적 다양성의 원리를 적용한 지도 방법의 한 예이다.
ㄹ. (라)는 피아제(J. Piaget)의 전조작기에 해당하는 학생에게 적절한 활동이다.
ㅁ. (마)는 베르트하이머(M. Wertheimer)의 생산적 사고에 해당된다.

① ㄱ, ㄴ, ㄷ ② ㄱ, ㄷ, ㄹ ③ ㄴ, ㄷ, ㅁ ④ ㄴ, ㄹ, ㅁ ⑤ ㄷ, ㄹ, ㅁ

17. 다음은 도형의 넓이를 구하는 여러 가지 방법을 알아보는 수업의 한 장면이다. 이에 대한 설명으로 옳은 것을 〈보기〉에서 모두 고르면?

김 교사 : 지난 시간까지 여러 가지 도형의 넓이를 구하는 방법을 알아보았어요. 이번 시간에는 삼각형의 넓이를 구하는 다른 방법을 알아봅시다. 아래 그림을 보고 삼각형 ㄱㄴㄷ의 넓이를 어떻게 구하는지 말해보세요.

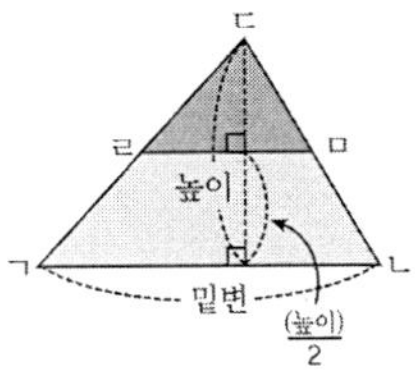

[그림 1]

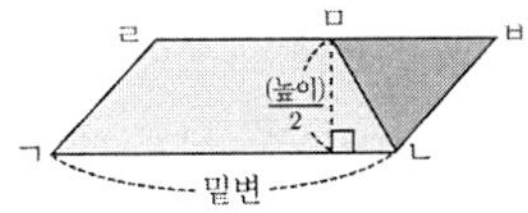

[그림 2]

경희 : [그림 1]의 삼각형 ㄱㄴㄷ을 두 부분으로 잘라 [그림 2]와 같이 평행사변형 모양이 되도록 붙였네요.

정호 : 그러면 만들어진 평행사변형의 밑변은 삼각형의 밑변과 길이가 같고, 평행사변형의 높이는 삼각형의 높이의 절반이에요. 그래서 삼각형의 넓이는 (밑변)×(높이)/2가 됩니다.

김 교사 : 잘했어요. <u>(가) 다르게 구하는 방법은 없나요?</u>

(잠시 생각한 후)

성주 : [그림 3]과 같이 삼각형의 ㄹ과 ㅁ에서 각각 밑변에 수선을 그어 잘라서 [그림 4]와 같이 붙이면 직사각형이 만들어져요.

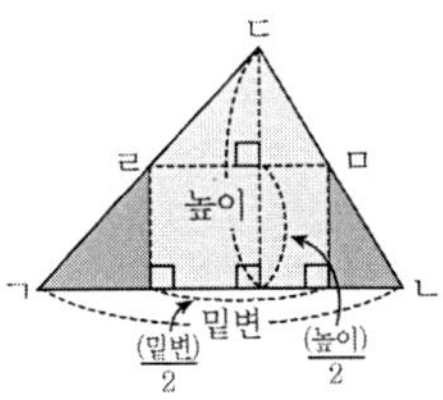

[그림 3]

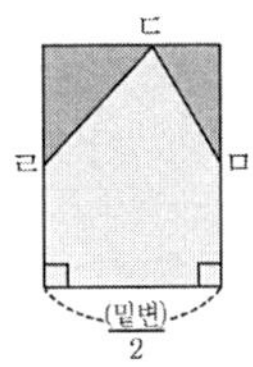

[그림 4]

현수 : 이렇게 만들어진 직사각형의 가로는 삼각형 ㄱㄴㄷ의 밑변 길이의 절반이고, 직사각형의 세로는 삼각형 ㄱㄴㄷ의 높이와 그 길이가 같아요. 그래서 삼각형의 넓이는 (밑변)/2 × (높이)가 됩니다.

ㄱ. (가)는 확산적 사고를 유도하는 발문이다.
ㄴ. 성주는 스켐프(R. Skemp)가 말한 관계적 이해를 하고 있다.
ㄷ. 정호와 현수는 직접측정 방법에 대해 말하고 있다.
ㄹ. 이 수업은 넓이의 보존 개념이 형성되기 이전에 실시해야 한다.

① ㄱ, ㄴ ② ㄱ, ㄷ ③ ㄷ, ㄹ ④ ㄱ, ㄴ, ㄹ ⑤ ㄴ, ㄷ, ㄹ

[2011학년도 2차]

4. 다음은 강 교사가 직육면체의 부피 구하는 방법을 지도한 수업 절차와 수업 장면의 일부이다.

수업절차	수업장면
[도입] 학습 문제 제시하기	교사 : 이번 수업에서는 모둠별 탐구 활동을 통해 직육면체의 부피 구하는 방법을 알아보려고 해요. 여러분이 모둠별 활동을 하는 동안 선생님은 각 모둠의 활동 과정을 평가할 거예요. 정수 : 그러면 혼자 활동하는 것이 아니라 모둠별로 다 같이 해야겠네요? 교사 : 그래요. 그럼, 선생님이 나누어 준 교구를 활용하여 모둠별 활동을 시작해 볼까요? 선생님이 모둠별로 돌아다니면서 도와줄게요.
[활동 1] 관찰 및 실험하기	(가)
[활동 2] 추측하기	(나)
[활동 3] 추측 검증하기	교사 : 여러분이 추측한 사실이 다른 직육면체에도 적용되는지 확인해 보세요. (다) 모둠별 탐구 활동의 일부 희정 : 이 직육면체에서도 우리가 알아낸 추측이 성립해. 이것을 식으로 다시 정리해 보자. 진성 : 그럼 내가 식으로 써서 설명해 볼게. ('직육면체의 부피=밑변×세로×높이'라고 식을 쓴 후)직육면체의 부피는 밑변 곱하기 세로 곱하기 높이, 이렇게 되잖아. 명주 : (식을 가리키면서) 여기서 밑변이 뭐야? 진성 : 아, 맞아. 밑변이 아니라 가로야. 다시 쓸게. ('직육면체의 부피=가로×세로×높이'라고 식을 쓴다) 명주 : 진성이가 생각한 것을 이제 알겠어. (생 략)
[활동 4] 발전	교사 : 지금까지 우리는 직육면체의 부피 구하는 방법을 추측하고 검증해 보았는데, 오늘 배운 것과 관련해서 알 수 있는 사실이 또 있을까요? 민지 : 선생님, 이전에 직육면체의 겉넓이를 공부했는데요. 저는 (라)직육면체에서 겉넓이가 커지면 부피도 커진다고 생각해요. (생 략)
[활동 5] 학습 내용 정리	교사 : 오늘 공부한 것을 정리해 봅시다. 직육면체의 부피는 어떻게 구할 수 있지요? 학생들 : 가로 곱하기 세로 곱하기 높이요. 교사 : 좋아요. (칠판에 '(직육면체의 부피)=(가로)×(세로)×(높이)'라고 쓰면서) 직육면체의 부피는 가로 곱하기 세로 곱하기 높이로 구할 수 있다는 것을 알게 되었어요. 그리고 선생님은 오늘 여러분이 모둠별 활동에 열심히 참여하는 모습이 참 좋았어요. (생 략)

(1) 수업 절차에 비추어 볼 때 수업 장면의 (가), (나)에 적절한 지도 내용과 지도 방법을 각각 제안하시오.

(2) [활동 4]의 민지의 말에서 (라)가 수학적으로 옳지 않음을 인식시키는 방법을 구체적으로 논하시오.

(3) 강 교사가 (다)의 모둠별 탐구 활동 과정을 평가할 때, 2007년 개정 수학과 교육과정에 근거하여 학생들의 수학적 의사소통 능력을 평가할 수 있는 평가 내용을 2가지 제안하시오.

[2011학년도 교육과정]

15. 다음은 직사각형과 평행사변형의 관계를 알아보는 수업에서 학생들에게 주어진 문제와, 그 문제에 대한 어느 모둠의 대화이다. 학생 A~E에 대한 설명으로 옳은 것은?

(문제) 사각형 ㄱㄴㄷㄹ은 직사각형입니다. 이 사각형은 평행사변형 입니까?

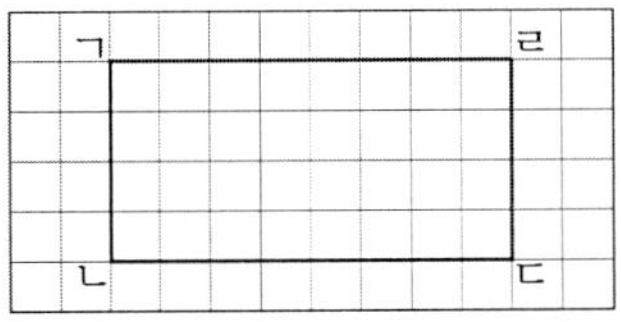

(OO 모둠 대화)

학생 A : 지난번에 빨대로 평행사변형을 만들었어. 그 평행사변형의 각의 크기를 조금씩 변화시켜 여러 가지 모양의 평행사변형을 만들어 봤어. 그때 직사각형처럼 보이는 평행사변형도 있었어. 그것을 보면 모든 직사각형은 평행사변형이라 할 수 있어.

학생 B : 평행사변형은 마주보는 두 변의 길이가 같고, 마주보는 두 각의 크기가 같아.

학생 C : 직사각형도 마주보는 두 변의 길이가 같고, 마주보는 두 각의 크기가 같아. 그러면 직사각형의 성질에는 평행사변형의 성질이 모두 포함돼. 그래서 직사각형은 평행사변형이 아니야.

학생 D : 맞아. 직사각형은 대각선의 길이가 같은데 평행사변형은 대각선의 길이가 다르잖아. 그러니까 직사각형은 평행사변형이 아니야.

학생 E : ㄱㄴ과 변 ㄷㄹ이 평행하고 변 ㄱㄹ과 변 ㄴㄷ이 평행해야 사각형 ㄱㄴㄷㄹ을 평행사변형이라고 할 수 있어. 그림에서 마주 보는 두 쌍의 변이 서로 평행하니까 사각형 ㄱㄴㄷㄹ은 평행사변형이야.

16. 다음은 '분모가 다른 분수끼리의 나눗셈' 수업에서 나타난 학생들의 대화이다. 이에 대한 설명으로 옳은 것을 〈보기〉에서 모두 고른 것은?

학생 A : 5/2÷1/3 은 어떻게 계산하지? 지난 번 5/6÷1/6을 계산할 때 5/6m의 색 테이프를 1/6m씩 잘라 봤었는데 …….

학생 B : 그런데 예전에 배웠던 5/2÷ 3은 5/2조각의 빵을 3 명에게 똑같이 나누어주는 거잖아. 그러면 5/2÷1/3도 5/2조각의 빵을 1/3명에게 똑같이 나누어 주는 거야.

학생 C : 말도 안돼. 사람이 1/3명이라니……. 왜 그러는지는 모르겠지만 그냥 나누는 분수를 뒤집어서 곱하면 돼. 그러니까 5/2÷1/3= 5/2×3=15/2=7 1/2 이야.

학생 D : 내가 5/2÷1/3에 대한 문장제를 한번 만들어 볼까? 상자 1개를 묶는 데 리본 1/3m가 필요하다면 리본 5/2m로는 상자를 몇 개 묶을 수 있을까?

학생 E : 7상자를 묶고 1/2m의 리본이 남겠지.

(보기)

ㄱ. 학생 A는 분수의 나눗셈을 등분제의 의미로 설명하고 있다.
ㄴ. 학생 B의 말에는 유추적 사고가 나타난다.
ㄷ. 학생 C는 분수의 나눗셈을 계산하는 방법에 대해 Skemp의 도구적 이해를 하고 있다.
ㄹ. 학생 E는 학생 D의 문장제에서 학생 C의 계산 결과를 제대로 해석하고 있다.

① ㄱ, ㄹ ② ㄴ, ㄷ ③ ㄷ, ㄹ ④ ㄱ, ㄴ, ㄷ ⑤ ㄴ, ㄷ, ㄹ

[2010학년도]

17. 다음은 입체도형을 학습한 후 학생들이 말한 것이다. 이에 대한 교사의 설명으로 옳은 것은?

희철 : 각뿔의 높이를 모서리의 길이라고 생각하기 쉬운데 그렇지 않기 때문에 높이를 잴 때 주의해야 해.

선영 : 오른쪽 그림의 직육면체에서 면 ㄱㄴㄷㄹ과 면 ㄴㅂ ㅅㄷ이 수직인지 알아보려면 각 ㄱㄴㅂ의 크기만 재어보면 돼.

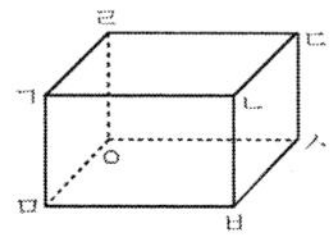

진수 : 삼각기둥을 눕혀놓으면 삼각기둥의 높이는 어떻게 되더라?

아름 : 모든 각기둥에서 각기둥의 이름이 정해지면 모서리의 수는 직접 세어보지 않고도 알 수 있어. 세 배가 되는 규칙이 있거든.

지혜 : 입체도형을 종이 위에 나타내기는 어려워. 그래서 정육면체를 그릴 때 그 모양을 잘 알 수 있게 하려면 서로 평행인 모서리는 평행이 되게 그려야 해.

---

① 희철이가 말한 대로 학생들은 각뿔의 높이에 대한 오개념을 가지기 쉬우므로 각뿔의 높이인 옆면 삼각형의 높이를 직접 재어보는 학습활동이 중요하단다.

② **신영이는 직육면체에서 두 면이 만나서 이루는 각의 크기를 알려면 어느 각을 재어야 하는지 알고 있다.**

③ 진수에게 삼각형의 높이가 어느 변을 밑변으로 보는가에 따라 달라진다는 사실을 이용하여 삼각기둥의 높이도 놓는 방법에 따라 달라진다고 지도하는 것은 올바른 유추적 사고의 활용 사례이다.

④ 아름이가 각기둥에서 찾아낸 모서리의 수와 밑면의 변의 수 사이의 규칙을 각뿔에서 모서리의 수를 구하는 문제에 그대로 적용해도 옳은 답을 얻을 수 있다.

⑤ 지혜의 설명은 정육면체의 겨냥도를 그리는 방법에 대한 것으로, 서로 평행인 모서리를 평행이 되게 그려야 할 뿐만 아니라 서로 수직인 모서리도 수직이 되게 그리도록 지도해야 한다.

Chapter. 4

자료와 가능성

◎ 자료와 가능성 영역의 학년군별 내용 요소

<table>
<tr><th rowspan="2">핵심 개념</th><th rowspan="2">일반화된 지식</th><th colspan="3">학년(군)별 내용 요소</th><th rowspan="2">기능</th></tr>
<tr><th>1~2학년</th><th>3~4학년</th><th>5~6학년</th></tr>
<tr><td>자료 처리</td><td>자료의 수집, 분류, 정리, 해석은 통계의 주요 과정이다.</td><td>• 분류하기
• 표
• ○, ×, /를 이용한 그래프</td><td>• 간단한 그림그래프
• 막대그래프
• 꺾은선그래프</td><td>• 평균
• 그림그래프
• 띠그래프, 원 그래프</td><td rowspan="2">분류하기
(개수)세기
표만들기
그래프 그리기
표현하기
수집하기
정리하기
해석하기
설명하기
이해하기
활용하기
비교하기
문제해결하기</td></tr>
<tr><td>가능성</td><td>가능성을 수치화하는 경험은 확률의 기초가 된다.</td><td></td><td></td><td>• 가능성</td></tr>
</table>

1. 확률과 통계

1.1 확률

확률과 통계는 현대 정치, 사회, 경제, 과학 기술, 산업 등 여러 분야에서 광범위하게 사용하는 유용한 수학의 한 분야이다. 이것은 우연적 현상을 연구대상으로 하고 집단을 고찰한다. **확률은 일기예보나 운동경기, 복권 추첨 등과 같은 일상적 상황과 보험이나 품질관리, 경험과학 등에서 광범위하게 활용되는 것으로 현대사회에서 매우 중요하다. 이러한 사실로 수학 교육과정에서 강조되고 있다.**

어떤 사건이 일어날 가능성을 측정하는 확률은 다른 수학적 내용과 마찬가지로 현실문제나 과학적 문제의 해결을 위한 중요한 도구이며 의사소통을 위한 강력한 수단이지만, 인과적이며 논리적인 특성이 강하여 수, 도형, 함수에 관한 수학적 사고와는 다르다. **인과적인 사고가 편안한 느낌을 주고, 논리적 사고는 명쾌하며 기하학적 사고는 이미지를 수반하는 데 비해 확률적 사고는 반직관적이고 오류 가능성이 높으며 이해하기 어려운 특성이 있어, 분석에 많은 교육적 문제를 내포하고 있다.** 우연이 일어나는 사건을 기대할 수 있는 것을 수치로 나타낸 것이 확률이고, 확률 지도는 이것을 바탕으로 가능성이나 유리한 정도를 판정하는 '확률적 사고'를 갖게 한다.

파스칼은 그의 친구 드 메레스에게 다음과 같은 질문을 하였다. "실력이 대등한 두 사람 A, B가 세 번의 도박에서 먼저 두 번 이긴 사람이 상금을 갖기로 하였다. 그러나 한번 A가 이기고 난 후에 도박이 중단되어 상금을 어떻게 나누어야 할까?"하는 문제에서 확률은 시작되었다.

가. 경우의 수

경우의 수는 어떤 사건이 일어나는 가지 수를 말한다. 어떤 사건에서 어느 상황이 일어나는 경우는 모두 몇 가지인가? 또는 자료를 어떤 관점에 따라 분류·정리과정에서 어느 항목의 도수가 얼마인가? 를 구체적 조작이나 논리적인 맥락으로 중복이나 누락됨이 없이 구하는 것이다. **확률지도에서 경우의 수는 저학년부터 구체적인 자료를 어느 관점에 따라 분류하고 정리과정에서 중복과 누락이 없이 논리적인 생각의 지도가 바람직하다.** 예를 들면 5를 자연수의 집합에서 두 수로 분해한다면 몇 가지 경우가 있을까? 와 같은 경우이다. 중·고학년에서는 학습의 전이에 따라 점차 어려워지므로 경우의 수에 대한 법칙성을 발견하도록 한다.

■ **경우의 수의 지도관점**

(1) 관점을 분명히 하고, 관점에 따라 분류·정리하도록 한다.

(2) 순서에 따라 분류·정리하며 중복이나 누락이 없도록 한다.

(3) 수형도의 방법을 이용한다.

나. 확률의 지도

현행 교육과정에서는 가능성을 고전적 관점에 따라 실생활 속에서 사건이 0, $\frac{1}{2}$, 1 정도를 일어날 수 있는 것을 표현하도록 유의사항에 제시하였다. 초등학교에서 확률의 가능성 지도는 해당 시기의 교육과정에서 제시한 수준에 알맞게 지도할 수 있도록 확률의 기본개념을 충분히 이해하고 있어야 한다.

확률의 종류는 다음과 같이 나눌 수 있다.

(1) 수학적 확률 : 일정한 조건에서 일어날 수 있는 모든 경우 수가 n가지이고, 어느 두 가지도 동시에 일어나지 않으며 일어나는 일이 같은 정도로 기대될 때, 바라는 사상이 일어나는 경우의 수가 r가지이면 $P=\frac{r}{n}$가 수학적 확률이다(Laplace). 예를 들면 1개의 주사위를 던질 때 짝수의 눈이 나올 확률은 $\frac{1}{2}$과 같은 경우이다.

(2) 기하학적 확률 : 어떤 영역 R속의 모든 점에서 같은 정도로 일어날 때, 어떤 사건 A가 R의 부분영역 S에서 일어날 확률 $P=\frac{m(S)}{m(R)}$가 기하학적 확률이다.

(3) 실험적 확률(경험적 확률) : 일정한 조건에서 시행을 n번 반복할 때, 사건 A가 r회 일어나고, n을 충분히 크게 하여 상대도수 $\frac{r}{n}$이 일정한 값 P에 가까워지면 이 값이 P가 사건 A가 일어날 실험적 확률이다. 예를 들면 1개의 주사위를 100번 던져 짝수의 눈이 52번 나올 때의 확률 $\frac{52}{100}$과 같은 경우이다.

실험적 확률은 자료의 수가 매우 클 때 수학적 확률에 접근한다. **확률의 도입은 기초적인 수학적 확률이 바람직하다.** 수학적 확률과 기하학적 확률은 이론적인 선험적 확률(priori probability)이라 하고, 실험적 확률은 실천적인 경험적 확률(posteriori probability)이라고 한다.

두 사건 A, B에 대하여 한 편이 일어나면 다른 한 편이 절대로 일어나지 않을 때 이 두 사건은 서로 배반한다고 하고 A, B를 배반사건이라고 한다.

■ **확률지도의 초점**

- 기초적인 수학적 확률을 이해한다.
- 자료조사를 통하여 통계적 확률의 素地的지도를 한다.
- 확률 P언제나 $0 \leq P \leq 1$로 나타난다.
- 사상 P가 일어나지 않는 사상을 P의 여사상이라 한다.

1.2 통계

통계학(Statistics)은 통계적 방법에 관한 지식체계로서 집단현상의 어느 측면을 수리화하여 전체집단의 특성을 파악하는 학문이다. 통계는 두 가지의 의미가 있는데 집단에서 개개 요소의 분포를 조사하여 그 집단의 특징이나 경향을 수량적으로 명확하게 나타낸다는 사실과 그 결과로부터 얻어진 수 값을 활용하는 것이다. 통계학에서 전자는 기술 통계, 후자는 추측 통계라 한다. 기술통계 방법은 예컨대 전화를 하는 시간을 많이 관찰하면 하나의 분포를 이루고 일정한 경향을 찾아 볼 수 있다. 이 사실을 알아보기 위해 자료의 수집, 분류 정리, 표나 그래프로 정리, 평균이나 비율을 구하는 통계방법이 이용된다. 이와는 달리 자료의 일부에서 얻어진 결과로부터 전체의 경향을 판단하는 것이 추측통계의 사고이다. 추측 통계적 방법은 표본조사, 실험계획법, 품질관리 등의 분야에 이용된다.

초등학교 확률과 통계 영역에서는 자료의 표현 방법으로 표와 그래프를 다루고, 경우의 수와 초보적인 확률 개념을 도입한다. 세부적으로는 자료를 어떻게 분류할 것인가, 어떤 자료를 어떤 방법으로 수집하고 정돈하여 표와 그래프를 나타낼 것인가, 표와 그래프로 나타낸 자료를 어떻게 이해하고 현실에 적용할 것인가, 경우의 수를 고려하여 가능성을 수로 나타낸다는 것이 어떤 의미인가를 다룬다.

가. 통계의 목표

통계의 목적은 모집단(population)의 특성 파악으로 전수검사가 가장 정확하나 많은 비용과 노력, 시간이 들어 표본검사로 대신하는 경우가 많다. 표본의 선출은 조사자가 자기의 지식이나 경험에 입각하여 대표적인 유의선출법(purposive selection)보다 제비나 난수표 등을 통한 표본 선출의 임의선출법(random selection)을 사용한다.

초등학교에서 통계지도 목표는 다음과 같다.

(1) 목적에 따라 자료의 수집과 분류·정리하는 지식기능을 기른다.

(2) 표나 그래프로 집단의 특성을 개관하며, 비율이나 평균치 등으로 집단의 특성을 수로 나타내고 해석하며 이용하는 지식과 능력을 기른다.

(3) 모집단과 표본집단의 기초적인 관계를 이해한다.

(4) 확률의 기초적인 생각을 갖는다.

나. 통계의 과정

(1) 목적(계획입안) : 통계 실시의 구체적인 목적을 설정하고 이에 따른 사전계획이 중요하다.

(2) 조사(자료수집) : 자료의 타당성, 조사방법의 정확성과 신뢰성 등을 고려한다. 따라서 자료를 만들 때는 대상을 잘 인식하여 내용의 난이도, 미비점, 표현방법과 조사방법, 시간 등과 같은 조건을 고려한다. 특히 자료의 수집은 6하 원칙에 따라 진행하는 것이 바람직하다.

(3) 분류·정리 : 분류는 집단의 성격을 장소, 시간, 상황, 양과 질, 행동기능 등의 관점에

서 같은 점과 다른 점으로 나누는 것이다. 정리는 분류된 자료를 표나 그래프로 나타내거나 평균치 등을 구하여 보다 쉽게 한 것이다. 분류와 정리는 통계처리 과정에서 분류하면 정리가 되고, 정리하면 분류가 되어 서로 엄격한 구별이 아닌 하나의 용어의 생각이 무난하다. 이 때 유의점은 목적에 맞는 기능과 태도를 길러야 하며, 중복이나 빠짐없도록 한다.

(4) 해석판단 : 만들어진 표나 그래프, 대푯값에 대한 객관적인 해석과 판단은 자료를 분석하고 종합하는 일이 필요하다.

(5) 이용 : 통계에서 얻은 결과를 목표에 따라 여러 가지로 이용할 수 있다.

■ **통계지도상의 유의점**

(1) 자료를 모으는 목적을 분명히 한 후에 관점에 따라 분류·정리한다. 또 기준이 목적에 적합한지를 검토하는 습관을 갖도록 한다.

(2) 분류된 자료를 표로 나타내고 표에 적당한 이름을 붙인다. 표를 읽고 해석하며 자료의 여러 특징을 찾도록 한다.

(3) 분류된 자료를 그래프로 나타내고 그래프에 적당한 이름을 붙인다. 이것의 의미와 필요성을 이해시키고 실제로 구하도록 한다.

다. 표와 그래프

(1) 표 : 표와 그래프는 자료의 분류와 정리하는 과정에서 얻어진다. 표는 통계대상이 갖는 구조를 행과 열로 나누어 정리한 것으로, 통계적 사실을 기술하는 방법이나 관계 그리고 함수를 표현하는 방법으로 이용된다. 표의 작성과 해석상의 유의점은 목적을 분명히 하고 측정값의 단위를 결정한다. 또 제목, 조사연월일, 장소, 수치단위 등의 작성 배경을 알고 저학년은 1차원, 고학년은 2, 3차원적인 표를 만들도록 지도한다.

■ **조사한 자료를 보고 표로 나타내어 보시오.(2학년)**

체험학습 장소별 학생수

장소	박물관	놀이공원	농장	동물원	식물원	합계
학생 수(명)						

(2) 그래프 : 막대그래프는 각 항목의 양을 비교하는 그래프이고, 꺾은선 그래프는 두 변량의 변화를 전체적인 파악에 이용된다. 띠그래프와 원그래프는 전체에 대한 각 부분

의 비율관계를 나타낸 그림으로 집단의 내부적 구조를 비율로 비교할 때 쓰인다. Histogram은 연속적이거나 이산적인 변량에 사용되는 것으로 막대그래프와 비슷하나 도수의 총합을 도수분포다각형인 폐곡선으로 나타내는 점이 다르다.

■ **꺾은선그래프(4학년)**

연속적으로 변화하는 양을 점으로 찍고 그 점들을 선분으로 연결하여 한눈에 알아보기 ; 쉽게 나타낸 그래프를 꺾은선그래프라고 합니다.

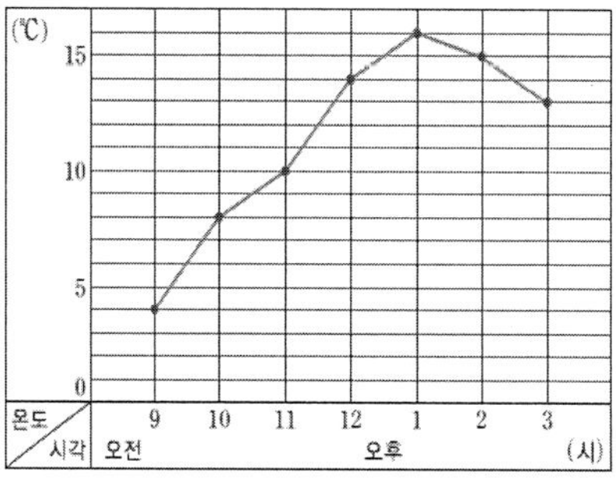

라. 대표값

대표값은 어떤 집단의 변량 전체에 대한 중심적 경향을 하나의 수치로 나타낸 것이다. 평균(Mean)은 주어진 자료에 따라 변량이 도수분포로 주어지지 않을 때와 주어졌을 때 간편하게 구하는 방법이다.

■ **자료의 대푯값(5학년, 자료의 표현)**

각 자료의 값을 모두 더하여 자료의 수로 나눈 값을 그 자료를 대표하는 값으로 정하면 편리합니다. 이 값을 평균이라고 합니다.

(평균)=(자료의 합)÷(자료의 수)

중앙값(Median)은 변량을 크기순으로 나열할 때 중앙에 오는 값이다. 따라서 변량의 개수 n이 홀수이면 $\frac{n+1}{2}$번째, 짝수이면 $\frac{n}{2}$번째와 $\frac{n}{2}+1$번째의 변량의 중앙값이다. 변량이 도수분포로 주어져 있을 때는 누적도수분포표에서 중앙값이 있는 하한값을 l, 중앙값이 들어 있는 계급의 도수를 f,l 미만의 총도수를 F, 계급의 나비를 c라고 할 때 다음과 같이 구한다.

$$M_e = l + \frac{c}{f}\left(\frac{n}{2} - F\right)$$

최빈값(Mode)은 자료를 정리했을 때 도수가 가장 많은 변량 값으로 신속하게 대표치를 구할 때 쉽게 쓴다.

최빈값을 구하는 방법은 다음과 같다.

① 도수분포표에서 도수가 가장 많은 계급값을 최빈값으로 한다.

② Pearson의 실험식 $M_o = 3M_e - 2M$에 의하여 최빈값을 구할 수 있다.

연습문제

1. 아래 내용을 지도하는 단계는?

(1) 표 만들기 (2) 그래프 만들기

(3) 막대그래프로 나타내기 (4) 꺾은선그래프로 나타내기

(5) 줄기와 잎 그림 (6) 평균

(7) 비율그래프 (8) 경우의 수와 확률

2. '경우의 수'에 대하여 설명 하시오.

3. 경우의 수의 지도관점에 대하여 설명 하시오.

4. 수학적 확률과 기하학적 확률, 실험적 확률(경험적 확률)에 대하여 설명 하시오.

5. 배반사건에 대하여 설명하시오.

6. 조건부확률에 대하여 설명하시오.

7. 초등학교에서 통계의 목표 4가지에 대하여 설명하시오.

8. 통계의 과정에 대하여 설명하시오.

9. 대푯값으로 설명 하시오.

임용시험 문제

[2016학년도 교육과정 A]

5. (가)는 ○○초등학교에서 발행하는 학교 신문 기사의 일부이고, (나)는 학생 기자들의 기획 회의에서 이루어진 대화의 일부이다. 물음에 답하시오. [4점]

(가)

○○초등학교 신문 제12호

수학이 좋아졌어요!

우리 학교에서는 3월과 9월 두 차례에 걸쳐 6학년 학생을 대상으로 수학 선호도를 조사하였습니다. 3월에는 210명, 9월에는 200명이 응답하였습니다. 조사 결과, 여름에 있었던 '수학체험전' 영향인지 수학을 좋아하는 학생이 많아진 것으로 나타났습니다. 수학을 '매우 좋아한다' 또는 '약간 좋아한다'고 답한 학생 수가 3월에는 응답자의 50%였는데, 9월에 큰 변화가 나타났습니다.

(우리 학교 학생들의 수학 선호도 변화)

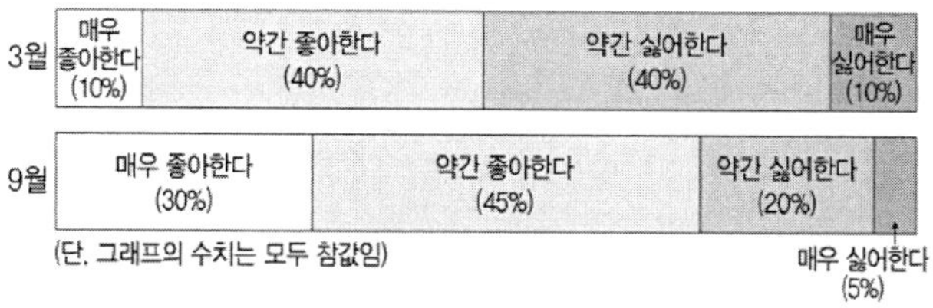

… (중 략) …

다음은 이 기사에 대한 퀴즈입니다. 정답을 보내주신 분께는 추첨을 통해 선물을 드리겠습니다.

(퀴즈)

㉠ 3월에 수학을 '매우 좋아한다'고 답한 학생 수에 대한 9월에 '매우 좋아한다'고 답한 학생 수의 비는 얼마입니까?

(나)

학생 A : 지난 호에 실었던 수학 선호도 변화에 대한 기사는 반응이 아주 좋았습니다.

학생 B : <퀴즈>도 호응이 좋았습니다. 응모자의 80%인 60명이나 정답을 맞혔지요.

학생 C : 추첨을 통해 정답자의 $\frac{1}{10}$에게 선물을 증정했으니 ㉡ 응모자에 대한 당첨자의 비율이 $\frac{1}{9}$이네요.

… (중 략) …

학생 B : 다음 호는 연말 특집호입니다. 지금까지 그림그래프와 비율그래프를 사용했으니 이번에는 다른 그래프를 사용하여 기사를 작성해 보죠.

학생 D : 우리 학교 학생들이 좋아하는 운동, 연예인, 간식 등을 조사하고, (ⓒ)을/를 그려 비교해 볼까요?
학생 C : 지난 20년 동안의 미세먼지 농도, 동해의 수온 등을 조사하고, (ⓓ)을/를 그려 환경의 변화 추이를 살펴보는 것도 재미있을 것 같습니다.
학생 A : 둘 다 좋은 의견입니다. 두 모둠으로 나누어 진행하죠.

(1) (가)의 신문 기사에는 비율과 그래프라는 수학적 수단이 실생활 자료의 수집, 분류·정리, 해석, 판단에 사용되고 있다. 이와 같이 수학은 경제, 경영, 행정 등 여러 분야에서 쓰이고, 과학과 기술의 발달로 그 가치가 더욱 증대되고 있다. 이를 지칭하는 수학의 가치를 쓰시오. [1점]
(2) ㉠의 올바른 답을 구하고, ㉡이 틀린 이유를 쓰시오. [2점]
(3) 통계 자료를 그래프로 나타낼 때에는 조사한 자료의 특성 또는 목적에 따라 적절한 그래프를 선택하여야 한다. (나)의 대화를 참고하여 2009 개정 수학과 교육과정 초등학교급에서 다루는 그래프 중 ⓒ과 ⓓ에 알맞은 그래프의 이름을 각각 쓰시오. [1점]
- ⓒ :
- ⓓ :

[2011학년도 교육과정]

20. 다음은 '우리 반'이라는 소재로 수집한 〈자료〉와 이를 보고 5학년 학생들이 작성한 글이다. 이에 대한 설명으로 가장 적절한 것은?

(자료 1) 학생들이 좋아하는 과일

좋아하는 과일	사과	귤	감	배	바나나
학생 수(명)	3	9	6	8	4

(학생 A)
학생들이 가장 좋아하는 과일을 알아보기 위해 평균을 구했더니 $(3+9+6+8+4)/5=6$이다. 따라서 우리 반 학생들이 가장 좋아하는 과일은 감이다.

(자료 2) 모둠별 수학 과제 점수

모둠명	모둠 A	모둠 B	모둠 C	모둠 D	모둠 E
점수(점)	3	7	0	4	6

(학생 B)
모둠별 수학 과제 점수에 대한 평균은 3, 7, 4, 6을 더한 후, 4로 나누었더니 5이다. 그래서 모둠별로 수학 과제 점수를 5점씩 얻었다고 할 수 있다.

(자료 3) 지난 5일간 우리 모둠이 받은 칭찬 스티커

요일	월	화	수	목	금	합계
개수(개)						15

(학생 C)
지난 5일간 우리 모둠이 받은 칭찬 스티커를 모았더니 15개였는데, 요일별로 몇 개를 받았는지 미처 기록하지 못했다. 그러나 지난 5일간 받은 스티커 수의 합계는 알고 있으므로 평균은 구할 수 있다. 15/5=3 이므로 지난 5일간 받은 칭찬 스티커 수의 평균은 3개이다. 그래서 지난 5일 중 우리 모둠은 스티커 3개를 받은 날이 반드시 있다.

---

① 학생 A는 <자료 1>에 대한 평균을 바르게 구하였고, 평균에 대한 해석도 바르게 하였다.
② 학생 A에게 전체와 부분 사이의 관계를 비율로 알아보게 하기 위하여 <자료 1>을 꺾은선그래프로 나타내어 보게 지도한다.
③ 학생 B는 <자료 2>에 대한 평균을 바르게 구하였으나, 평균에 대한 해석이 옳지 않다.
④ <자료 2>의 특성을 고려하여 학생 B에게 '자료에서 가장 빈번하게 나타나는 값'으로 평균의 의미를 지도한다.
⑤ 학생 C는 <자료 3>에 대한 평균을 바르게 구하였으나, 평균에 대한 해석은 옳지 않다.

[2010학년도]

20. 다음 수업 사례에 대한 옳은 설명을 〈보기〉에서 모두 고르면?

교사 : 아래 <표>의 자료는 ㉠ 여러분들이 지난 체육시간에 했던 윗몸일으키기 개인 기록을 모은 것입니다. 각자 이 자료를 나타내는 데 적절한 그래프를 하나씩 선택하여 그려봅시다.

(표) 반 친구들의 윗몸일으키기 횟수

번호	1	2	3	4	5	6	7	8	9	10	11	12	13	14	15	16	17	18	19	20
회수	35	28	40	33	9	65	12	34	48	53	35	61	31	41	37	23	10	56	18	32

다음은 윤희, 병우, 지민이가 그린 그래프이다.

<윤희>

0	9
1	0 2 8
2	3 8
3	1 2 3 4 5 5 7
4	0 1 8
5	3 6
6	1 5

<병우>

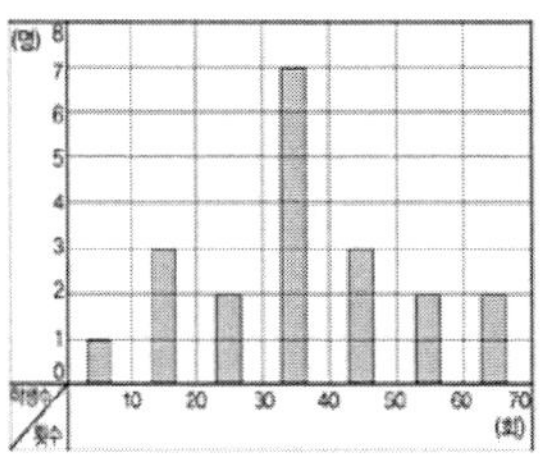

<지민>

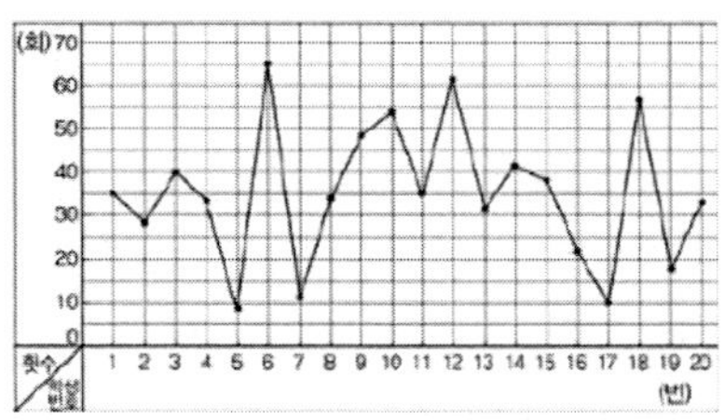

교사 : 각자 어떤 그래프로 나타냈는지 말해봅시다.
윤희 : 저는 ㉡으로 나타냈습니다.
병우 : 저는 ㉢으로 나타냈습니다.
지민 : 저는 ㉣으로 나타냈습니다.

(보기)
가. 이 수업의 목표 중 하나는 자료의 특성에 따라 적절한 그래프를 선택하여 사용할 수 있도록 하는 것이다.
나. 교사가 ㉠을 제시한 것은 학생들의 생활 속 소재를 활용하기 위한 것이다.
다. ㉡은 줄기와 잎 그림이고, ㉢은 띠그래프이다.
라. ㉡의 특징은 자료의 분포 상태를 알려주며 각 자료값을 읽어낼 수 있다는 점이다.
마. 2007년 개정 수학과 교육과정에 따르면 ㉣을 지도한 다음, 그것을 바탕으로 ㉢을 가르치게 되어 있다.

① 가, 나　② 다, 라　③ 가, 나, 라　④ 나, 다, 마　⑤ 다, 라 마

[2006년도]

7. 초등학교에서 다루는 통계의 전반적 과정을 다섯 단계로 나타내면 다음과 같다. 물음에 답하시오. [5점]

〈단계 1〉 탐구 목적을 분명히 하고, 조사할 문제를 구체적으로 설정한다.
〈단계 2〉 탐구 목적에 적절하고 정확한 조사 방법을 활용하여 자료를 수집한다.
〈단계 3〉 ①
〈단계 4〉 ②
〈단계 5〉 자료를 포함하는 더 넓은 범위의 집단의 경향을 예상하고 판단한다.

(1) 〈단계 3〉과 〈단계 4〉의 내용을 쓰시오. [2점]

① 〈단계3〉 특정 과정에 따라 분류하고 분류된 자료를 표나 그래프로 나타내 보거나 평균 등을 산출하여 알아보기 쉽게 정리한다.

② 〈단계4〉 표나 그래프가 만들어지고 평균과 같은 대표값이 산출되었다면 이것을 분석해 봄으로써 객관적이고 정당하게 자료를 해석하도록 해야 한다.

(2) 〈단계 3〉과 관련하여 초등학교 수학과에서 다루는 여러 가지 내용 중에서 자료의 비율 관계를 나타낼 대 주로 활용되는 것 2개를 구체적으로 쓰시오. [1점]

- 원그래프 :
- 띠그래프 :

(3) 다음은 〈단계 4〉와 관련된 교실 대화이다. 대화에서 수학적 오개념을 나타낸 학생을 모두 찾아 그 번호를 쓰시오. [2점]

교사 : 우리 반 수학 평균 점수가 70점으로 나왔어요. 이 평균 점수에 대해 모둠별로 이야기해 보세요.
① 정민 : 평균 점수는 우리 반 학생 36명의 수학 점수를 모두 더한 후에 36으로 나누면 되는 거야.
② 민재 : 나는 64점밖에 얻지 못해 속상하다. 내 점수가 64점이니까 우리 반 누군가는 76점을 받았겠다.
③ 소영 : 평균 점수가 70점이니까. 우리 반 누군가는 70점을 받았겠다. 와! 그 애가 누구일까?
④ 정희 : 지난 번 시험보다 평균 점수가 5점씩 올랐으니까 우리반 학생 각자의 점수가 모두 5점씩 올랐겠다.
⑤ 희수 : 평균 점수가 70점이라고 해서 우리 반에서 70점 이상인 학생이 18명이고, 70점 미만인 학생이 18명인 것은 아니야.

Chapter. 5

측정

◎ 측정 영역의 학년군별 내용 요소

핵심 개념	일반화된 지식	학년(군)별 내용 요소			기능
		1~2학년	3~4학년	5~6학년	
양의 측정	생활 주변에는 시간, 길이, 들이, 무게, 각도, 넓이, 부피 등 다양한 속성이 존재하며, 측정은 속성에 따른 단위를 이용하여 양을 수치화하는 것이다.	• 양의 비교 • 시각과 시간 • 길이(cm, m)	• 시간, 길이(mm, km), 들이, 무게, 각도	• 원주율 • 평면도형의 둘레, 넓이 • 입체도형의 겉넓이, 부피	비교하기 구별하기 (시각) 읽기 표현하기 이해하기 계산하기 측정하기 어림하기 그리기 추론하기 설명하기 활용하기 문제 해결하기
어림하기	어림을 통해 양을 단순화하여 표현한다.			• 수의 범위 • 어림하기(올림, 버림, 반올림)	

1. 양과 측정

1.1 양(量)의 개념

양은 사물의 시각, 청각, 촉각 등의 감각적 인자는 버리고, 대소, 과다, 경중, 증감 등과 같은 추상적인 것만을 대상으로 지각하여 수치화한 것이다. 예컨대 연필은 양적 속성인 길이, 무게, 면적, 부피 등을 수치화하여 양으로 취급을 할 수 있다. 수학적인 양은 길이, 무게, 넓이, 부피, 시간, 각도, 밀도, 속도, 농도 등이 있고, 물리나 기하학인 양은 조도, 습도, 온도, 불쾌지수 등이 있다.

- 양
  - 이산량(discrete quantity, 분리량 또는 불연속량)
  - 연속량(continuous quantity)
    - 외연량(extensive quantity)
    - 내포량(intensive quantity)
      - 도
      - 율

〈양(quantity)의 분류〉

이산량은 사람의 수, 사과의 개수 등과 같이 독립된 개체로 더 이상 분할할 수 없는 것으로 자연수로 표현되는 양(측정보다 센다)이고, **연속량은 길이, 넓이, 부피 등과 같이 얼마든지 분할할 수 있고, 단위는 약속에 의해 정해지고 크기는 실수로 표현할 수 있는 양으로 측정의 주된 대상이다.** 예를 들면 1개의 사과는 개수의 입장에서는 이산량이고, 부피나 무게의 입장에서는 연속량이다.

외연량은 가법적인 양으로 같은 종류의 양 A, B에서 A, B(서로소)를 합병한 양으로 식 $m(A \cup B) = m(A) + m(B)$이 성립하여 길이, 넓이, 부피 등과 같은 양이다.

내포량은 속도나 밀도 같은 양으로 곱셈이나 나눗셈과 관계가 있다. 내포량은 두 개의 외연양의 몫으로 표현되는 양이다. 도(°)는 속도, 밀도와 같이 서로 다른 두 외연량의 몫에 의해 정의되는 양이고, 율은 기울기, 원주율과 같이 서로 같은 두 외연량의 몫에 의해 정의되는 양이다. 예를 들면 (속도)=(거리)÷(시간), (밀도)=(무게)÷(부피), (원주율)=(원 둘레의 길이)÷(지름)와 같은 양이다.

초등학교에서는 사물의 수를 세어보고, 측정하면서 다양한 양을 지도한다. 이러한 다양한 지도를 통하여 수 개념을 형성하고 정교하게 발전시킬 수 있다. 그래서 **양의 개념은 수와 연산, 도형, 확률과 통계, 규칙성 지도에 중요한 도구가 된다.** 측정 영역에서만 양을 다루고, 짧은 시간에 몇 가지의 예를 통해 획득되는 것은 아니다.

가. 양의 비교성

같은 종류의 두 양의 크기 비교를 위해서는 길이, 넓이, 각의 크기 등을 포개어 합동관계를 알아본다. 직접비교는 한 양을 이동, 분할, 변형하더라도 양의 크기가 변하지 않는 양의 보존성이 전제되어야 한다. 간접비교는 그것이 속한 물체와 독립적인 것으로 다른 물체에 의해 대치 가능한 성질이 전제되어야 한다.

■ 양의 성질

양 a, b에 대하여 다음 중 어느 하나만 성립된다.

$$a > b,\ a = b,\ a < b \text{ (삼분율 또는 삼일율)}$$

양 a, b, c에 대하여 동치관계가 성립한다.

$$a=a \text{ (반사율)}$$
$$a=b \Rightarrow b=a \text{ (대칭률)}$$
$$a=b,\ b=c \Rightarrow c=a \text{ (추이율)}$$

나. 양의 연속성

양의 연속성은 양을 실수에 대응시킬 수 있다는 것을 뜻한다.

- 두 양 a, b에 $a<b$일 때, $a<c<b$인 양 c가 존재한다(양의 조밀성).
- 양 a와 정수 n에 대하여 $b\times n=a$가 되는 양 b가 존재한다(양의 등분성).
- 두 양 a, b에 $a>b$일 때, $a\le n\times b$가 정수 n이 존재한다(Archimedes의 원리, 측정성).

다. 양의 가법성

양의 가법성은 같은 종류의 두 양을 덧셈이나 뺄셈으로 하나의 양을 만드는 것이다.

■ **양의 가법성에 대한 성질은 다음과 같다.**

- 두 양 a, b에 대하여 $a+b=c$인 c가 있다.
- 세 양 a, b, c에 대하여 다음 성질이 성립한다.
  $a+b=b+a$ (덧셈의 교환법칙)　　$(a+b)+c=a+(b+c)$ (덧셈의 결합법칙)
- 양 a, b, c에 대하여 다음 성질이 성립한다.
  $a>b$ 이면 $a+c>b+c$
- 양 a, b에 대하여 $a>b$이면 $a=b+c$가 되는 양 c가 존재한다.

1.2 측정과 측도

측정은 어떤 양을 같은 종류의 하나의 양을 기준으로 몇 개에 해당하는가의 수를 구하는 조작이다. 양의 수치화에는 기준(단위)량을 정하고 주어진 양이 기준량의 몇 개인가를 알아보는 것이 필요하다. **일반적으로 어떤 양 A, B, C,… 의 크기는 같은 종류의 양 E을 기준으로 A=aE, B=bE, C=cE,…가 되는 수 a, b, c,…를 A, B, C,…의 측도라 한다.** 예를 들면 연필 A, B에서 E를 1cm라 하고 A=3E, B=10E 이면 A, B의 측도는 a=3, b=10 이다. 그리고 A, B의 길이는 각각 3cm, 10cm 임을 알 수 있다. 이와 같이 양은 측도와 단위(기준량)의 결합으로 나타낸다. 그리고 E를 단위로 한 두 양 A, B의 측도가 각각 a, b이면

$$aE=bE \Leftrightarrow A=B,\ aE<bE \Leftrightarrow A<B,\ (a+b)E \Leftrightarrow A+B$$

가 성립하여 측도의 덧셈과 뺄셈은 실수의 덧셈과 뺄셈이 된다. 즉 **양은 그 자체를 취급하지 않고 그 측도를 수학의 대상으로 삼는다.** A가 연속양일 때 A=aE에서 a는 실수이다.

한편 **측정은 양을 수치화하는 면에서 측도와 같으나 어떤 방법과 기술을 가지고 양의 크기를 수치화 할 것인지로 보면 측정이 된다.**

측정학습은 여러 가지 양의 본질의 이해와 측정의 목표를 분명히 하며 계측에 의한 계기의 선택과 눈금의 원리 이해, 정확한 눈금 읽기, 측정값과 오차, 단위환산, 양감형성, 계기의 보관 등이 측정의 원리적인 면과 기술적인 면이 본질이다. 측도는 측정의 원리적이고 기술적인 면을 동시에 강조한 용어이다.

가. 측정 지도의 목표

측정은 양의 개념, 비교와 문제해결에서 활용이 지도목표이다. 초등학교에서 길이는 양의 본질보다는 일상적으로 접하게 되는 여러 가지 양을 비교하고 측정하는 활동을 중시하여 여러 가지 양을 비교하고 측정활동을 통하여 양의 개념이 형성되도록 하여야 한다.

측정 영역의 중심적 목표는 다음과 같다.

① 양의 수치화 과정에서 수리적 사고를 기른다.

② 측정에 관한 지식을 습득한다(계량지식).

- 측정의 단위를 알고 양감을 길러 목측, 보측, 개측의 기초개념 형성
- 단위간의 관계에 대한 명확한 이해와 환산 능력 향상

③ 측정에 관한 기술 수련을 쌓는다(계량기술).

- 계량 기술의 수련을 쌓아 바르고 빠르게 재고, 목측, 개측 기술습득
- 계량 기구의 능숙한 사용

④ 측정에 관한 태도를 기른다(계량적 태도).

- 계량에 관한 관심과 흥미 고취
- 상황을 계량적으로 처리하는 습관 형성

나. 측정 지도의 의의

양의 측정은 실생활에서 하나의 양을 단 하나의 추상적인 수(실수)로 대응시키는 조작이라고 볼 때, 측정 행위는 경험의 세계와 추상적인 수학의 가교 역할을 한다. 즉, 측정의 교육적 의의는 실제적인 양을 수치화하여 구체적인 경험을 추상적인 수와 연결시키는 것으로 볼 수 있다. 수학적 지식을 체험적으로 이해함으로서 수학의 역동성을 알 수 있다. **측정에 대한 NCTM(1989)의 지도경향은 측정과정, 단위 개념, 어림재기와 활용, 측정값의 어림산, 문제 상황과 일상생활에서 활용 등을 강조하고, 측정단위의 환산 관련 내용은 약화시키고 있다.** 양의 지도순서는 분리량을 먼저 지도한 다음에 연속량을 지도하고, 연속량 지도는

자연수로 표현되는 양을 먼저 지도하고, 소수나 분수 또는 무리수로 표시되는 양을 지도한다. 외연량과 내포량에서는 외연량을 먼저 지도한다.

다. 양의 지도과정

양의 지도는 양의 보존성이나 비교성, 연속성, 가법성 등을 탐구하고, 양의 크기를 알아보는 등 양의 성질을 이해하도록 한다.

양의 지도과정은 다음과 같다.

(1) 직접비교 : 직접비교는 두 사물의 대소 판단을 직접 맞대어 보거나 겹쳐서 크기를 비교하는 경우가 있다. 이처럼 사물의 양을 실제로 일일이 직접 비교한다면 비효율적이며 무엇보다 체계적인 정보를 얻을 수 없다. 특히, 여러 개의 사물을 비교한다면 각 사물의 크기가 상대적으로 어떤 위치에 있는지를 파악하는 데 상당한 시간과 노력이 든다.

(2) 간접비교 : 교실문의 가로의 길이와 창문의 가로의 길이는 직접비교가 어렵다. 이때에 매개체로 줄넘기 줄, 허리띠 등을 사용하여 간접적으로 비교하는 방법이다. 이때, 줄넘기 줄보다 얼마나 긴지, 얼마나 짧은지를 파악이 어려워 체계적인 정보를 얻기는 어렵다. 그러므로 간접 비교 역시 각 사물의 크기가 상대적으로 어떤 위치에 있는지 파악하는 효율적인 방법은 아니다.

(3) 개별단위(임의 단위) : 개별단위는 두 양 A, B보다 작은 C를 정하여 A=mC, B=nC(m, n은 실수)로 나타내고 m, n의 대소로 A, B의 크기를 비교하는 방법이다. 이 때 양의 크기 m, n은 매개물 C가 개인마다 다르기 때문에 C의 크기에 따라 m, n의 크기가 달라지는 모순이 있다.

(4) 보편단위 : 개별단위의 불편함을 줄이기 위해서 매개물 C의 크기에 대한 통일이 필요하다. 이러한 과정에서 주어진 양을 직관으로 계측하는 일, 바른 측정을 위한 눈금 읽기, 단위환산, 계기의 취급과 보관방법 등에 대한 학습지도가 필요하다.

라. 외연량

수는 양에서 추상화된 것으로 양이 수 개념의 근원이라 할 수 있다. 양은 구체물과 추상적인 수의 중간에 위치하여 이들을 연결시키는 역할을 하고 있다. 외연량의 지도에서는 연속량의 기본성질이나 객관적으로 수치화하는 방법 등이 필요하다. 이러한 과정에서 구체적 조작 경험을 통하여 성질이나 조작방법이 수의 성질과 어떤 관련되는지의 이해가 중요하다. 외연량의 지도는 보다 기본적인 분리량에서 이행되기 쉽고 취급이 간편한 것부터 점차 확장하여 지도한다.

외연량의 지도순서는 일반적으로 다음과 같은 순서로 지도한다.

① 길이 : cm → m → mm

② 들이 : dL → L

③ 무게 : kg → g

④ 시간 : 시 → 분 → 초

⑤ 면적(1) : cm^2 → m^2 → mm^2→ km^2→ a→ ha

⑥ 체적(1) : cm^3 → m^3, $1cm^3$=1mL=1cc, 1L=$1000cm^3$, $1m^3$=1kL

체적(2) : 직육면체

⑦ 면적(2) : 직(정)사각형 → 평행사변형 → 삼각형 → 사다리꼴 → 일반사각형

⑧ 미터법과 환산

(1) 길이 : **길이는 가장 기본이 되는 양으로 들이, 넓이, 부피, 무게와 같이 대부분의 양을 나타낼 수 있다.** 또 막대, 철사, 노끈처럼 그 자체를 길이로 받아들이는 경우와 책상의 가로, 세로, 높이, 원기둥의 둘레 등처럼 물체의 한 측면으로 받아들여지는 경우가 있다. 이들의 크기비교는 사물에 따라 길다, 짧다, 두껍다, 얇다, 높다, 낮다, 깊다, 멀다, 가깝다 등으로 표현한다.

따라서 길이의 크기 비교는 길이 그 자체로 생각되는 것들의 비교, 물체의 한 측면에서 보는 비교, 길다와 짧다로 표현되지 않은 3가지가 있다. 처음에는 직접비교가 가능하지 않는 경우는 간접비교를 한다. 두 번째와 세번째는 물체의 측면을 줄이나 끈으로 재는 것이 효과적이다.

■ **직접비교**

길다와 짧다(1학년)

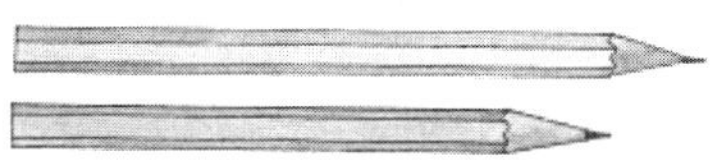

직접비교는 직관적인 판단을 하는 데 정확한 판단이 어려운 경우에 맞대어 비교하는 것이 좋다. 이때 유의할 점은 '길다', '짧다'는 뜻과 두 대상의 길이를 효율적인 방법을 써서 '길다', '짧다'는 용어로 바르게 비교할 수 있게 한다. 약간의 차이는 두 개의 테이프 끝을 맞추어 비교하게 한다.

- **간접비교 :** 간접비교는 대상의 방향이나 형태 또는 위치에 따라 길이를 인식하지 못하는 경우가 있다. 이 때 산가지나 끈, 점토와 같은 매개물을 이용하여 알아본다. 예를 들면 '코끼리의 코', '기린의 목' 등을 비교할 수 있고, 어떤 대상의 어느 부분에서도 길이를 생각할 수 있다는 것을 알게 한다.
- **임의단위 :** 간접비교에서 매개물 c가 a, b보다 작을 때는 비교하는 방법이 바뀐다. 이 때 c가 단위길이임을 이해하고, 길이를 수에 대응해서 나타낼 수 있음을 이해하도록 한다. 여기서는 임의단위가 일정하지 않아서 생기는 문제점을 충분히 알고 단위의 통일의 필요성을 느끼게 한다.

■ 임의 단위 (2학년)

연필

가위

못

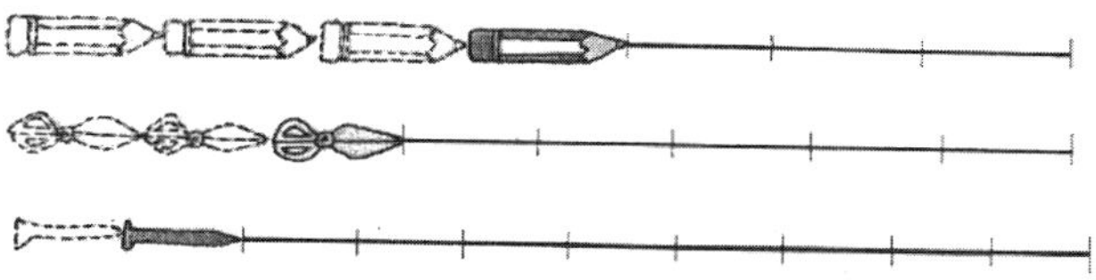

- **보편단위** : 세계 각국에서는 매개물 c를 사용한 단위를 1cm라 하고, 1cm의 크기는 대략 어린이의 엄지손가락의 손톱의 나비정도임을 이해시킨다. 길이는 영어 발음법에 따라 읽고 쓴다. 이에 따라 '1 cm', ' 1 m'는 각각 '일 센티미터', '일미터'로, '1 km', '1 mm'를 각각 '일 킬로미터', '일 밀리미터'로 바르게 읽고 쓰도록 한다.

■ cm(2학년, 길이재기)

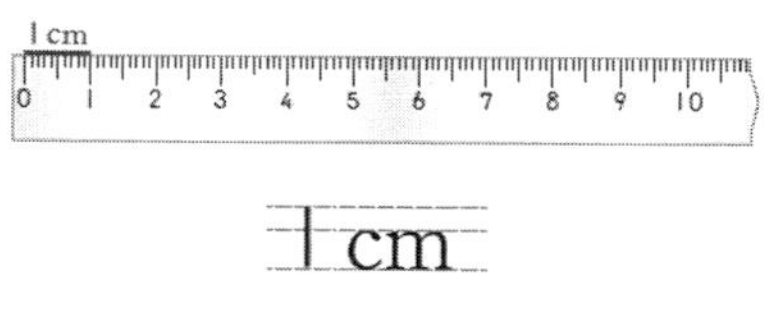

(1) 미터법과 단위의 환산 : 특히 아래 표와 같이 국제도량형총회(GCWM : General Conference on Weights and Measures)에서 정한 '킬로', '밀리' 등 미터법 체계에서 일관되게 사용하는 접두어가 있음에도, 그 규칙과 의미를 부각시켜 다루지 않기 때문에 지도에 어려움이 있다.

배율	보조단위접두사	기호	길이	무게		들이	넓이
10^{12}	tera	T					
10^{9}	giga	G					
10^{6}	mega	M	Mm	Mg	Mt	ML	Ma
10^{3}	kilo	k	km	kg	kt	kL	
10^{2}	hecto	h	hm	hg			ha
10	deca	da					
1			m	g	t	L	a
10^{-1}	deci	d	dm	dg			
10^{-2}	centi	c	cm	cg			
10^{-3}	mili	m	mm	mg		mL	
10^{-6}	micro		㎛	㎍		㎕	
10^{-9}	nano	n					
10^{-12}	pico	p					

〈보조단위표〉

[SI기본단위(국제단위계)]

"SI"란 프랑스어 Le Systeme International d'Unites의 약어로 세계 대부분의 국가에서 채택하여 공동으로 사용하는 "국제단위계"이다. 국제단위계(SI)는 기본단위, 유도단위 2가지 단위가 있다. 기본단위는 관례상 가장 기본이 되는 7개의 단위로서 독립적인 차원을 갖도록 정의되어 있다. **7개의 기본단위는 미터, 킬로그램, 초, 암페어, 켈빈, 몰, 칸델라이다.** 유도단위는 기본단위를 물리법칙에 의해 대수적인 관계식으로 결합하여 나타내는 것이다.

7개의 기본단위의 구체적인 내용은 다음과 같다.

① 길이(m) : 기본단위는 미터(meter)이다. 1m는 평면 전자파가 진공 중에서 1/299,792,458초 동안 진행한 거리와 같은 길이이다.

② 질량(kg) : 기본단위는 킬로그램(kilogram)이다. 국제 킬로그램원기의 질량과 같다.

③ 시간(s) : 기본단위는 초(second)이다. 1 초는 세슘 133의 기저 상태의 두 초 미세 준위간의 차이에 대응하는 복사선의 9,192,631,770 주기의 지속 시간이다.

④ 전류(A) : 기본단위는 암페어(Ampere)이다. 1 암페어는 무한히 길고 무시할 수 있을 만큼 작은 원형 단면적을 가진 두 개의 평행한 직선 도체가 진공 중에서 1m 간

격으로 유지될 때 두 도체 사이에 m당 2×(10의−7승)N의 힘을 생기게 하는 일정 한 전류이다.

⑤ 온도(K) : 기본 단위는 캘빈(Kelvin)이다. 이것은 열역학적 온도의 단위로 물의 삼중점의 열역학적 온도의 1/273.16이다.

⑥ 물질량(mol) : 기본단위는 몰(mole)이다. 1 몰은 탄소 13의 0.12kg에 있는 원자의 수와 같은 수의 구성 요소를 포함한 어떤 계의 물질량이다. 몰을 사용할 때는 구성 요소를 반드시 명시하며, 이 구성 요소는 원자, 분자, 이온, 전자, 기타 입자 또는 이 입자들이 특정한 집합체가 될 수 있다.

⑦ 광도(Cd) : 기본단위는 칸델라(candela)이다. 1 칸델라는 주파수 540×(10의12승) Hz인 단색광을 방출하는 광원의 복사도가 어떤 주어진 방향으로 매 스테라디안(Sr) 당 1/683W일 때 이 방향에 대한 광도이다.

또한 기본단위를 조합하여 만들어진 유도단위계는 다음과 같다.

한 변의 길이	1cm	10cm	1m	10m	100m	1㎞
정사각형의 넓이	$1cm^2$	$100cm^2$	$1m^2$	1a	1ha	$1km^2$
정육면체의 부피	$1cm^3$	$1000cm^3$	$1m^3$			
	1mℓ	1 ℓ	1kℓ			

■ **단위의 특징**

- 공통되고(객관적 단위) 이론적 배경이 있어야 한다.
- 크기는 재려는 대상보다 작고, 취급이 간편해야 한다.
- 모양은 재려는 대상에 겹치지 않고 빈틈없이 메울 수 있어야 한다.
- 독립된 단위계는 될 수 있는 대로 적게, 기본적인 단위를 관련시켜 다른 양의 단위계를 구성해야 한다. 예를 들면 넓이, 부피의 단위는 길이의 단위로부터, 빠르기(속력)의 단위는 거리와 시간의 단위로 구성된 유도단위이다.
- **cm 지도** : 1cm의 크기를 정확히 이해하고, 1cm 막대로 가로, 세로의 길이를 재어 몇 얼마인지 말하도록 한다. 다음에는 mm까지 새겨진 자로 여러 가지를 재어 본다.
- **mm 지도** : 1cm단위로 잴 때 '몇 보다 조금 길다'의 끝 부분처리에서 1mm의 새로운 단위를 도입한다. 10cm 3mm=10.3cm와 같이 복명수를 단명수로 표시할 때는 소수가 등장하여 소수의 도입과 관련하여 지도한다.
- **m 지도** : 1m길이의 테이프를 cm나 mm를 단위로 측정하면 많은 시간이 걸리고

불편함을 알고 1m 단위의 필요성을 이해하도록 한다. 줄자로 1m=100cm인 관계를 이해시키고 길이에 대한 덧셈과 뺄셈 그리고 단위환산을 지도한다.

- **km 지도** : 1km의 지도는 실측에서 많은 시간이 걸려 설명이 어렵다. 1km=1000m 등의 관계를 통하여 km 지도를 하고, km까지의 덧셈과 뺄셈 그리고 단위환산 지도한다. 철사 길이의 측정은 지름이 같으면 무게로 환산하는 간접측정방법으로 지도하는 것이 좋다.

(2) 시간과 시각 : 시각과 시간도 일상생활과 밀접한 양이다. 초등학교 입학 전에 이미 시각과 시간을 생활 속에서 경험하고 있다. 초등학교에서는 시계를 읽는 것으로 시각과 시간 학습을 시작한다. 시각과 시간은 길이와 달리 구체물의 속성이 아니어서, 직접 비교, 간접 비교, 임의단위로 다루다보면 너무 추상적이고 어렵다.

시간 개념의 지도는 두 가지 속성을 고려해야 한다. 하나는 '현재'를 나타내는 시간(a point of time, synchronism)이고, 다른 하나는 '양'을 나타내는 시간(a length of time, isochronism)이다. 전자를 '시각', 후자를 '시간'이라하지만, 시각과 시간을 통틀어서 '시간'이라 한다.

어색하지만 시간을 직접비교 하자면 다른 두 노래를 동시에 부르며 비교하는 것이고, 간접비교는 두 노래의 녹음테이프의 길이로 비교하고, 임의단위는 노래를 시작하여 끝날 때까지 숫자를 세거나, 박수를 치거나, 맥박의 회수를 재어 비교하는 것이다. 그러나 이것은 개별단위에 따라 측도가 달라져 보편단위의 필요성을 느끼도록 지도한다. 보편단위인 초는 시간이 길지 않아 양감을 쉽게 이해하기 어렵다. 1분=60초, 1시간=60분인 관계를 수직선 상에서 이해하도록 하며 초침, 분침, 시침이 있는 모형시계로 각 침의 움직이는 방향과 관계를 이해하도록 한다. 그밖에 1년=365일, 1일=24시간 등의 관계를 지도할 수 있다.

■ **시계보기(2학년)**

오른쪽 시계는 3시 30분을 나타냅니다.

(3) 들이 : 들이는 흔히 액체를 나타내는 개념으로 용기에 담을 수 있는 양을 의미한다. 일상생활에서 많이 사용하지만 종종 용기의 모양에 따라 판단하기 때문에 용기에 담

을 수 있는 정확한 양을 알도록 지도한다. 들이와 부피는 속성이 똑같은 물리적 양이지만 들이는 액체의 부피를 측정할 경우에 주로 사용된다.

- **직접비교**

  크기가 비슷한 두 개의 점토 A, B를 시각적으로 비교하고 A가 B보다 크다는 것을 설명한다.

- **간접 비교**

  들이는 용기 내부의 모양에 의해 결정되어 진정한 의미에서 직접 비교는 불가능하다. 예들 들어, 화장품과 같은 경우는 용기의 높이나 폭에 따라 직접 비교는 어렵다. 그래서 들이 지도는 간접 비교로 시작하는 것이 좋다. 간접 비교의 두 가지 방법은 첫째로 용기에 들어 있는 양을 일정한 크기의 다른 용기에 담아 비교하는 것이다. 외형적으로는 더 커 보이더라도 내용물의 양이 더 적을 수 있다. 두 번째로는 용기가 비어 있을 때, 일정한 크기의 용기로 물을 넣어가며 양을 비교할 수 있다.

- **임의단위**

  비교하려는 용기보다 작은 용기로 비교하는 동안, 길이처럼 몇 번 들어가는지를 자연수로 표현하고 '조금 더 된다.', '조금 덜 된다.'와 같이 지도한다. 임의단위로 사용할 용기는 너무 작거나 커도 안 된다는 것을 스스로 알고 선택하는 것이 필요하다. 이러한 과정에서 임의단위의 불편함을 논의하며 보편단위의 필요성을 느끼도록 한다.

- **보편단위**

  임의단위의 사용은 정확한 정보를 얻기 어렵고 의사소통에도 혼란이 올 수 있다. 길이 단위처럼 들이의 보편단위는 L와 mL 이다. 우유, 화장품, 음료수 등 L와 mL로 표시된 용기나 모형을 사용하여 크기 관계를 다룰 수 있다. 메스실린더, 비커와 같은 도구로 보편단위로 표현된 들이의 양이 얼마나 되는지 비교하고 느끼도록 하는 것도 좋다. 들이 역시 단명수로 나타내는 경우와 복명수를 사용하는 경우가 있다. 또한 단위 환산에 의한 덧셈과 뺄셈이 기능하다. 예를 들어, 500mL에 800mL 를 더하면 1300 mL 이다. 이것을 I L 300 mL로 표현할 수 있다.

(4) 무게 : **무게는 지구와 물체사이의 인력에 의해 생긴 양으로 외연량 중에서 가장 어렵게 느낀다.** 그 이유는 길이, 들이, 면적 등은 시각적으로 대소판단이 가능하지만 무게는 촉각으로 경중을 가려야하기 때문이다. 따라서 무게를 시각적으로 비교하기 위해서

천칭을 사용하는 것이 좋다. 모든 물체는 무게가 있고 비교할 수 있으나 부피와 관계는 없다. 무게는 놓여 있는 위치나 모양과는 관계가 없고 가법성이 있으며 두 물체의 중간에 해당되는 무게가 얼마든지 있고 그 양의 크기에 따라 순서를 정할 수 있다.

- **직접비교**

  무게는 물체를 손으로 들어보는 방법으로 아래로 끌어당기는 힘이다. 두 물체의 차이가 적을수록 경중을 알기가 어려운데 이를 시각적으로 알아보기 위해서 간이천칭을 사용한다. 다음에는 무게가 같은 점토를 천칭의 양쪽접시에 올려놓고 여러 가지 모양으로 변형 분할하여 무게의 보존성과 연속성의 성질을 발견하도록 한다.

- **간접비교와 임의단위**

  두 개의 물체를 비교할 때 제 3의 양 c로 비교하는 방법을 익힌다. 두 물체 a, b에 대하여 무게 c를 선정하였을 때

$$a>c, \quad c>b \Rightarrow a>b$$

$$a=c, \quad c>b \Rightarrow a>b$$

  등과 같은 실험을 통하여 비교한다.

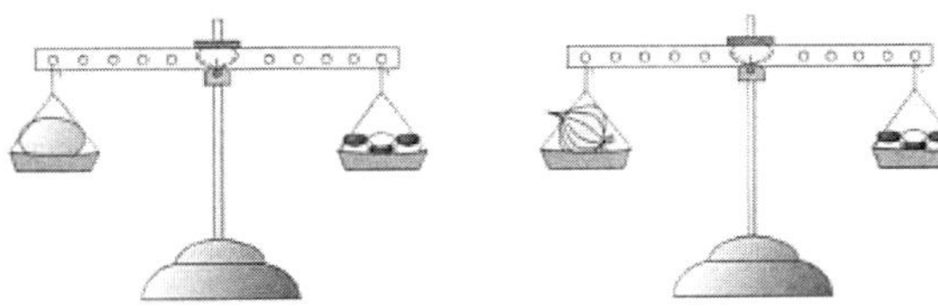

  두 개의 물체가 너무 크거나 적당한 매개물 c가 선정되기 어려운 때는 같은 비슷한 무게의 물건으로 측정한다.

- **보편단위**

  임의단위의 측정은 단위량의 크기에 따라 불편하여 보편단위 kg을 사용한다. **kg을 g보다 먼저 도입하게 된 것은 1 g의 무게가 촉각으로 구별이 어렵기 때문이다.** 천칭으로 무게를 잴 때에는 1 kg의 추를 접시저울에 올려놓고 개수에 따라 바늘이 가리키는 곳에 1, 2, 3,…의 숫자를 적고 재어본다. 무게는 연속량으로 kg보다 작은 단위인 g 의 도입이 필요하다. 또 두 개의 물건을 겹치거나 위에 올려놓아도 무게는 변화가 없다는 사실과 부피와 관련이 없다는 것도 실험을 통하여 알아 볼 수 있다. 저울은 곡선상의 눈금이지만 직선상의 눈금으로 대응시키면 막대저울을 만들 수 있다.

(5) 각도 : 각도는 삼각형, 사각형을 배운 후에 도형을 좀 더 자세히 분석하기 위해 필요한 양이다. 그러므로 각도를 측정하고 이해하는 활동은 추상적이고 형식적으로 지도하기가 쉽다. 직각과 평각을 중심으로 각의 양감을 갖고 각도를 이해하는 것이 필요하다.

- **직접 비교, 간접 비교**

  반투명 종이나 투명필름에 두 각을 그리며 직접 겹쳐보고 어느 각이 더 큰지 알 수 있다. 그러나 일반적으로 각 또는 평면도형은 불투명한 종이를 사용하기 때문에 직접 비교는 불편하거나 불가능하다. 서로 떨어져 있는 두 각을 간접 비교하기 위해서 투명 종이나 필름을 활용한다. 기준으로 택한 각보다 큰지 작은지를 볼 수 있고, 몇 배인지 확인하여 비교할 수도 있다.

- **임의단위**

  각의 간접 비교에서 기준 각의 크기가 서로 일치하지 않으면, 체계적인 정보를 얻거나 의사소통에 혼란이 올 수 있어 보편단위가 필요하다. 삼각형과 사각형, 각은 모두 추상적이므로 주변의 사물에서 비슷한 모양을 찾아 각도가 큰 것과 작은 것의 느낌이 어떤지 알아보는 것도 필요하다.

- **보편단위**

  각도는 외연량으로 가법성이 있고 보편단위의 기호는 '°'이다. 보편단위의 측정 도구는 각도기로 각도기의 구조와 사용법의 지도가 필요하다. 각도의 직접 비교, 간접 비교, 임의단위 측정은 반투명 종이나 투명필름을 사용하고, 각도기는 투명하게 되었음을 알게 한다. 각도기는 평각 180°를 180으로 나눈 눈금으로 제시하여 1°가 단위이다. 각도를 잴 때는 각의 모양과 위치를 고려해서 각도기를 올려놓고 각도기의 중심과 각의 꼭짓점, 기준선과 일치시킨 후 주어진 각을 알아본다. 주어진 각과 같은 크기의 각을 그릴 때 각의 한 변을 먼저 그리고, 꼭짓점을 표시한 후, 각도기로 주어진 각의 크기를 나타내는 지점을 표시한 후 각의 꼭짓점과 표시한 지점을 연결하면 그릴 수 있다. 초등학교에서는 90°를 "1 직각"이라 읽는다. 각에 대한 양감에서 1 직각은 중요하다. 또한 1 직각보다 큰지 작은지에 따라 예각, 둔각 등이 결정되며, 정사각형, 직사각형, 마름모의 도입이나, 수직과 평행을 다룰 때에도 1 직각은 중요한 역할을 한다.

- **삼각형과 사각형의 내각의 합**

  각의 크기는 외연량으로 가법성이 있어 삼각형과 사각형의 내각의 합을 구하도록 한다. 임의의 삼각형과 사각형의 내각의 합이 일정하다는 성질은 초등학생들이 이해하기 어려운 '기하학적 불변성'의 하나이다. 이 성질은 평행선 사이의 동위각, 엇각에 대한 성질을 이용한 연역적 증명이 있으나, 초등학생들에게는 구체적인 예시와 활동을 통한 귀납적 추론을 이용하여 발견하는 것이 적절하다. 색종이로 각자 삼각형을 만든 후, 세 내각에 해당하는 부분을 오려 한 곳으로 모아보면, 180° 임을 알 수 있다. 또 삼각형들을 각도기로 재어 세 내각의 크기를 구한 후, 합할 수도 있다. 몇 가지 사례에 대해 삼각형의 내각의 합이 일정하다는 것을 추측하게 하는 것이 매우 중요하다. 이 때, "세 내각의 합은 일정할까요?"와 같은 직접적인 발문보다는 "삼각형의 세 내각의 크기를 재어보세요. 다른 삼각형에 대해서도 재어보세요. 공통적으로 성립하는 성질이 있나요?"와 같은 간접적인 발문이 적절하다. 이 과정에서 측정에 따른 오차로 정확한 값을 구하지 못하더라도 '합의 불변성'에 대한 직관적인 통찰을 얻을 수 있도록 하는 것이 중요하다. 또한 컴퓨터 소프트웨어를 사용하여 삼각형을 그린 후, 한 꼭짓점의 위치를 변화시키며 세 내각의 합을 관찰하며, 크기가 증가하는 내각과 감소하는 내각을 확인하여 그 합이 불변이라는 추측을 가능하게 할 수 있다.

사각형도 통일된 방식에 따라 탐구할 수 있다. 색종이 사각형의 네 내각을 한 곳으로 모으면, 합이 360°임을 알 수 있도록 한다. 삼각형의 세 내각의 합이 일정하다는 불변성으로 구할 수 있다. 다른 여러 종류의 사각형도 같은 결과가 나오는 이유를 설명하는 활동에 강조점을 둘 수 있다. 내각의 크기의 합이 불변은 임의의 다각형이 가지는 본질의 일부임을 구체적이고 직관적인 방식으로 확인하도록 하는 것이 매우 중요하다.

(6) 넓이 : **길이는 1차원의 기본 양이고 넓이는 2차원의 기본 양으로 평면도형과 관계가 있다. 넓이의 보존성, 가법성, 연속성 등의 지도는 등적변형을 통해서 이루어지며 여러 가지 도형의 면적을 구하는 공식은 길이의 곱으로 표현된다.**

- **직접비교**

  교과서와 노트의 비교와 같이 조작적 활동을 하는 것이 중요하다.

- **간접비교**

  직접비교가 불가능한 경우 제 3의 양 c를 통하여 비교한다.

- **임의단위**

  두 면적 A, B를 비교할 때 제 3의 면적 c를 A, B보다 작게 잡아 면적 c를 단위로 몇 개분이 되는가를 알아보는 비교법이다. 임의단위의 불편함을 토대로 보다 객관적인 단위의 필요성에 따라 보편단위를 도입한다.

- **보편단위**

  세계 각국의 사람들이 활용하는 단위로 면적은 가로, 세로가 각각 1cm인 정사각형의 넓이를 1cm^2라 하고 이 단위로 면적을 구한다.

다각형의 넓이는 직사각형에서 출발하여 여러 가지 변형을 통하여 구한다. 곡선형의 넓이는 곡선으로 둘러싸인 내부의 정사각형의 개수와 외부의 정사각형의 개수의 극한값에 의하여 구할 수 있다. 사실 **직사각형의 넓이는 가로의 길이에 세로의 길이를 곱하여 면적을 얻는다는 뜻보다는 단위면적(기준량)이 가로 몇 개, 세로 몇 개로 (기준량)×(기준량의 몇 개분)가 직사각형 속에 몇 개인지 얻어짐을 뜻한다.** 면적의 초기에는 명수를 붙이지 않고 답에만 붙이고 면적의 이해와 문자 지도가 이루어진 후 식에 명수를 붙여 사용하는 것이 좋다. 명수 붙이기 지도는 그 밖의 양의 지도에서도 같은 방법으로 지도하는 것이 좋다.

한 변의 길이가 lcm인 정사각형의 넓이를 보편단위 1cm^2로 약속한다. 검지손톱의 넓이가 대략 1cm^2 정도임을 느껴보도록 한다. 보편단위 1cm^2를 한 칸으로 하는 투명모눈종이는 도형의 넓이 구하기에 매우 유용하다. 반투명판이나 투명 모눈필름을 여러 가지 평면도형 위에 놓으면 넓이를 구할 수 있다.

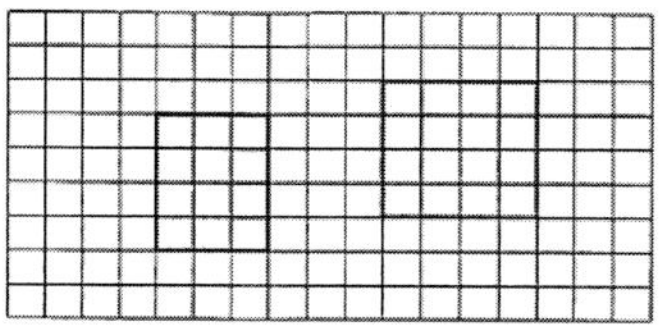

이를 이용하면 원, 삼각형 등 다른 도형의 넓이도 대략적으로는 구할 수 있다. 직사각형의 넓이는 모눈의 수를 일일이 세지 않고도 가로와 세로에 놓인 모눈의 수를 곱하여 구할 수 있다. 여러 모양의 직사각형에 대해서 확인해보고 귀납적으로 가로의 길이와 세로의 길이를 곱하면 넓이를 구할 수 있다는 것을 알도록 한다.

- **평행사변형의 넓이**

  평행사변형은 변형하면 아래 그림처럼 직사각형이 된다. 이 때 직사각형의 가로는 평행사변형의 밑변, 직사각형의 세로는 평행사변형의 높이와 같다. 그러므로 평행사변형의 넓이는 변형된 직사각형의 넓이를 구하는 방식에 따라 밑변의 길이와 높이의 곱이 된다. 학생들은 평행사변형을 직사각형으로 바꾸는 방법은 충분히 생각하고, 투명모눈종이를 활용하여 스스로 찾아보도록 유도한다. 또한 평행사변형의 높이는 수직을 이루며 구한다는 것도 확인한다.

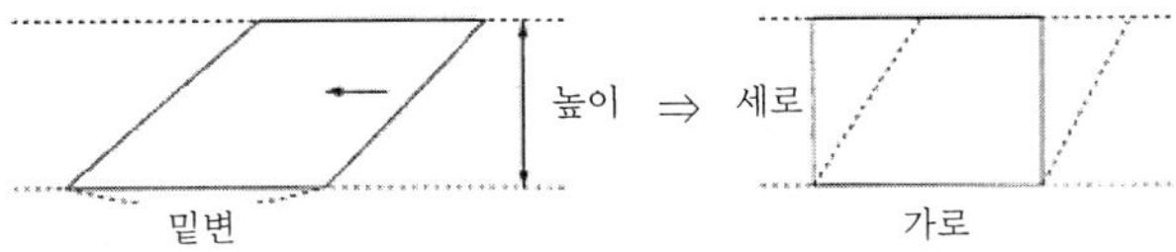

- **삼각형의 넓이**

삼각형의 넓이는 아래 그림과 같이 평행사변형의 넓이를 이용하여 구할 수 있다. 주어진 삼각형과 합동인 두 개의 삼각형으로 평행사변형을 만들어 넓이를 구한 후, 2로 나누어 구한다. 평행사변형의 높이가 곧 삼각형의 높이가 되므로, 삼각형의 넓이를 구하는 방법은

(밑변의 길이) × (높이) ÷ 2

이다. 삼각형의 높이도 꼭짓점을 지나며 밑변에 수직인 선분임을 확인한다.

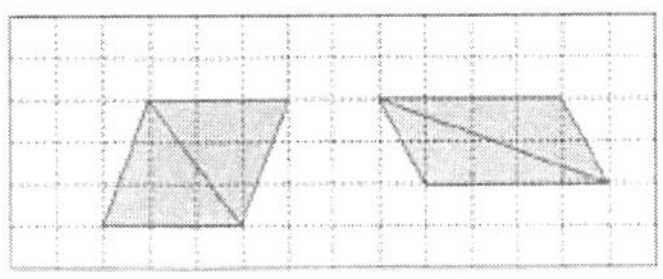

- **사다리꼴의 넓이**

사다리꼴의 넓이는 그림과 같이 평행사변형을 만들어 구하는 것으로,

{(윗변의 길이) + (아랫변의길이)} × (높이) ÷ 2

와 같은 표현을 알도록 한다. 논리적 추론 과정에서 넓이 공식을 찾아내는 만큼 초등학생들에게는 쉽지 않다. 이미 넓이 공식을 알고 있는 도형과 관련지어, 윗변과 아랫변의 길이를 모두 고려하여 구하도록 세부적으로 학습하고 구하는 과정에서 어려운 내용을 수업 전에 미리 파악하고 준비하는 것이 필요하다.

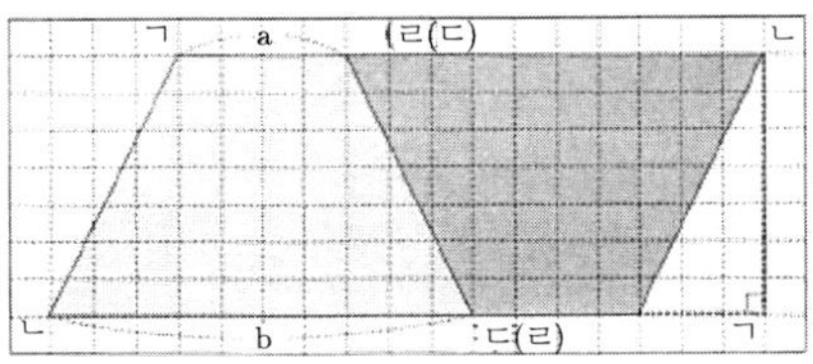

- **마름모의 넓이**

마름모는 평행사변형이므로 밑변의 길이와 높이를 곱하면 넓이를 구할 수 있다. 그런데 마름모의 높이가 한 변의 연장선 위에 그려지므로 초등학교에서는 아래 그림과 같이 대각선의 길이가 주어진 경우에만 마름모의 넓이를 구하도록 한다. 그

림과 같이 마름모의 꼭짓점을 지나는 직사각형을 그리면 넓이가 2배이므로, 두 대각선의 길이의 곱을 2로 나누어 구할 수 있다

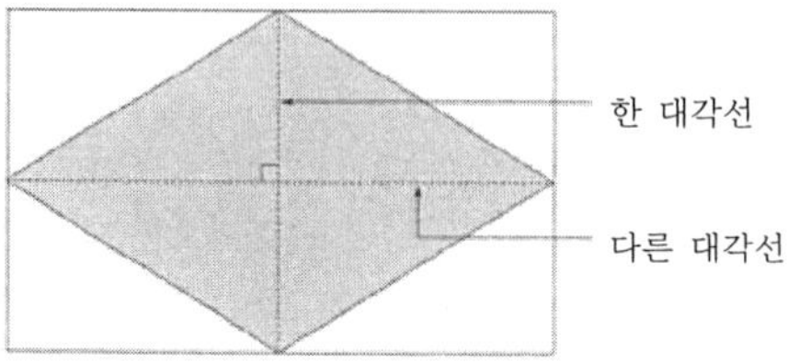

- **원의 넓이**

원의 넓이는 다각형의 넓이와 매우 다른 것으로 학생 스스로 방법을 찾기는 어렵다. 아르키메데스(Archimedes)가 내접다각형과 외접다각형의 변의 수를 늘려가며 원의 넓이에 가까운 값을 구한 것을 학생 수준에 맞게 변형하여 탐구하도록 유도하는 것이 필요하다. 그러나 초등학생들에게 극한 개념의 사용은 어려워 원에 내접하는 정사각형의 넓이보다는 크고, 외접하는 정사각형의 넓이보다는 작다는 것을 직관적으로 확인하도록 한다.

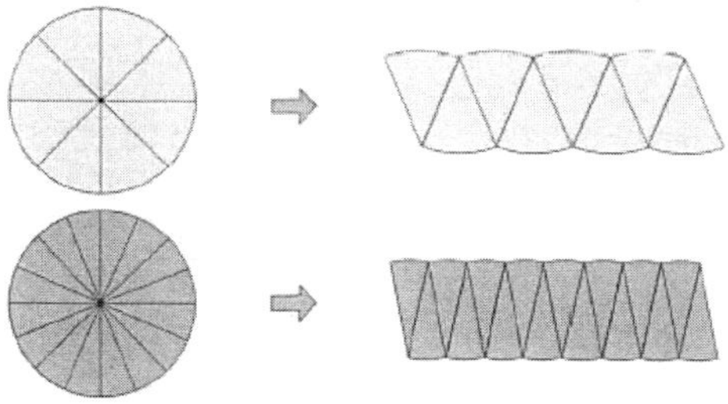

이어서 그림과 같이 원을 그리고 지름에 따라 등분한 부채꼴 모양의 조각을 엇갈리게 붙이면 가로 방향의 길이는 원주의 반이 되고, 세로 방향의 길이는 반지름의 길이와 같다는 것을 알게 한다. 원을 많은 조각으로 등분할수록 등분한 조각을 엇갈리게 붙인 것이 직사각형 모양에 더 가까워진다는 것을 직관적으로 확인하도록 한다. 처음 원의 넓이가 직사각형의 넓이와 같아질 수 있다는 것에 대하여 토론하며, 단지 원의 넓이를 구하는 공식만 암기하지 않도록 한다.

특히, 컴퓨터를 이용하면 예컨대, 256조각으로만 등분하여 잘게 잘라 붙여도 직사각형으로 보일 수 있어 무한 개념을 충분히 파악하지 못한 학생들은 유한 번만 등분해도 직사각형의 넓이와 같게 만들 수 있다는 오개념을 형성할 수 있다. 이러한 오개념을 갖게 되면 이후의 학습에서 문제가 생길 수 있어 컴퓨터 화면에서 곡선이 직선으로 보인다는 점에 현혹되지 않도록 유의하여 지도해야 한다,

[Cavalieri(1598~1647)의 원리]

카발리에리는 1635년 논문 '불가분량의 기하학(Geomettia indivisilibus)에서 미적분의 전신인 불가분량법(method of indivisibles)을 소개했다. 그는 **한 평면도형은 평행한 선분의 무한집합으로 만들어진 것이고, 한 입체도형은 평행한 단면의 무한집합으로 만들어진 것**이라 하며 다음과 같은 원리를 사용하였다. 만일 두 평면 도형이 한 쌍의 평행선 사이에 있고 이 직선과 평행한 임의에 직선에 의해 잘린 두 선분이 항상 일정한 비율이면, 이 두 평면도형의 넓이의 비율도 그와 같다. **만일 두 입체도형이 한 쌍의 평행한 평면 사이에 들어있고, 평면과 평행한 임의의 평면에 의해 잘린 두 단면의 넓이가 항상 일정한 비율이면 두 입체도형의 체적의 비율도 같다.**

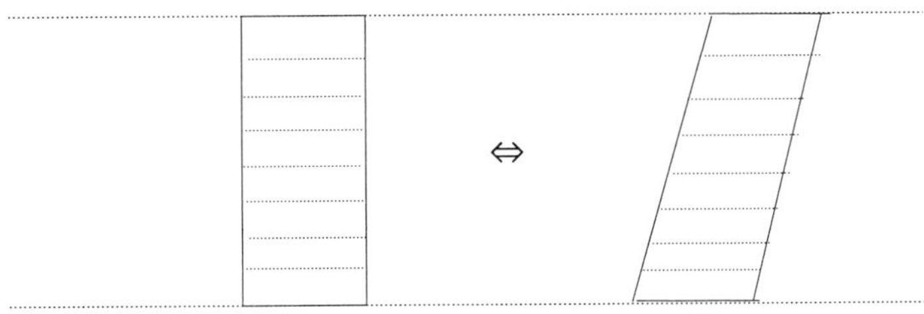

① ②

즉 어떤 일정 방향으로 평행이 되도록 절단한 부분의 면적(선분)이 모두 같으면 두 입체(평면도형)의 체적(면적)은 서로 같다. 카발리에리는 선은 점을 움직여서, 면은 선을 움직여서, 입체는 운동의 결과라 보았다. 그러나 이것은 입체를 면의 집합으로 생각하는 모순이 있다. 이 모순점은 입체는 무한소의 두께를 갖는 얇은 입체들의 집합이라 생각하면 해결되고 면적이나 부피의 계산을 할 수 있다. 이 방법은 Roberval(1602~1675), 파스칼 등에 의해서 추진되었다.

(7) 부피 : 부피는 공간도형의 분석에 중요한 것으로 일상생활 속에서 자주 사용하는 양이다. 그러나 넓이와 마찬가지로 직접 측정하기보다는 물체의 길이 사이의 관계를 이용해서 계산하는 점 때문에 길이, 무게보다 복잡한 사고 과정이 필요하다. 들이는 부피와 속성이 같은 물리적 양이지만 주로 액체의 양을 측정할 때 사용하고, 부피는 주로 고체의 양을 측정할 때 사용한다. 두 물체의 부피는 매우 다르면 어느 것이 더 큰지 비교하기 쉽지만, 비슷하면 비교가 어렵다. 이는 지금까지 배운 양과 달리 직접 측정하여 구하기 어렵기 때문이다. 그러므로 초등학교에서는 모양이 직육면체로 동일하면서 부피가 매우 다른 물체의 양을 비교하여, 부피의 직관적 개념을 형성하는 것으로 출발해야 한다.

- **직육면체와 정육면체의 부피**

  직육면체 또는 정육면체는 단위 부피를 도입하여 구하도록 한다. 단위 부피는 단위 넓이처럼 가로, 세로, 높이가 각각 1cm인 정육면체의 부피를 $1cm^3$로 표기하여 도입한다. 학생들이 이미 쌓기나무를 다룬 경험이 있어, 가로, 세로, 높이가 각각 1cm인 쌓기나무 하나가 단위부피의 역할을 하며, 쌓기나무의 개수가 만들어진 입체의 부피가 된다는 것을 이해하도록 한다. 특히, 쌓기 나무의 수를 구하는 과정에서 가로와 세로, 높이의 곱이 곧 직육면체의 부피를 구하는 일반적인 방법이 된다는 것을 확인하게 한다. 마찬가지로, 정육면체의 부피는 가로와 세로, 높이의 곱으로 표현되고, 다시 한 변의 길이를 세 번 곱하여 구할 수 있음을 확인하도록 한다. 단위 부피를 활용하되 일반화된 공식을 도출하게 하고, 그 공식이 나오게 된 원리와 배경을 이해하도록 하는 것이 핵심적인 학습 내용이다.

- **원기둥의 부피**

  원기둥의 부피를 구할 때는 원의 넓이를 구할 때와 마찬가지로 원기둥을 게 등분하여 이어붙이면 각기둥이 만들어진다는 것을 이용한다. 원기둥을 무한 번 등분하면 각기둥이 될 수 있음을 이해하도록 한다, 그러나 극한 개념을 직접 언급할 수 없기 때문에 원의 넓이를 구할 때와 마찬가지로 직관적으로만 변형 과정과 그 결과를 이해하도록 한다.

1.3 참값과 근사값

참값은 측정이 불가능하여 필요에 따라 근사값을 사용하고 있다. 예를 들면 거리의 측정에서 온도차에 의한 이론적 오차, 기기의 불완전에 의한 기기 오차, 사람의 습성에 따라 생기는 개인 오차, 눈금이나 착오와 같은 부주의에 의한 과실 오차 등이 있다.

가. 근사값

근사값은 생활에서 어림셈으로 응용되고 있다. 어림값을 구하는 일반적인 경우와 방법은 다음과 같다.

(1) 버림, 올림, 반올림 : 일상생활에서 대한민국의 넓이는 약 22만 km^2, 서울의 인구는 약 1000만, 연필의 길이는 약 16.2cm 처럼 참값에 가까운 값을 사용하는 경우가 많다. 이때 참값에 가까운 값을 구하는 방법에는 버림, 올림, 반올림이 있는데 보통은 오차를 줄이기 위해 반올림을 많이 사용한다.

예 : 참기름이 11 dL있다.

(1) 참기름을 모두 3 dL들이 병에 담으려면 몇 병이 필요한가?

(2) 참기름을 모두 3 dL들이의 병으로 판다면 몇 병이나 팔 수 있을까?

■ **올림(4학년)**

304를 십의 자리까지 나타내기 위하여 일의 자리 숫자 4를 10으로 보고 310으로 나타낼 수 있습니다. 이와 같이 구하려는 자리 미만의 수를 올려서 나타내는 방법을 올림이라고 합니다. 304는 십의 자리 미만을 올림하면 310, 백의자리 미만을 올림하면 400이 됩니다.

(2) 이하, 이상, 미만, 초과 : 측정값을 구간으로 말하는 경우에는 수직선에 나타내어 본다.

■ **초과(4학년)**

85.1, 86, 96.5, 98 등과 같이 85보다 큰 수를 85 초과인 수라고 합니다.

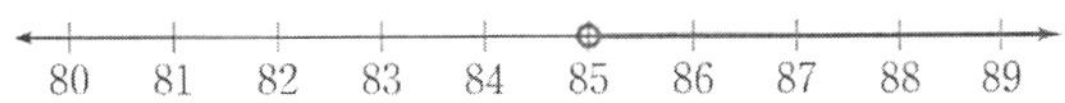

나. 근사값과 오차

(1) 절대오차와 상대오차 : 오차는 측정방법이나 계기의 잘못으로 생길 수도 있지만 정확히 측정하더라도 생겨서 근사값을 사용하는 경우가 있다. 이 때 근사값과 참값의 차를 오차라 한다. 즉, (오차)=(근사값)−(참값)로 나타나며 **오차의 절대값이 작을수록 정확도가 높다.** 측정에서 이론적으로는 참값이지만 실제 측정에서는 참값을 구할 수 없고 분명하지 않아 오차도 분명하지 않는 결과가 나타난다. 그래서 크게 보아 오차의 절대값이 어느 정도 넘지 않을 거라는 크기를 오차의 한계라 한다.

어떤 양의 측정값(근사값)을 a, 참값을 A, 절대오차를 d는 다음과 같다.

$$d = |a - A| \leq \delta$$

즉, $a-\delta \leqq \mathrm{A} \leqq a+\delta$을 만족하는$\delta$가 오차의 한계이다. 보통 오차(절대오차)는 오차의 한계를 의미하고, 근사값이 참값에서 떨어진 정도로 근사값의 정확도를 나타낸다. **오차의 한계는 측정하는 목적에 따라 최소 눈금의 자리값의 반이다.** 따라서 측정에 사용된 계기의 최소눈금이 작을수록 그 측정값은 정확도가 높게 된다

예 1 : 일의 자리에서 반올림한 근사값이 150이면 참값 x의 범위는 145 $\leqq$ x $<$ 155이다. 오차의 한계는 5이다.

예 2 : 일의 자리에서 올림한 근사값이 240이면 참값 x의 범위는 $230 < x \le 240$이다. 이때의 오차의 한계는 10이다.

예 3 : 일의 자리에서 버림한 근사값이 120이면 참값 x의 범위는 $120 \le x < 130$이다. 이때의 오차의 한계는 10이다.

같은 양을 재었을 때 오차의 절대값이 작을수록 정확하지만 재려는 양의 크기가 다를 때는 오차의 크기만으로 어느 쪽이 더 정확한지 비교하기가 어렵다. 따라서 이 때 그 양의 단위당의 오차에 따라 측정이 달라질 수 있다. 예를 들면 일의 자리에서 반올림한 근사값이 540이나 50인 경우는 다 같이 절대오차가 5이지만 540이 50보다 더 정밀한 측정이라 할 수 있다.

정밀도의 정도를 나타내는 것을 상대오차라 하는데

(상대오차) = (절대오차) ÷ (참값) = (오차의 절대값) ÷ (근사값)

이 되고 상대오차가 작을수록 정밀도는 높다고 한다.

예 : 측정값이 15와 152일 때 상대오차는 15는$\frac{0.5}{15}\times 100 = 3.333\cdots$ 약 3.3%, 152는 $\frac{0.5}{152}\times 100 = 0.328\cdots$ 약 0.3%이다. 즉 152가 15보다 정밀도가 높다.

(2) 근사값의 표시법 : 반올림한 근사값이 12.7이면 오차의 한계는 0.05이고, 참값 A의 존재 범위는 $12.65 \le A < 12.75$이다. 여기서 근사값 12.7의 소수 첫째자리수 7은 오차의 영향을 받는 첫 숫자이다. 그래서 **근사값은 오차의 영향을 처음 받은 자리까지 표시하고 그 미만은 근사값에 따라 반올림, 올림, 버림 한다. 오차의 영향을 처음 받는 자리까지의 숫자를 그 근사값의 유효숫자라 한다.**

예 : 근사값 5000일 때 유효숫자는 다음과 같다.

(1) 소수둘째자리에서 반올림하면 유효숫자는 5, 0, 0, 0, 0 이다.
(2) 소수첫째자리에서 반올림하면 유효숫자는 5, 0, 0, 0 이다.
(3) 일의자리에서 반올림하면 유효숫자는 5, 0, 0 이다.
(4) 십의 자리에서 반올림하면 유효숫자는 5, 0 이다.
(5) 백의 자리에서 반올림하면 유효숫자는 5 이다.

이와 같이 유효숫자는 다른 숫자와 구별하기 위해 다음과 같이 나타낸다.

$$a \times 10^n \text{ 또는 } a \times \frac{1}{10^n} (\text{단, } 1 \leqq a < 10, n\text{은 정수})$$

다. 근사값의 계산

(1) 덧셈과 뺄셈 : 참값 A_1의 근사값 a_1, 오차의 한계 δ_1, 참값 A_2의 근사값 a_2, 오차의 한계 δ_2일 때, 참값 A_1과 참값 A_2의 범위는 다음과 같다.

$$a_1 - \delta_1 \leqq A_1 < a_1 + \delta_1, \quad a_2 - \delta_2 \leqq A_2 < a_2 + \delta_2$$

또, 참값 A_1과 참값 A_2의 합의 범위는 다음과 같다.

$$(a_1 + a_2) - (\delta_1 + \delta_2) \leqq A_1 + A_2 < (a_1 + a_2) + (\delta_1 + \delta_2)$$

이때 근사값의 합과 차에 대한 오차의 한계는 각각 근사값의 오차의 한계의 합과 같다. **근사값의 합, 차는 어느 한 쪽의 오차가 크면 다른 쪽이 아무리 정확하더라도 결과의 오차는 큰 쪽의 오차를 따르기 때문에 처음부터 오차가 큰 쪽에 맞추어 끝수를 처리하고 계산한다.** 즉, 정확도가 같은 두 근사값의 합과 차의 오차의 한계는 각각의 오차의 한계의 합과 같다.

예 : 두 측정값 3.57과 4.1의 합과 차는?

(1) 4.1+3.57 → 4.1+3.6=7.7

(2) 4.1−3.57 → 4.1−3.6=0.5

(2) 곱셈과 나눗셈 : 참값 A_1의 근사값 a_1, 오차의 한계δ_1, A_2의 근사값 a_2, 오차의 한계 δ_2일 때 참값 A_1과 참값 A_2의 범위는 다음과 같다.

$$a_1 - \delta_1 \leqq A_1 < a_1 + \delta_1, \quad a_2 - \delta_2 \leqq A_2 < a_2 + \delta_2$$

또, 참값 A_1과 참값 A_2의 곱의 범위는 다음과 같다.

$$(a_1 - \delta_1)(a_2 - \delta_2) \leqq A_1 A_2 \leqq (a_1 + \delta_1)(a_2 + \delta_2)$$

$$a_1 a_2 - a_1 \delta_2 - a_2 \delta_1 + \delta_1 \delta_2 \leqq A_1 A_2 \leqq a_1 a_2 + a_1 \delta_2 + a_2 \delta_1 + \delta_1 \delta_2$$

여기서 $\delta_1 \delta_2$는 $a_1 a_2$에 비하면 극히 작기 때문에 무시하면

$$a_1 a_2 - (a_1 \delta_2 + a_2 \delta_1) \leqq A_1 A_2 \leqq a_1 a_2 + (a_1 \delta_2 + a_2 \delta_1)$$

로 오차의 한계는 $a_1 \delta_2 + a_2 \delta_1$, 상대오차는 $\frac{a_1 \delta_2 + a_2 \delta_1}{a_1 a_2} = \frac{\delta_1}{a_1} + \frac{\delta_2}{a_2}$가 된다.

또, 참값 A_1과 참값 A_2의 몫의 범위는 다음과 같다.

$$\frac{a_1-\delta_1}{a_2+\delta_2} \leqq \frac{A_1}{A_2} \leqq \frac{a_1+\delta_1}{a_2-\delta_2}$$

위 식의 분자 분모에 $\frac{a_2-\delta_2}{a_2+\delta_2}$를 곱하면 다음과 같다.

$$\frac{(a_1-\delta_1)(a_2-\delta_2)}{(a_2+\delta_2)(a_2-\delta_2)} \leqq \frac{A_1}{A_2} \leqq \frac{(a_1+\delta_1)(a_2+\delta_2)}{(a_2-\delta_2)(a_2+\delta_2)}$$

이 식을 전개하고 $\delta_1\delta_2, \delta_1^2$를 무시하면 다음과 같다.

$$\frac{a_1a_2-(a_1\delta_2+a_2\delta_1)}{a_2^2} \leqq \frac{A_1}{A_2} \leqq \frac{a_1a_2+(a_1\delta_2+a_2\delta_1)}{a_2^2}$$

$$\therefore \frac{a_1}{a_2} - \frac{a_1\delta_2+a_2\delta_1}{a_2^2} \leqq \frac{A_1}{A_2} \leqq \frac{a_1}{a_2} + \frac{a_1\delta_2+a_2\delta_1}{a_2^2}$$

오차의 한계는 $\frac{a_1}{a_2}(\frac{\delta_1}{a_1}+\frac{\delta_2}{a_2})$이고, 상대오차는 $\frac{\frac{a_1}{a_2}(\frac{\delta_1}{a_1}+\frac{\delta_2}{a_2})}{\frac{a_1}{a_2}} = \frac{\delta_1}{a_1}+\frac{\delta_2}{a_2}$이다.

따라서 근사값의 곱이나 몫은 어느 한 쪽의 상대오차가 크면 다른 쪽이 아무리 정밀하더라도 결과의 상대오차는 큰 쪽의 상대오차를 따르기 때문에 처음부터 상대오차를 맞추어 끝수 처리하고 계산한다. 그런데 **근사값의 상대오차는 그 유효숫자의 개수에 따라 좌우되므로 결국은 유효숫자의 개수를 맞추어서 끝수를 처리하고 계산한다.** 계산의 결과도 상대오차가 영향을 주는 자리는 같으므로 유효숫자는 처음 근사값의 유효숫자와 같은 개수에서 끝수를 처리하면 된다.

예 1 : 직사각형의 가로 5.84, 세로가 4.3인 측정값일 때 넓이는?

$5.84 \times 4.3 \rightarrow 5.8 \times 4.3 = 24.94 \rightarrow 25$

예 2 : 측정값 3.75÷2.3의 값은?

$3.75 \div 2.3 \rightarrow 3.8 \div 2.3 = 1.65217 \rightarrow 1.7$

연습문제

1. 아래 내용이 처음으로 나오는 학년은?

   (1) 시각읽기 (2) 길이 (3) 시각의 덧셈과 뺄셈

   (4) 어림하기 (5) 평면도형의 둘레와 넓이 (6) 원주율

2. 양을 분류하시오.

3. 외연량과 내포량에 대하여 설명하시오.

4. 측정과 측도에 대하여 설명하시오.

5. 측정 지도의 목표에 대하여 설명하시오.

6. 양의 지도과정에 대하여 설명하시오.

7. 길이의 지도 과정에 대하여 설명하시오.

8. 단위의 특징에 대하여 설명하시오.

9. Cavalieri(1598～1647)의 원리에 대하여 설명하시오.

10. 참값과 근사값에 대하여 설명하시오.

11. 근사값과 오차에 대하여 설명하시오.

임용시험 문제

[2016학년도 교육과정 A]

6. (가)는 2009 개정 수학과 교육과정에 제시된 '평면도형의 넓이' 내용의 흐름을 박 교사가 그림으로 나타낸 것의 일부이고, (나)는 박 교사의 '삼각형의 넓이' 수업의 일부이다. 물음에 답하시오. [3점]

(가)

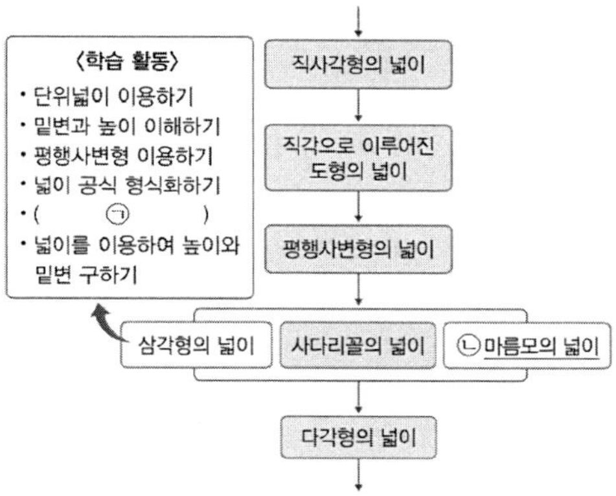

(나)

박 교사 : 다음 표를 완성해 보세요.

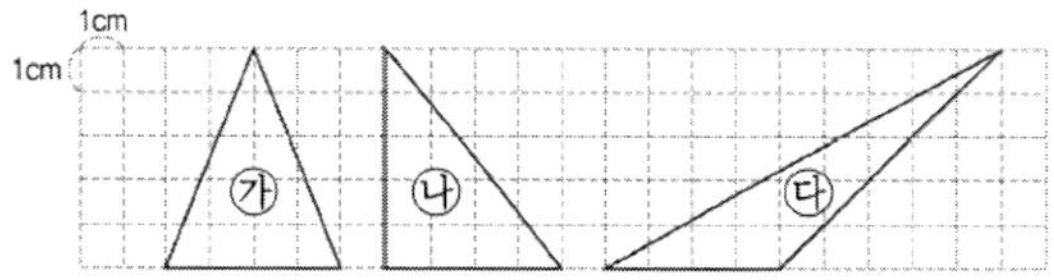

도형	㉮	㉯	㉰
밑변의 길이(cm)			
높이(cm)			
넓이(cm^2)			

학생 : 똑같은 수가 계속 나와요. 신기해요.

박 교사 : 무엇을 알 수 있나요?

(1) (나)의 활동은 (가)의 ㉠을 위하여 박 교사가 마련한 것이다. ㉠에 알맞은 말을 (나)에 있는 용어를 사용하여 쓰시오. [1점]

• ㉠ :

(2) 박 교사는 (가)의 흐름을 고려하여 ⓒ을 다양한 방법으로 지도하려고 한다. 마름모의 대각선의 길이를 각각 x, y라 할 때, 마름모의 넓이를 구하는 과정이 드러날 수 있도록 아래 그림의 ⓐ에 알맞은 식을 쓰시오. [1점]

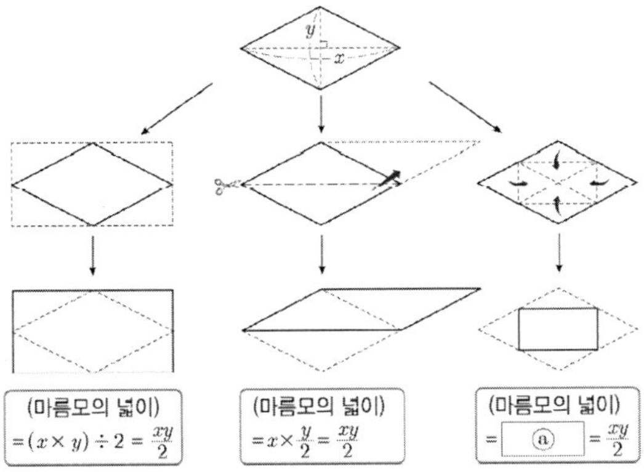

• ⓐ :

(3) 다음 그림은 넓이가 1cm^{2}인 정삼각형 13개를 사용하여 만든 것이다. 삼각형 ACE의 넓이를 구하시오. [1점]

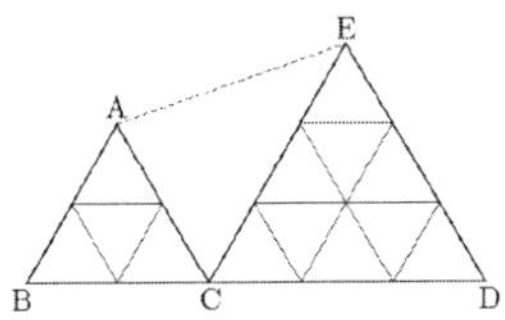

[2014학년도 교육과정 A]

6. 다음은 길이 비교와 관련된 수업 계획안의 일부이다. 물음에 답하시오. [2점]

생각열기	<스토리텔링> 임금님이 바지재단사가 만들어 온 바지를 입어보고는 "바지가 짧잖아!"라고 하며 몹시 화를 냈어요. 윗옷재단사는 임금님이 벗어 놓은 옷의 소매와 자신이 만들어 온 옷의 소매 길이를 얼른 비교해 보았어요. 어쩌면 좋아요. 윗옷재단사는 만들어 온 옷의 소매가 임금님의 팔보다 너무 길다는 것을 알았어요. • 위 스토리텔링에서 옷의 길이를 비교한 방법 알아보기
활동 1	• 직접 비교 활동을 통해 길이 비교하기 • 직접 비교의 장점 말하기 • ㉠ 직접 비교의 단점 말하기
활동 2	• 간접 비교 활동을 통해 길이 비교하기 • 간접 비교의 장점 말하기 • 간접 비교의 단점 말하기
마무리	0차시예고

(1) ㉠을 가지 쓰시오. [1점]

(2) 위 스토리텔링에서 간접 비교의 매개물로 사용된 것을 찾아 쓰시오. [1점]

[2011학년도 교육과정]

19. (가)는 학생 A가 반지름이 10 cm인 원의 넓이를 구한 것이고, (나)는 김 교사가 지도한 원의 넓이를 구하는 방법이다. (가)와 (나)에 대한 설명으로 적절한 것을 〈보기〉에서 모두 고른 것은?

(가)

학생 A는 그림과 같이 원 안에 있는 작은 정사각형과 원 밖에 있는 큰 정사각형의 넓이를 각각 구한 후, 두 넓이의 평균을 구하였다.

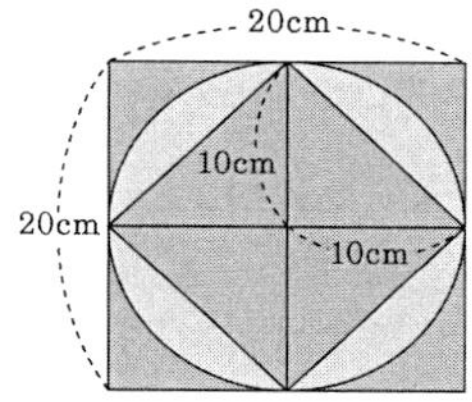

(나)

김 교사는 반지름이 10 cm인 원을 그린 후, 아래와 같이 잘라 모눈종이에 붙여서 원의 넓이를 구하는 방법을 지도하였다.

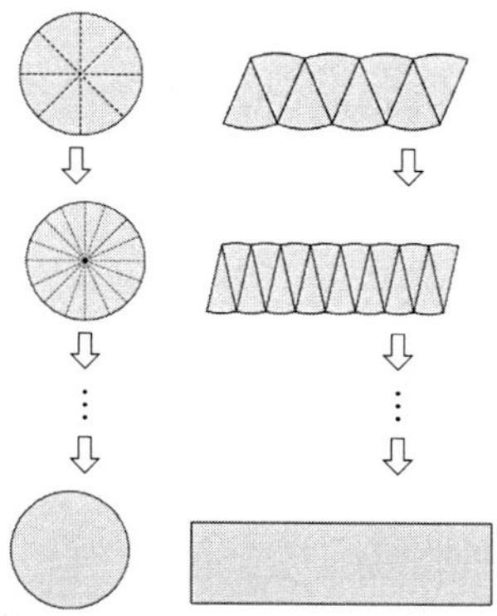

(보기)

ㄱ. 반지름이 10 cm인 원에 내접하는 정팔각형의 넓이와 그 원에 외접하는 정팔각형의 넓이의 평균을 구하면, 그 결과는 (가)에서 학생 A가 구한 평균과 같다.

ㄴ. 학생 A에게 실제 원의 넓이는 (가)에서 학생 A가 구한 평균이 아님을 지도해야 한다.

ㄷ. (나)에서 원을 한없이 잘게 잘라 붙이면 직사각형이 된다는 것은 구체적 조작을 통하여 직접 확인할 수 없기 때문에, 초등학교 수준에서는 이를 직관적으로 이해하도록 지도한다.

ㄹ. (나)에서 직사각형의 가로의 길이는 원주와 같고, 직사각형의 세로의 길이는 반지름과 같음을 지도한다.

---

① ㄱ, ㄹ ② ㄴ, ㄷ ③ ㄱ, ㄴ, ㄷ ④ ㄱ, ㄴ, ㄹ ⑤ ㄴ, ㄷ, ㄹ

[2010학년도 2차]

4. 다음은 강 교사가 직육면체의 부피 구하는 방법을 지도한 수업 절차와 수업 장면의 일부이다.

수업절차	수업장면
[도입] 학습 문제 제시하기	교사 : 이번 수업에서는 모둠별 탐구 활동을 통해 직육면체의 부피 구하는 방법을 알아보려고 해요. 여러분이 모둠별 활동을 하는 동안 선생님은 각 모둠의 활동 과정을 평가할 거예요. 정수 : 그러면 혼자 활동하는 것이 아니라 모둠별로 다 같이 해야겠네요? 교사 : 그래요. 그럼, 선생님이 나누어 준 교구를 활용하여 모둠별 활동을 시작해 볼까요? 선생님이 모둠별로 돌아다니면서 도와줄게요.
[활동 1] 관찰 및 실험하기	(가)
[활동 2] 추측하기	(나)
[활동 3] 추측 검증하기	교사 : 여러분이 추측한 사실이 다른 직육면체에도 적용되는지 확인해 보세요. (다) 모둠별 탐구 활동의 일부 희정 : 이 직육면체에서도 우리가 알아낸 추측이 성립해. 이것을 식으로 다시 정리해 보자. 진성 : 그럼 내가 식으로 써서 설명해 볼게. ('직육면체의 부피 = 밑변×세로×높이'라고 식을 쓴 후)직육면체의 부피는 밑변 곱하기 세로 곱하기 높이, 이렇게 되잖아. 명주 : (식을 가리키면서) 여기서 밑변이 뭐야? 진성 : 아, 맞아. 밑변이 아니라 가로야. 다시 쓸게. ('직육면체의 부피 = 가로×세로×높이'라고 식을 쓴다.) 명주 : 진성이가 생각한 것을 이제 알겠어. (생 략)
[활동 4] 발전	교사 : 지금까지 우리는 직육면체의 부피 구하는 방법을 추측하고 검증해 보았는데, 오늘 배운 것과 관련해서 알 수 있는 사실이 또 있을까요? 민지 : 선생님, 이전에 직육면체의 겉넓이를 공부했는데요. 저는 (라)<u>직육면체에서 겉넓이가 커지면 부피도 커진다</u>고 생각해요. (생 략)
[활동 5] 학습 내용 정리	교사 : 오늘 공부한 것을 정리해 봅시다. 직육면체의 부피는 어떻게 구할 수 있지요? 학생들 : 가로 곱하기 세로 곱하기 높이요. 교사 : 좋아요. (칠판에 '(직육면체의 부피)=(가로)×(세로)×(높이)'라고 쓰면서) 직육면체의 부피는 가로 곱하기 세로 곱하기 높이로 구할 수 있다는 것을 알게 되었어요. 그리고 선생님은 오늘 여러분이 모둠별 활동에 열심히 참여하는 모습이 참 좋았어요. (생 략)

(1) 수업 절차에 비추어 볼 때 수업 장면의 (가), (나)에 적절한 지도 내용과 지도 방법을 각각 제안하시오.
(2) [활동 4]의 민지의 말에서 (라)가 수학적으로 옳지 않음을 인식시키는 방법을 구체적으로 논하시오.
(3) 강 교사가 (다)의 모둠별 탐구 활동 과정을 평가할 때, 2007년 개정 수학과 교육과정에 근거하여 학생들의 수학적 의사소통 능력을 평가할 수 있는 평가 내용을 2가지 제안하시오.

[2010년도]

16. 다음 중 〈보기〉의 교수 사례와 이를 뒷받침하는 수학교육이론이 제시된 개념을 옳게 짝지은 것은?

(보기)
* 김 교사는 1학년 2학기 도형 수업에서 미리 준비한 동전, 원반 등의 물건으로부터 공통으로 지각된 동그라미 모양을 추상화하도록 하였다.
* 오 교사는 1학년 학생들에게 덧셈 3+4를 지도하면서 3+4=7과 같이 식으로 나타내기 전에 칠판에 사과 3개와 4개를 각각 그려서 그 합을 구해보도록 하였다.
* 정 교사는 분모가 다른 진분수끼리의 나눗셈을 가르치면서 그 계산 원리에 대한 설명 없이 '나누는 수의 분모와 분자를 뒤집어 곱한다.'를 암기시키고 연습을 통해 숙달시켰다.
* 박 교사는 6-가 단계에서 '철수는 수학 시험에서 20문제 중에서 17문제를 맞혔습니다. 이것을 100점 만점으로 하는 점수로 알아보시오.'라는 실생활 문제로부터 출발하여 백분율을 지도하였다.
* 최 교사는 삼각형을 지도하는 과정에서 오른쪽 그림과 같이 다양한 형태의 삼각형을 제시하였다.

---

① 김 교사-반영적(reflective) 추상화
② 오 교사-활동적(enactive) 표현
③ 정 교사-관계적 이해
④ 박 교사-수평적 수학화
⑤ 최 교사-지각적 다양성의 원리

18. 다음은 길이, 넓이, 들이, 무게 등의 속성에 대한 측정을 지도하기 위한 학습 활동들이다. (가)-(마)의 활동들을 속성에 관계없이 측정의 지도 계열 단계만을 따라 배열하면?

(가) 교실에 큰 상자를 들여놓을 수 있는지 알아보기 위해 상자의 짧은 쪽 길이와 교실문의 폭을 각각 긴 끈에 표시하여 어느 쪽이 더 긴지 알아보았다.
(나) 책가방을 손으로 들어서 무게가 몇 kg쯤 되는지 어림해 보았다.
(다) 두 사람 중 누가 더 무거운지 알아보기 위하여 시소의 양 끝에 동시에 앉아 보았다.
(라) 주전자에 들어있는 물을 요구르트 병에 따라 보았더니 14병 나왔다.
(마) 넓이가 $1cm^2$인 정사각형을 단위넓이로 사용하여 직사각형의 넓이를 구하였다.

---

① (가)-(라)-(다)-(마)-(나)
② (나)-(가)-(다)-(라)-(마)
③ (나)-(다)-(가)-(마)-(라)
④ **(다)-(가)-(라)-(마)-(나)**
⑤ (다)-(나)-(가)-(라)-(마)

Chapter. 6

규칙성

◎ 규칙성 영역의 학년군별 내용 요소

핵심 개념	일반화된 지식	학년(군)별 내용 요소			기능
		1~2학년	3~4학년	5~6학년	
규칙성과 대응	규칙성은 생활 주변의 여러 현상을 탐구하는 데 중요하며 함수 개념의 기초가 된다.	• 규칙 찾기	• 규칙을 수나 식으로 나타내기	• 규칙과 대응 • 비와 비율 • 비례식과 비례배분	배열하기 표현하기 추측하기 규칙찾기 규칙정하기 설명하기 이해하기 확인하기 문제 해결하기

1. 규칙성

고대 수학자들은 주로 수를 대상으로 연구를 하였다. 그들은 수를 길이의 측정처럼 기하학적인 방법으로 간주했고, 수에 대응(무리수)하지 않는 길이가 있다는 사실을 발견하고는 수에 대한 연구는 거의 중단되었다. 기하학을 강조한 그리스나 아라비아 그리고 중국 등 여러 나라에서 수학은 수와 형태(shape)에 관한 학문이었다.

수학이란 무엇인가? 에 가장 공통적인 대답은 패턴의 과학(science of patterns)이라 것이다. 수학을 패턴의 측면에서 살펴보면, 수론(number theory)은 수와 계산의 패턴을, 기하학은 형태의 패턴을, 미적분학은 운동의 패턴을, 논리학은 사유의 패턴을, 확률론은 가능성 패턴을, 위상기하학은 닫힘(closeness)과 위치의 패턴을 연구한다. 수학을 이해하고 수학적 활동을 위해서 수학적 패턴의 탐구는 필수적이다. 교육과정에서 규칙성 영역은 패턴이나 규칙을 의미한다. 규칙성은 규칙을 찾고 만들어 수학적으로 기술하고, 둘 이상의 대상 사이의 관계를 탐구하는 패턴의 과학이다. 그래서 규칙성에 따른 수학적 활동을 경험하고 함수적 사고와 비례 추론의 발판을 마련하는데 주안점을 두어야 한다.

초등학교에서의 규칙성 지도의 의의는 크게 네 가지로 살펴볼 수 있다(강완 외, 초등수학 교수단위사전).

첫째, 규칙을 찾고 이를 수학적으로 표현하는 기회를 통해, 학생들은 자신의 주위 환경에서 수학이 어떻게 활용되고 있는가를 이해할 수 있다.

둘째, 규칙을 찾는 것을 통해 주어진 정보를 분류하고 조직하는 능력을 향상시킬 수 있다.

셋째, 수, 도형, 측정 등의 학습을 규칙성과 관련지어 학습하면서 수학의 통합적 이해에 도움이 된다.

넷째, 초등학교에서 규칙성 학습은 이후에 함수나 대수 학습에 기초가 된다.

1.1 수학의 패턴

수학의 발전과정을 보면, 고대 기원전 500년경까지는 이집트와 바빌로니아에서 수에 대한 연구를 하였으며, 그 이후 300년까지는 고대 그리스에서 기하학을 연구하였다. 그 후로 수학의 본질에 커다란 변화를 가져온 뉴턴과 라이프니츠의 미적분학에 관한 연구가 있었고, 18세기 중엽부터는 수학의 응용뿐 아니라 수학 자체에 대한 연구(즉, 수, 형태, 운동, 변화, 공간 등의 연구와 이들에 사용된 수학적 도구의 연구)가 진행되어 20세기에는 패턴 과학까지 확대 발전하였다. **현대 수학자들은 수학을 '패턴과 순서의 과학'이라 정의하고, 최근에는 컴퓨터의 영향으로 프랙탈과 같은 자기 닮음 도형에서도 일련의 규칙을 추구하고 있다.** 규칙의 탐구는 수학의 탐구이며, 규칙을 인식하고 기술하고 일반화하며, 관찰된 규칙을 수학적 모델과 기호로 나타내어 실세계를 예측하는 것이 수학활동의 본질이다.

가. 패턴과 귀납적 추론

귀납적 사고의 본질은 몇몇의 사례에서 공통규칙이나 성질을 찾아 일반화하는 것으로 이 과정에서 규칙의 인식과 기호화가 필요하다. 예를 들어, "종이를 합동인 직사각형이 되도록 한쪽 방향으로 접어 나가면, 10번 접을 때, 접힌 선분은 몇 개인가?"에서 접는 횟수에 따라 선분의 개수가 2배씩 증가할 것이라 인식하며, 보다 많은 사례의 규칙을 찾아 n번 접을 때 2^{n-1}개의 선분이 생긴다.

나. 패턴과 유추

유추(analogy)란 일종의 닮음으로 몇 개의 사례가 유사할 때, 그 중의 한 사례를 알고 있는 경우에 나머지 사례를 추정하는 방법이다. Polya는 추측을 생성하는 한 가지 방법은 바로 유사함을 찾는 것이며 수학적 발견에서 유추가 차지하는 몫이 가장 크다고 하였다. 또한 규칙성을 찾아 문제를 해결하며 유추의 사고를 발전시키게 된다. 예컨대, 1+2+⋯+9+10=55의 계산에서 규칙을 찾아 61+62+⋯69+70의 계산 결과를 유추하여 계산할 수 있다.

다. 패턴과 일반화

일반화는 주어진 집합에서 그 집합을 포함한 보다 넓은 집합으로 고찰을 옮겨 일반적인 법칙을 이끌어 내는 것이다. 수학은 일반화하면서 만들어 가는 것이며, 유사한 문제는 일반화의 사고를 통해 해결할 수 있다. **Polya는 일반화의 작용을 ① 상수에서 변수로 이동하는 것, ② 제한을 없애는 것**의 두 가지로 설명하고 있다. 예컨대, ①은 삼각형, 사각형의 내각의 합에서 n각형의 내각의 합을 구하는 것, ②는 예각의 삼각함수에서 임의의 삼각함수로 나아가는 것을 들 수 있다.

라. 수학적 패턴

패턴의 탐구는 수학 내용들 사이의 관계를 주며, 다른 교과에서 수학을 이용할 수 있고, 일상생활에서 수학을 활용할 수 있도록 연결해 준다. 규칙의 탐구는 다양한 표현들 간의 관계 인식을 기초로 한다. **규칙은 색, 모양, 방향, 방위, 수 등 여러 가지 속성을 포함하며, 하나의 규칙에서 다양한 표현을 보는 것은 학생이 구조에 초점을 둘 수 있도록 도와준다.** 예컨대, 다음과 같이 기하적인 표현은 수적 표현, 대수적 표현으로 그들 사이를 연결하여 설명할 수 있다. 이는 곧 기하와 대수와의 연결성을 제공하며, 함수의 지도의 기초가 된다.

모양	●	● ●●	● ●● ●●●	● ●● ●●● ●●●●	⋯	
항	1	2	3	4	⋯	□
점의 수	1	3	6	10	⋯	$\frac{\square\times(\square+1)}{2}$

규칙은 경제, 과학, 미술, 음악, 문학 등 다른 학문과도 밀접한 관련이 있고, 일상에서 자연물이나 인공물들도 나름대로의 규칙이 있을 수 있다.

마. 패턴 탐구와 창의성

패턴의 탐구는 유창성, 유연성, 독창성, 일반화 등의 창의적 사고력을 기르는데 효과적이다. 예를 들어, 오른쪽과 같은 구슬의 배열에서 구슬의 개수를 다양한 방법으로 알아보는 과정을 생각해 보자. 그 과정에서 아래와 같이 유연하고 독창적인 아이디어로 일반화 시킬

수 있다.

첫째, ①을 대각선방향으로 n까지 확대하면 식은 1+2+3+4+5+4+3+2+1=5^2으로 (1+2+3+4)×2+5=5^2이다. 이것을 n까지 확대하면 아래와 같다.

$$1+2+\cdots+(\mathrm{n}-1)+\mathrm{n}+(\mathrm{n}-1)+\cdots+2+1=n^2,\ \text{즉}$$

$$1+2+\cdots+(\mathrm{n}-1)=\frac{n^2-n}{2}$$

둘째, ②와 같이 계단식으로 세어도 같은 결과를 얻을 수 있다.

셋째, ③과 같이 L자 모양으로 세면 홀수 수열의 합을 구하는 과정이 된다. 이것을 n까지 확대한다면, 1 + 3 + 5 + 7 + 9 + ⋯ + (2n−1) = n^2으로 일반화할 수 있다.

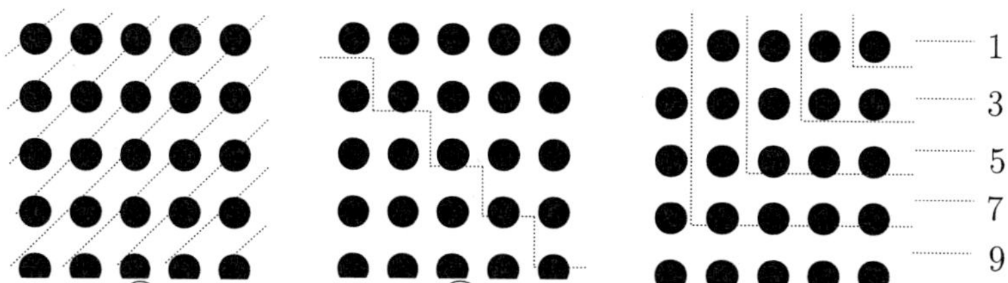

① ② ③

1.2 패턴의 종류와 지도법

수학에서 다루는 패턴은 수, 모양, 움직임, 행동의 규칙성 등 추상적 패턴이 포함되며, 학교수학에서 패턴은 수, 도형, 무늬 등을 일정한 규칙으로 늘어놓은 배열을 뜻한다. **초등학생들에게 패턴이나 배열이라는 용어가 낯설어서 규칙 또는 규칙성이라는 용어를 사용한다.** 수학적 패턴은 여러 가지 유형으로 분류하는데 여기서는 패턴을 속성, 생성 방식, 지도 방법, 표현 방법에 따라 분류하여 알아보기로 한다.

가. 속성에 따른 유형

패턴은 어떤 속성이 수 사이의 관계인지, 도형의 모양이나 성질을 나타낸 것인지 또는 방향, 크기, 색을 나타낸 것인지에 따라 다음과 같다.

관계적 패턴으로 수열이나 함수 등과 같이 요소들 사이의 관계적인 속성을 기초로 하는 패턴이다. 예를 들면, 등차수열, 등비수열은 일반적으로 항의 번호를 $a_1, a_2, a_3, \cdots, a_n, \cdots$이나 $\{a_n\}$으로 나타낸다. 특히 첫 번째 a_1을 첫째 항, n번째 수 a_n을 일반항이라 한다. 수열에서 일반항 a_n이 그보다 앞선 항 a_{n-1}, a_{n-2}등에 의해 규칙적으로 구해질 수 있을 때 이 수열에는 점화관계가 있다고 한다. 등차수열은 1, 3, 5, 7, 9, 11, ⋯과 같은 수열이다. 등차수열

$\{a_n\}$을 점화관계로 표현하면 $a_n = a_{n-1} + d(n = 2,3,\cdots)$로 나타낼 수 있다. 첫 번째 항이 a_1, 등차가 d인 등차수열의 일반항은 다음과 같다.

$$a_n = a_1 + (n-1)d \quad (n = 2,3,\cdots)$$

등비수열은 수열$\{a_n\}$에서 연속된 두 항 사이의 비가 항상 일정한 값r이 되어 다음과 같은 점화 관계로 나타낼 수 있는 수열이다.

$$a_n = ra_{n-1} \quad (n = 1,2,3,\cdots)$$

첫째 항이 a_1, 공비가 r인 등비수열 $\{a_n\}$의 일반항은 아래와 같이 구할 수 있다.

$$a_n = r^{(n-1)}a_1 \quad (n = 2,3,\cdots)$$

기하학적인 패턴은 도형의 모양이나 성질과 같은 속성을 기초로 하는 패턴이다. 예를 들면, □△○□△○□△○…는 사각형, 삼각형, 원이 차례로 하나씩 배열되어 있다.

물리적인 패턴은 방향, 크기, 색 등과 같은 속성을 기초로 하는 패턴이다. 예를 들면, □■■□□■■■□□□■■■■…는 흰색과 검은색 사각형이 교대로 하나씩 증가하면서 배열되어 있다.

■ **규칙 찾기(1학년)**

나. 생성 방식에 따른 유형

패턴의 생성방식에 따라 다음 다섯 가지 유형으로 분류할 수 있다. 첫째, 기본 단위나 규칙이 변화 없이 유지되며 반복되는 패턴이다.

① △▲▲△▲▲△▲▲△▲▲…

② 1, 3, 5, 1, 3, 5, 1, 3, 5, …

반복패턴은 저학년의 2개 핵심요소가 반복하는(ABAB… 형) 것에서 보다 복잡한(AAB 또는 ABAAB… 형) 것으로 지도한다. 다음과 같이 그림, 물건, 소리, 신체 활동, 기호, 위치, 수 등 다양한 제재로 사고의 폭을 넓혀 주어야 한다.

① 그림

㉠ 모양 : ○ □ ○ □ ○ □ …

㉡ 색깔 : ★ ☆ ★ ☆ ★ ☆ …

② 물건 :  …
③ 소리 : 멍멍 야옹 멍멍 야옹 멍멍 야옹 …
④ 신체활동 : 손뼉 치기, 발 구르기, 손뼉 치기, 발 구르기, …
⑤ 기호 : # % # % # % …
⑥ 위치 : ↑ ↓ ↑ ↓ …
⑦ 수 : 3 4 3 4 3 4 …

둘째, 증가·감소 패턴으로 기본 단위나 규칙이 증가 또는 감소하며 만들어지는 패턴이다.
① 1차원 패턴의 **예 :** □○□□○○□□□○○○□□□□○○○○ …
② 2차원 패턴의 **예 :** 각각 몇 개의 정사각형이 있는가?
③ 기하적 속성의 패턴의 **예 :**

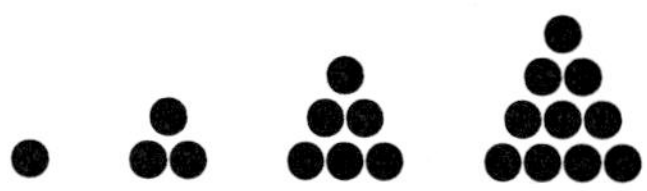

한 변에 점이 1개, 2개, 3개, …와 같이 점의 개수가 증가하는 삼각수이다. **저학년은 주로 그림이나 물건을 이용하여 직관적으로 증가하는 패턴의 규칙을 찾고, 설명하며 배열하는 활동을 한다. 고학년은 도형수와 같이 그림이나 물건의 증가하는 규칙을 수와 관련짓거나 순수한 수에서 증가하는 규칙을 찾고 확장하고 일반화나 대수적 관계를 탐구할 수 있다.**

셋째, 대칭 패턴으로 기본 단위가 대칭되는 것으로 1, −1, 2, −2, 3, −3, 4, −4, …은 절대값이 같은 양의 정수와 음의 정수가 교대로 반복되고 있다. 또 ≦, ≧, ≦, ≧, ≦, ≧, …는 부등호 기호 ≦와 ≧가 반복되고 있다.

넷째, 회전 패턴으로 기본 단위가 회전되는 것으로 ↑, →, ↓, ←, ↑, →, ↓는 화살표가 오른쪽으로 90°씩 회전하면서 만들어진 규칙적 배열이다.

시어핀스키 삼각형

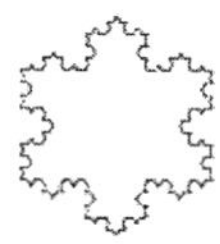

코흐 눈송이

다섯째, 카오스(chaos) 현상으로 자연에서 흔히 볼 수 있는 비정규적인 규칙으로 유체의 난류 현상, 해안선의 구조, 구름의 규칙, 고사리 잎의 규칙, 허파의 가지 구조, 우주의 은하계의 분포, 번개의 구조 등이 있다. 카오스 현상의 기하학적인 규칙을 fractal이라고 하며, 아래 그림과 같은 시어핀스키 삼각형과 코흐 눈송이는 수학에서 잘 알려진 프랙탈의 예이다.

다. 지도방법에 따른 유형

패턴은 도구나 지도방법에 따라 다음의 다섯 가지로 분류할 수 있다.

첫째, 신체 활동이나 몸동작 이용으로 '손뼉 치기, 발 구르기, 손뼉 치기, 발 구르기, … '와 같이 손과 발 등을 통한 신체 활동이다. 유치원이나 저학년은 적합한 활동으로 규칙 따라 하기, 규칙 찾기, 규칙 설명하기 등이 필요하다.

둘째, 물건을 이용한 패턴으로 연필, 색연필, 지우개, 연필, 색연필, 지우개, …과 같이 여러 가지 물건을 이용한 활동이다.

셋째, 그림으로 여러 가지 물체나 무늬의 규칙적인 배열에서 규칙을 찾고, 구체물로 규칙을 만들며, 그림 그리고 색칠하는 활동이다. 상품 포장지, 벽지, 보도블럭의 무늬, 장판지의 무늬 등이 있다.

넷째, 기호로 점이나 선, 곡선, 문자와 같은 기호를 배열하여 규칙을 만들거나 꾸미는 활동이다.

다섯째, 수를 이용한 규칙 찾기는 귀납적 추론을 이용하여 규칙을 찾아 일반화하면 어려운 문제를 쉽게 풀 수 있는 활동으로 1~100의 수표 이용, 여러 가지 수열, 도형이나 다른 문제를 해결하는 활동이다.

라. 표현방법에 따른 유형

첫째, 타일 패턴은 타일 깔기와 같이 서로 겹치지 않고 하나의 패턴을 만드는 것으로 '바닥 메우기', '모자이크' 등의 테셀레이션이 있다.

둘째, 퀼트 패턴은 천을 짜깁기 할 때 나타나는 규칙으로 반복적으로 여러 가지 조각 천을 기우면서 아름다운 패턴을 만든다.

셋째, 달력 패턴은 달력의 수들의 규칙을 찾는 활동으로 가로, 세로, 대각선의 합이 일정한 규칙을 이용하여 인식하는 활동이다.

넷째, 문양 패턴은 문양에서 규칙을 찾는 것으로 문화적 맥락에서 여러 가지 규칙을 탐구하여 그 나라 민족성과 규칙의 특성을 파악할 수 있다.

1.3 관계

사람들은 일상생활에서 사제, 형제, 친구, … 등과 같이 많은 관계 속에서 살아간다. 수학 역시 여러 가지 관계를 알아보는 학문으로 부등, 합동, 닮음, 평행, 수직, … 등의 여러 관계를 다루고 있다. 이 영역에서는 비례와 반비례, 통계, 확률의 기초적인 생각과 문제해결이 핵심 내용이다.

가. 곱집합(Cartesian product)

두 집합 X, Y에서 $x \in X$, $y \in Y$의 순서쌍 (x, y)의 집합을 X와 Y의 곱집합이라 하고, 기호로 $X \times Y$로 나타내며 다음과 같이 정의한다.

$$X \times Y = \{(x,y) \mid x \in X, y \in Y\}$$

이 규칙은 무한집합에서도 개념과 기호로 정의할 수 있다.

$$X_1 \times X_2 \times X_3 \times \cdots \times X_n = \{(x_1, x_2, x_3, \cdots x_n) : a_i \in X_i,\ i\text{는 자연수}\}$$

* 두 집합 X, Y가 유한 집합일 때 $X \times Y \neq Y \times X$이지만 $|X \times Y| = |X| \cdot |Y|$이다. 처음으로 Descartes가 사용한 용어이다.

나. 이항관계(binary relation)

두 집합 X에서 Y로의 관계 가운데 X와 Y가 같을 경우 X에서 X로의 관계 R을 X에서의 이항관계라고 한다. 곧

$$R \subset X \times X.$$

이다. 이러한 이항관계에 대하여 기본적인 관계로서 반사관계, 대칭관계, 반대칭관계, 추이관계, 동치관계 등이 있다.

(1) 반사관계(reflexive relation) : 집합 $X \times X$에서 모든 x∈X에 대하여 (x, x)∈R이 성립하면 R을 반사관계라 한다. 반사관계가 성립하는 것은 =, ≡, ∽, ∥, …등 이고, 아닌 것은 ⊥, <, … 등이다.

(2) 대칭관계(symmertric relation) : 집합 $X \times X$에서 모든 x, y∈X에 대하여 (x, y)∈R이면 (y, x)∈R가 성립하면 대칭관계라 한다. 일반적으로 대칭관계가 성립하는 것은 =, ≡, ∽, ∥, ⊥, … 이고, 아닌 것은 ⊂, <, … 등이 있다.

(3) 반대칭관계(anti−symmertric relation) : 집합 $X \times X$에서 모든 x, y∈X에 대하여 (x, y)∈R이고 (y, x)∈R이면 x=y가 성립하면 반대칭관계라 한다.

(4) 추이관계(transitive relation) : 집합 $X \times X$에서 모든 x, y, z∈X에 대하여 (x, y)∈R, (y, z)∈R이면 (x, z)∈R이 성립하면 추이관계라 한다. 일반적으로 추이관계가 성립하는 것은 =, ≡, ∽, <, ∥, … 이고, 아닌 것은 ⊥, … 등이 있다.

다. 동치관계(Equivalance relation)

반사관계, 대칭관계, 추이관계가 모두 성립하는 관계로 성립하는 경우는 =, ≡, ∥,

∽,… 등이고, 아닌 경우는 ≤, <, ⊥, ⊂, 이성관계, … 등이다.

예 1 : Euclid평면에서 합동관계는 동치관계이다.

예 2 : 이성간의 사랑관계 ▽는 동치관계가 아니다.

(1) 반사관계 : a▽a (이성간의 사랑관계가 아니므로 성립될 수 없다.)

(2) 대칭관계 : a▽b⇒ b▽a (짝사랑도 있음)

(3) 추이관계 : a▽b, b▽c⇒ c▽a (이런 애정관계는 없음)

라. 순서관계(순서구조)

반사관계, 반대칭관계(aRb, bRa ⇒ a=b), 추이율 관계를 만족할 때이다. 순서관계가 성립하는 것은 ⊂, ≤, … 등이고, 아닌 것은 <, ⊥, … 등이다.

1.4 함수

함수는 17세기에 시작되었으며 **학교수학에 도입은 20세기 초에 독일의 Klein이 수학교육 개혁을 주장한 이후부터이다. Klein은 "함수개념은 단순히 하나의 수학적인 방법이 아니라 수학적 사고의 심장이요, 혼이다."면서 학교수학의 중심이 되어야 한다고 주장하였다.** 그리고 정신도야의 핵심을 개념적 사고 방법에서 찾아야 한다고 하고 함수적 사고 습관의 도야를 강조하며, 함수개념이 수학학습에 효소처럼 스며들도록 학생들을 지도하여야 한다고 주장하였다.

가. 함수의 정의

Descartes(1596~1650)는 함수의 본질을 변하는 두 양 사이의 대응관계라 하고 순서쌍으로 해석기하학을 만들었다. Leibniz는 좌표, 접선의 길이, 좌표축에서 수선의 길이 등을 구하는 일을 funtio라 하였다. 그 후 Bernoulli 형제에 의해 발전되어 제자인 Euler로 이어졌다.

Dirichlet(1805~1859)는 함수를 다음과 같이 정의하고 있다.

두 집합 X, Y에서 X의 각 원소 x에 대하여 Y의 원소 y가 단 하나 대응하면 이 대응을 X에서 y로의 함수라 하고, 기하학적으로 f : X → Y로 나타낸다. 현대적 해석에서는 변량의 애매한 개념을 버리고 집합과 대응 개념에 의한 함수를 정의한 것이다.

함수와 사상은 같은 의미이나 학교 수학에서는 집합 X, Y가 수의 집합일 때 함수, 일반적일 때는 사상이라 한다. 오늘날에는 수학의 여러 가지 조작들도 함수로 보고 있다. 연산이란 조작도 일종의 함수이다.

함수의 특성은 다음과 같다.

① 함수는 반드시 2개의 집합이 필요하다.

② 함수를 대응으로 생각한다. x가 대응 f에 의하여 y에 사상할 때 y=f(x)로 나타내고, 이 대응 f를 함수라 한다.

③ 함수는 항상 일의적 대응이다. **일의적 대응(一意的 對應)은 1대1대응과 다대일대응으로 X의 원소가 정해지면 그에 대응하여 Y의 원소가 단 하나 정해지는 '정하면 정해진다.'는 것이 함수의 본질이다.**

④ 변수의 생각이 핵심이다. 함수개념은 발생적으로 사상에서 변화의 상태를 발견하는 사고로, 변수의 생각이 중요하다. 종래 무정의 용어로 사용한 변수는 집합을 임의의 원소를 나타내는 기호로 정의하고 있다. 정적인 표현이지만 동적인 본질은 변함이 없다.

⑤ 정의역, 치역을 명확히 한다. 정의역이 다르면 함수 f의 식이 같아도 별개의 함수로 생각한다. 이 때 X를 정의역(domain), Y를 치역(range)이라 한다.

두 집합 X, Y에서 X에서 Y로의 함수를 $f(x):X \to Y$라 하면, Y에서 X로의 함수는 본래의 함수의 역함수라 하고 $f^{-1}(x):Y \to X$로 나타낸다.

세 집합 X, Y, Z에서 함수 f : X → Y, g : Y→ Z일 때 X에서 Z로의 함수 q를 합성함수라 한다.

$$X \xrightarrow{f} Y \xrightarrow{g} Z, \quad g \circ f : X \to Z$$

위의 합성함수를 q라고 할 때 q=g∘f 라 나타낸다.

나. 함수적 사고(functional thinking)

함수적 사고는 학습이론의 근거를 함수의 정의에 두고 학습지도에서 적용해 보자는 뜻이다. **함수적 사고의 특성은 다음과 같다.**

① 관계에 의한 사고이다. 모든 과학과 수학적 사고의 현상은 관계라는 관점에서 이론을 만든다.

② 함수적 사고의 추론형식은 연역적 방법과 귀납적 방법이 있다. 수학의 추론형식은 이론 형성에 전제가 되는 공리가 있고 이 공리를 바탕으로 연역적 추론방법을 따르지만 초등학교는 명확한 공리가 주어지지 않아 귀납적 추론방법을 택한다. 특히 두 집합간의 일대일대응의 규칙 발견은 귀납적 방법을 쓰고, 만들어진 규칙의 적용은 연역적 방법을 따른다.

③ 동적과 극한의 생각이 작용된다. 대상을 움직이는 상태에서 사고와 창조적인 면에서

매우 바람직하며 사고추리의 방법이 동적이다.

함수적 사고의 지도관점은 다음과 같다.

(1) 집합 : 집합적 사고와 같은 뜻으로 대상을 추상화된 집합으로 보거나 집합을 만들고 분류·정리하는 것이다. 이것은 집합 개념의 명확화, 단순화, 통합화, 확장화로 사고의 심화를 가져온다. 함수적 사고를 길러주는 학습에서 두 개 이상의 집합 사이의 관계를 의도적으로 인식한다. 또 그들 사이에 어떤 함수관계가 있는지 함수적으로 보고 일대일대응의 조작과정으로 함수의 식을 얻는 등 다각적인 생각이 가능하다.

(2) 순서 : 집합의 모든 요소는 어떤 속성이나 성질에 의하여 순서를 정할 수 있다. 두 집합의 일대일대응 관계에서 정의역을 크기순으로 정리하고 치역과의 대응관계를 알아보면 함수의 규칙을 쉽게 발견할 수 있다.

(3) 변수 : 변수(variable)는 vari(변화)와 able(할 수 있다)의 의미가 있다. 변수의 참된 의미는 먼저 집합이 있고 그 집합의 각 원소를 대입할 수 있는 장소를 지시해주는 것이다. 집합의 원소는 수 이외의 다른 것을 넣을 수 있다.

(4) 대응 : 정의역의 원소가 변함에 따라 치역의 원소들이 어떻게 변하는가를 알아보는 것이 근본적이다.

다. 함수의 표현

(1) 순서쌍 : 집합 $A=\{x_{1,}x_{2,}x_{3,}\cdots\}$와 $B=\{y_{1,}y_{2,}y_{3,}\cdots\}$의 원소 사이의 일의적 대응

$$x_1 \to y_{1,} x_2 \to y_{2,} x_3 \to y_{3,} \cdots$$

에서 대응 $x \to y$을 순서쌍 (x, y)로 생각하면 순서쌍의 집합

$$\{(x_{1,}\ y_1),(x_{2,}y_2),(x_{3,}y_3),\cdots\}$$

은 A에서 B로의 함수와 동일하다.

(2) 함수표 : x, y의 대응의 짝은 x의 값에 대응하는 y의 값들을 배열한 표로 대응의 규칙을 발견한다는 입장에서 의미가 있다.

x	1 2 3 ⋯ n n+1⋯
y	y_1 y_2 y_3 ⋯ yn yn_{+1} ⋯
계차	d_1 d_2 d_3 ⋯ dn ⋯

(3) 함수의 식 : 함수표나 그래프가 외연적 표현인데 비해 함수의 식은 내포적 표현이다.

식의 표현이 가능한 함수는 표나 그래프보다 훨씬 일반적이고 명확한 표현이다. 이는 식 자체에 수치의 계산 방법까지 있어 식의 특징이고 장점이다. 결국 변량은 문자로 나타내고 문자는 여러 가지 값을 취하는 기호이며 개개의 수량의 값은 그 문자가 취하는 값이다.

(4) 그래프 : 순서쌍 (x, y)을 좌표로 하고, 점 P(x, y)의 집합을 좌표평면위에 나타낸 기하학적인 표현이다. 함수표가 유한적이고 이산적인데 그래프는 무한성, 연속성이 있어 함수의 변화 모양을 직관적으로 나타내고 있다.

1.5 비와 비례

두 집합 X, Y에서 X의 원소 x와 Y의 원소 x, y가 $y=ax$(몫이 일정)인 관계가 있을 때, y는 x에 비례한다하고, a를 비례상수라 한다. 이 때 x : y=1 : a이므로 순서쌍 (x, y)의 집합은 x : y가 1 : a인 동치류 F={(x, y) | x : y=1 : a, x∈A, y∈B}로 나타낸다. 예컨대 정사각형의 한 변이 길이가 1배, 2배, 3배,··· 가 되면 둘레의 길이는 1배, 2배, 3배,··· 가 된다. 비례의 지도요점은 비례하는 구체적인 수량관계를 식으로 나타내고 정비례인지 판별하는 것이다. **두 집합 X, Y의 변수 x, y에서 xy=a인 관계가 성립할 때 y는 x에 반비례, a를 반비례상수라 한다.** 예를 들면 넓이가 12인 직사각형에서 가로의 길이 x에 따라 세로의 길이 y의 변화와 같은 것이다.

■ **정비례와 반비례(6학년)**

가로를 $x$cm, 세로를 y cm라하고, 넓이가 $12cm^2$인 직사각형의 가로의 길이와 세로의 길이의 대응관계를 알아봅시다.

가로 $x$cm	1	2	3	4
세로 $y$cm				

가. 비와 비율

어떤 양 a가 다른 양 b의 몇 배인가를 알아보는 관계를 b에 대한 a의 비 또는 a의 b에 대한 비라 하고, a : b로 나타내며 a 대 b라 읽는다. 이 때 a는 전항으로 비교하는 양, b는 후항으로 기준양이라고 한다. 비, 비의 값, 비율의 개념은 수학적으로 같은 의미이다. '3cm : 5cm'와 같이 같은 종류의 양의 비를 내적비(internal ratio), '3km : 5 시간'과 같이 서로 다른 종류의 양의 비를 외적비(external ratio)라고 하는데, 내적비를 '비(ratio)', 외적비를 '비율(rate)'이라고 부르기도 하지만 큰 차이는 없다. 비는 예를 들어 2 : 5와 같이

'식'으로 나타내는데, 수학적으로는 식이 아닌 '수' 또는 '양'으로 나타낼 때가 많다. 이때에는 '비의 값'이라고 하여 분수 $\frac{2}{5}$ 또는 소수 0.4와 같이 나타내기도 한다. 결국 비의 값은 비를 나타내는 하나의 방법에 불과하다.

> ■ **비와 비율(6학년)**
>
> 학생 수 1명과 공책 수 3권을 비교하기 위하여 비로 나타냅니다. 이것을 1 : 3라 쓰고 1 대 3라고 읽습니다. 1 : 3는 공책 수 3를 기준으로 하여 학생 수 1을 비교한 것입니다. 이것을 3에 대한 1의 비 또는 1의 3에 대한 비라고 합니다. 또는 간단하게 1과 3의 비라고도 합니다.

비율은 대부분 '식'으로 나타내지 않고 $\frac{2}{5}$(km/h)와 같이 수량으로 나타내어 비의 값과 같은 역할을 한다. 비율의 개념은 여러 문화에서 다양한 형태로 발전하여 '백분율', '할푼리' 등과 같이 표현 방법이 다양하고 실제로 많이 사용되고 있으나, 수학적으로는 비 또는 비의 값에 해당된다.

따라서 '비의 값'을 '비'와 구별하던가, '비의 값'과 '비율'을 다른 개념으로 '비의 값'은 기준량이 1이고, '퍼센트'는 기준량이 100이므로 서로 다른 개념의 엄밀한 구분은 무의미하고 교육적으로도 비효과적이며 바람직하지 않다.

백분율과 비의 값은 동일한 비율을 표현하는 서로 다른 방식이다. 백분율은 기준량을 100으로 했을 때 비교하는 양의 크기를 나타낸 비율로서 %로 표현되며, 비의 값은 기준량에 대한 비교하는 양의 크기를 나타낸 비율로서 분수나 소수로 표현된다.

백분율은 비율, 즉 비의 값에 100을 곱한 값이다. 이제까지 초등학교 교과서에서는 백분율을 '기준량을 100으로 볼 때의 비율'이라고 설명하였는데 이것은 맞는 말이긴 하지만 초등학생들이 이해하기 어려운 표현이다. 한때 '비의 값'의 경우에도 기준량이 1일 때의 비율이라는 식으로 설명하였는데 이는 불필요한 개념을 반복한 표현으로서 초등학생들에게 비율의 의미를 설명하는 데 적합하다고 보기 어렵다.

백분율은 한자로는 '백으로 나누었을 때의 비율'이라는 뜻의 百分率의 음역이고, 영어로는 '100에 대하여 얼마'라는 뜻의 percent라는 용어를 사용한다. 숫자에 기호 %를 붙여 사용하며 실생활에서 백분율의 개념은 '비가 올 확률은 90%이다.', '50% 할인한 가격' 등과 같이 활용된다.

두 백분율을 뺄셈으로 비교할 때에는 %p라는 기호를 사용하고 퍼센트포인트라고 읽는다. 예를 들어 "작년 50%에서 금년 60%로 증가하였다."를 표현할 때에는 다음 두 가지 방법이 있다.

① 작년보다 20%가 증가하였다.

② 작년보다 10%p가 증가하였다.

감소하는 경우, 예를 들어 "2%에서 1%로 감소하였다."를 표현할 때에도 다음 두 가지 방법이 있다.

① 50%가 감소하였다.

② 1%p가 감소하였다.

①은 두 백분율을 나눗셈으로 비교한 것(상대적 비교)이고, ②는 뺄셈으로 비교한 것(절대적 비교)이다. ①과 같이 사용할 때에는 원래의 문장에서 사용한 %와 비교하는 문장에서 사용한 %가 서로 다른 의미를 가지고 있어서 의사소통에 혼란을 가져올 수 있다. 즉 두 번째 %는 비율에 대한 비율을 의미하는 것이라서 비율에 대한 이차적 사고를 요구한다. 그에 비하여 ②와 같이 사용할 때에는 원래의 문장에서 사용한 %와 비교하는 문장에서 사용한 %가 같은 맥락에서의 비율을 의미하므로 의사소통을 명확히 하는 데 도움을 준다.

국립국어원에 따르면 퍼센트(%)와 퍼센트포인트(%p)는 분명히 구분되는 말이다. 몇 % 증가했다는 것은 기존의 수량을 기준으로 하여 증가된 수량을 백분율로 표시한 것이고, 몇 %p 증가했다는 것은 기존에 제시된 %가 수치상으로 얼마나 증가했는지를 표시한 것이다.(6-1 지도서)

비 개념 학습에서 비를 정의하고, 읽는 과정에서 많은 혼동이 일어난다. 예를 들어, 2 : 3을 '3에 대한 2의 비', '2의 3에 대한 비', '2와 3의 비' 등으로 읽는데, 이러한 용어에 학생들은 어려움을 겪는다. 또한, 'a와 b의 비' 와 'b와 a의 비'가 서로 다른 비라는 것에 어려움이 있다. 학생들은 'a와 b의 합'과 'b와 a의 합', 'a와 b의 곱'과 'b와 a의 곱'처럼 수학적 교환법칙을 이미 학습하여, 'a와 b의 비'와' b와 a의 비'도 같은 것으로 잘 못 아는 가능성이 있다. 또한 학생들이 비 개념을 완전히 이해하기 전에는 비를 승법적(곱셈적) 관계보다는 가법적(덧셈적) 관계로 생각하는 경우가 있어 보다 의미 있는 지도가 필요하다. 비율은 비를 수량으로 나타낸 것으로 비의 값과 같은 의미이다. 비 개념의 지도에서 기준량과 비교하는 양의 개념을 중요 하듯이, 비율 개념의 지도에서도 어떤 양이 기준량이고 어떤 양이 비교하는 양인가에 따라 비율이 달라진다는 사실을 이해하도록 해야 한다.

나. 비례식과 연비

a의 b에 대한 비와 c의 d에 대한 비를 서로 같게 나타낸 식이 비례식이다. 즉 a : b= c : d이다. a와 d를 외항, b와 c를 내항이고, a : b=c : d는 a : b의 비의 값과 c : d의 비의

값이 같다는 것이므로 다음과 같이 생각한다.

$$\frac{a}{b}=\frac{c}{d},\ \frac{a\times d}{b\times d}=\frac{c\times b}{d\times b}$$

따라서 a : b=c : d ⇔ a×d=c×b이다.

연비는 **같은 종류의 양 a, b, c, …에서 셋 이상의 비를 말한다.** 두 연비 a : b : c=a' : b' : c'가 되는 것은 $\frac{a}{a'}=\frac{b}{b'}=\frac{c}{c'}$(=k)일 때이다. 예를 들면 아버지가 5개의 벽돌을 나를 때 형은 3개의 벽돌을 나르고, 형이 2개의 벽돌을 나를 때 동생은 1개의 벽돌을 나른다. 3사람의 연비는? 와 같은 경우이다.

비례배분은 어떤 양을 2개 이상으로 나누어서 각 부분의 비를 주어진 비와 같게 나누는 것을 말한다. 예를 들면 2,400원을 형과 동생에게 3 : 2로 나누어 줄 때, 형과 동생은 얼마일까? 와 같은 경우이다.

1.6 문자와 식

문자, 변수, 식은 방정식과 부등식, 함수, 그래프 등의 학습에 대한 기본 개념들이다. 이들은 일상생활이나 수학적 상황에서 패턴을 찾거나 표현에 사용되고 있다. 이처럼 문자와 식은 대수학습의 기초이며, 다른 영역과 밀접한 관련이 있다. 문자의 사용은 대수에서 사용법이 다르다. 예를 들어, 문자 m은 산술에서는 길이의 단위이지만 대수에서는 미터의 수를 나타낸다. 따라서 문자의 사용은 산술에서 대수로의 전환을 의미하고 내용은 주로 대수와 관련이 있다.

기호 또는 문자사용 측면에서 대수의 발달은 크게 3가지로 나눌 수 있다. 첫 번째는 디오판투스 이전으로 일상 언어를 사용해서 특정한 유형의 문제를 해결한 시기를 말한다. 이 시기를 **언어대수**라 하는데 기호를 전혀 사용하지 않고 수학 문제의 풀이에 필요한 연산 등을 말로 썼다. 두 번째는 디오판투스에서 16세기말까지로, 약어를 사용하여 미지수를 표시한 **약어대수 시기로** 언어대수와 마찬가지로 말을 쓰지만 동일한 연산이나 생각 등이 반복될 때에는 약어를 사용하였다. 이 시기 관심은 사고의 결과를 나타내기 위하여 기호를 사용한 것이지, 사고의 수단으로 사용한 것은 아니었다. 세 번째는 비에트(Viete, 1540~1603)가 미지수뿐만 아니라 주어진 수와 양을 문자를 사용해 나타낸 **기호대수 시기로** 이때부터 기호는 일반적인 해결방법을 표현할 수 있고, 대수 도구로 사용하여 수의 관계를 통제하는 규칙을 제공하였다.

일상적인 문장을 수학적 용어의 문장으로, 다시 기호를 사용한 수학적 문장으로 표현하는 과정에서 '문자와 식'이 수학적 표현의 가치와 유용성을 인식할 것이며, 그 역의 활동을 통한 문제 만들기는 수학과 실생활 장면을 연결시킬 수 있어 수학의 실용적 가치 및 문제 해결력을 기를 수 있을 것이다.

노랑나비 3마리와 흰나비 5마리가 있다. 나비는 모두 몇 마리인가?	⇒	3과 5의 합	⇒	3 + 5

가. 식의 의미

식이란 대상기호, 술어기호, 논리기호, 보조기호 중 몇 개를 일정한 규칙에 따라 조합·배열한 것을 말한다. 초·중등학교의 수학 내용을 중심으로 분류하면 다음과 같다.

- 대상기호
  ① 상수 기호 : 1, 2, $\frac{3}{4}$, 0.34, π ⋯
  ② 변수 기호 : a, b, △, x, y, A, B ⋯
  ③ 특징 기호 : $\bar{a}$, i
- 술어기호
  ① 연산 기호 : +, −, ×, ÷, ∪, ∩, ⋯
  ② 함수 기호 : f, g, F, G ⋯
  ③ 관계 기호 : =, ≡, ≒, ∽, ∈, ⊂, ≠, ⊃, >, ⊅, ⋯
- 논리 기호 : ∧, ∨, →, ⇒, ∼, ⇔, ∀, ∃, ⋯
- 보조 기호 : ( ), { }, [ ], ⋯

문자와 식의 사용은 다음과 같은 장점이 있다.
① 여러 가지 관계나 법칙을 일반적이고 간결하게 표현할 수 있다.
② 대상을 일반화하며, 수학적 모델로서 발전적 취급을 할 수 있다.
③ 형식화나 추론, 처리가 가능해진다.
④ 사상이나 관계를 간결하고 명확하게 표현하며, 일반화나 특수화가 쉽다.
⑤ 형식적으로 처리할 수 있다.

수량과 구체물 사이를 지도하는 과정은 먼저 실물이나 교구와 같은 구체물을 이용하며 표현한다. 이 과정이 익숙해지면 다른 사람과 의사소통을 하기 위해서 일반화된 수학 기호를 사용하게 된다. **저학년 학생들은 구체적 사물의 조작이나 말, 그리고 글로 설명하는데 익숙한 반면에 학년이 올라갈수록 문자나 수학적 기호 사용에 익숙해지게 된다.** 일상생활에서 구체적 사물이나 조작, 그들 사이의 관계 등을 기호화하는 경우, 사물에 행해지는 조작에 주목한다.

예를 들어 '더하라', '합하라' 등과 같은 조작은 덧셈 기호 '+'로 인식이 중요하다. 즉 수학적 모델은 그 개념을 언어나 기호로 표현하거나 그 개념에 부여된 관계를 표현하고 설명해주는 구체물, 그림, 모형이라고 볼 때, **수학적 모델은 실세계의 물리·조작적 모델을 통해서 시각화하고 언어화하고 이를 수학적 기호와 연결시키는 복합적인 노력이 필요하다.**

나. □의 의미 지도

식 □+3=6에서 □는 두 가지의 의미가 있다. 하나는 모르는 상수인 미지수로 보는 방정식이고, 다른 하나는 □에 여러 가지 수를 대입하는 변수로 보는 것이다. 이 식의 □에 어떤 수를 넣느냐에 따라 식은 참이냐 거짓 중의 하나가 된다. □나 △를 변수로 보는 것은 매우 중요한 의미를 가진다. 예를 들어,

(속도) × (시간) = (거리)
(단가) × (수량) = (가격)
(가로) × (세로) = (직사각형의 넓이)

등은 모두 □×△=◯의 관계이다. 여기서 **□와 △를 모두 변수로 보면 이변수함수가 된다. 또 예를 들어 □를 일정하게 하면 △와 ◯는 비례관계가 되고, ○을 일정하게 하면 □와 △는 반비례관계가 된다. 현행 교육과정에서 두 가지 의미 중 모르는 상수로서 □를 지도하는데 초점을 두고 있다.** 교육과정에서 □의 의미 지도는 1학년에서는 덧셈식과 뺄셈식에서 □의 의미를 이해하고 □가 들어있는 덧셈식과 뺄셈식을 만드는 것을, 2학년에서는 어떤 수를 □로 나타내는 것을 학습하고 있다. □의 의미 지도는 먼저 생활 장면에서 덧셈식이나 뺄셈식이 적용되면서 미지량을 포함하는 상황을 제시하는데, 이때 학생들이 주변의 사물들을 가지고 쉽게 조작할 수 있는 상황을 제시하는 것이 좋다. 학생들은 교사가 제시한 상황을 구체물(또는 반구체물)을 가지고 조작을 해 봄으로써 어떤 수를 나타내는 방법에 대해서 생각해 보게 된다.

다. 덧셈식에서 미지항 구하기

□를 사용한 덧셈식에서 **학생들은 피갖수가 미지항인 경우를 더 어려워한다.** 그림을 식으로 나타내면 23+□=28이다. 2학년에서 문제 상황을 식으로 나타내기 전에 수직선을 도입하고 있다. 문제 상황을 수직선으로 나타내면 수들 사이의 관계를 쉽게 알 수 있어 미지항을 구할 수 있을 뿐만 아니라 식으로 나타내기도 쉽다. 문제 상황을 식으로 나타낸 다음 미지항을 구해야 한다.

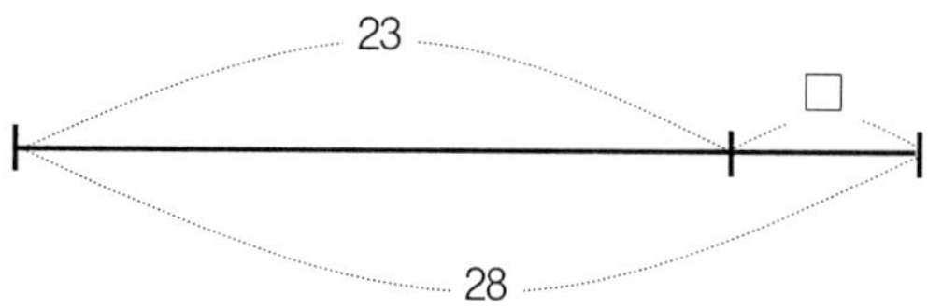

<23+□=28의 수직선>

두 덧셈식의 일반적인 해결 방법은 덧셈의 역연산인 뺄셈으로 해결하는 것이다. 즉,

$$23 + \square = 28 \quad \Leftrightarrow \quad 28 - 23 = \square$$
$$\square + 12 = 25 \quad \Leftrightarrow \quad 25 - 12 = \square$$

그러나 23+□=28의 경우는 23에서 얼마를 더하면 28이 되는지를 알아보는 것이다. 이때 수 세기(counting on) 전략을 사용하여 24, 25, 26, 27, 28 다섯 번을 세었기 때문에 5를 더하면 된다. 이에 반해 **□+12=25의 경우는 수 세기 전략의 적용이 부적절하며, 덧셈으로 해결하는 것이 학생들에게 어려움을 야기한다.**

라. 뺄셈식에서 미지항 구하기

□를 사용한 뺄셈식도 상황에 따라서 감수가 미지항인 경우와 피감수 미지항인 경우로 나눌 수 있다. 덧셈식처럼 상황을 수직선으로 나타내면 수들 사이의 관계를 쉽게 인식할 수 있어 미지항뿐만 아니라 식으로 나타내기에 용이하다.

□－45=50은 뺄셈의 역연산인 덧셈을 이용해서 미지항을 구할 수 있다.

$$\square - 15 = 20 \Leftrightarrow \square = 15 + 20$$

그러나 28－□=23은 역연산을 이용하여 구할 수 없어 아래와 같이 감수와 계산 결과를 서로 바꾸면 미지항을 구할 수 있다.

$$28 - \square = 23 \Leftrightarrow 28 - 23 = \square$$

거꾸로 세기(counting backward) 전략으로 28－□=23의 미지항을 구하면 학생들의 수학적 사고력을 유발시킬 수 있다. 거꾸로 세기 전략은 28에서 시작에서 23까지 수를 하나씩 거꾸로 세는 손가락의 센 횟수를 센다. 이 전략이 정교해지면 1씩 세는 대신 5씩 또는 10씩 센 후 1씩 세기도 한다.

마. 곱셈식에서 미지항 구하기

□를 사용한 곱셈식도 상황에 따라 승수가 미지항인 경우와 피승수가 미지항인 경우가

있다. 즉 4×□=24와 □×3=15가 있다. 승수가 미지항인 경우는 2학년에서 그림을 이용하여 미지항을 구한다. 4×□=24의 **경우는 24개의 동그라미를 4씩 묶으면 몇 묶음이 되는지를 알아보면 □에 들어갈 수를 알 수 있다.**

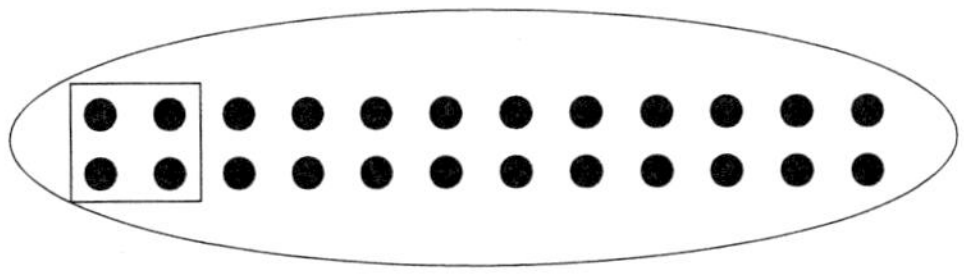

그러나 피승수가 미지항인 경우는 곱셈의 역연산을 이용해서 쉽게 구할 수 있으나 왜 그렇게 되는가를 이해하지 못하면 기계적 계산만 하게 된다. 또 다른 방법은 변수 개념 이용으로 □를 변수로 인식하는 것이다. 식의 □에 어떤 수를 넣느냐에 따라 등식이 참이 되기도 하고 거짓이 되기도 한다. 따라서 미지항을 구한다는 것은 등식을 참이 되게 하는 수를 찾는 것을 의미한다.

2. 문제해결(Problem solving)

문제를 푼다는 것은 어려운 길을 찾고 상황에서 벗어나는 방법을 찾는 것과 같다. **수학문제의 해결은 수학을 배우는 중심적인 사고활동이다. 기록에 의하면 최초의 문제해결은 Platon의 대화편 가운데 하나인 Menon편에 나오는 Socrates의 예시로 Socrates는 Menon의 아동에게 '주어진 정사각형의 넓이의 두 배가 되는 정사각형의 한 변의 길이를 구하는 문제'를 단지 질문만으로 아동의 영혼 속에 잠재하고 있는 지식을 상기하도록 도와준 산파역할을 보이고 있다.** Bruner의 발견학습도 Socrates의 대화법에서 찾고 있다. 오늘날 학교수학의 교육과정은 문제해결능력과 태도의 개발을 수학교육의 궁극 목표로 문제해결과정과 문제해결전략의 지도를 구체적으로 요구하고 있다.

2.1 문제

Polya는 **문제의 의미를 '분명하게 인식하고 있으나 즉각적으로 얻을 수 없는 목표 도달에 필요한 어떤 행동을 의식적으로 조사하는 것'**이라 하였다. 따라서 문제는 목표와 장애요인, 해결자의 의식이 있다. 목표는 문제가 의도한 상태가 무엇인지에 대한 설명이다. 장애요인이란 그 목표에 즉각적으로 도달할 수 없게 만드는 요소이다. 梅根悟는 문제해결이란 "자기 자신이 알지 못하는 것을 아는 것"이고, 문제는 불안감을 조성하는 쪽, 해결은 안정감을 갖게 하는 쪽으로 문제해결은 직접지식과 간접지식 사이의 관계를 학생의 경험(지식), 조작(사고)에 의하여 불안감에서 안정감을 갖게 하는 것으로 설명하고 있다.

문제의 유형은 관점과 지도방법에 따라 다양하다. Polya는 어떤 대상을 작도하거나 만들고 찾는 결정문제, 어떤 주장이 옳은지 그른지의 증명문제로 구분하였다. 결정문제의 주요 부분으로 구해야 할 것(unknown), 주어진 것(known), 조건(condition)을 들고 증명문제의 주요 부분으로 가정과 결론을 들었다. **Krulik와 Rudnick(1984)은 간단한 회상만으로 해결되는 단순문제(Question), 훈련을 위한 연습문제(Exercise), 사고활동이 필요한 문제(Problem)로 구분하였다.** 즉, "2에 3을 더하면 얼마인가?"의 물음이 2학년 학생에게는 question, 1학년은 학습 후에 연습 목적이라면 exercise, 처음 입학한 유치원생은 아직 배우지 않는 상황에서 해결방법을 모색하는 사고가 작용되어 problem이 된다.

이와 같이 문제 종류는 여러 가지가 있지만, 보편적으로 '정형 문제'와 '비정형 문제'로 구분한다. 정형 문제는 이미 제시된 알고리즘을 사용하거나 공식에 특정한 수를 대입하여 예제의 풀이 방법을 그대로 적용하여 해결할 수 있는 문제이다. 비정형 문제는 문제를 해결하는 알고리즘이나 답을 구하는 방법을 모르는 상태에서 문제해결 전략이나 독자적인 해결 방법을 찾아 해결하는 문제이다. 즉, 문제해결에서의 '문제'는 '비정형 문제'로서, 구체적인 해결 방법이 쉽지 않고, 문제해결을 위해서 여러 단계에 따라 다양하고 복합적인 사고가 요구되는 문제이다. 단순한 문제나 해결의 절차가 알려져 있는 문제는 절차대로 수행하면 답을 구할 수 있어 진정한 문제라고 할 수 없다. 진정한 문제는 목표는 분명하지만 그 목표에 이르는 길이 즉각적으로 주어져 있지 않는 것이다.

2.2 문제해결

1970년대 "기본으로 돌아가자" 운동의 실패로 1980년대에 NCTM이 "문제해결을 1980년대의 학교수학의 초점이 되어야 한다."고 권고한 이후 최근까지 수학교육에서 가장 역점을 두고 있다. 1989년에 영국 교육과학성의 국가교육과정, 미국 NCTM의 "Standard", 일본의 새 학습지도요령 등에서 문제해결력의 육성을 수학교육의 중요 목표로 제시하고 있다. 최근 문제해결지도의 강화는 정보화 사회에 대응하는 수학교육의 요구에 따른 것이다. 문제해결은 문제 해결 과정에서 기초적 수학적 지식이나 기능을 좀 더 확실히 이해하며, 의사소통 능력, 비판적 사고 능력, 창의적 사고 능력 등과 같은 고등 정신능력의 향상에 의미가 있다. 또한 문제해결을 통해 지식의 단순 암기와 적용, 알고리즘의 반복 연습에서 벗어나 수학을 진정으로 행하는 활동을 경험할 수 있다.

지식은 '정보적 지식(knowing that)'과 '방법적 지식(knowing how)'으로 구분할 수 있다. 수학교육에서는 정보적 지식과 함께 방법적 지식도 강조해야 한다. 정보적 지식은 수학적 개념, 원리, 법칙 등을 아는 것이다. 방법적 지식은 이미 습득한 수학적 개념, 원리, 법칙 등을 활용하여 어떻게 진행할 것인가에 대한 지식이다.

다시 말해서, 방법적 지식이란 문제를 해결하기 위해서 어떻게 진행하고 증명하며 논쟁을 비판할 것인지, 어떻게 수학적 언어를 유창하게 활용할 것인지 등에 관련된 지식이다. 문제해결은 이와 같은 방법적 지식을 지도할 수 있는 대표적인 영역이라고 할 수 있다.

문제해결능력은 문제해결과정에서 작용되는 문제이해능력, 주어진 조건과 구하려는 것의 관계를 파악하여 해결계획 수립, 연산, 검증, 일반화 등 수학의 기초개념, 원리법칙을 발견하는 능력 등이 있다.

수학에서 기호나 식을 수학언어라 하는데 일상생활에서 사용하는 언어와 비교하면 간결하고 명확한 특징이 있다. 이러한 간결성이나 형식성이 수학학습에 종종 큰 저항이나 곤란의 원인이 되기도 한다. 즉 간단한 추상적 표현 속에 내재된 풍부한 내용이나 일정한 형식을 이해하지 못하면 학습자에게 친근감을 주지 못하여 수학학습에 어려운 원인이 된다.

(1) 방정식 : 등식으로 표시된 열린 문장이 방정식인데 방정식의 기초개념은 저학년의 역연산 지도부터 시작하고 있다. 예를 들면 '주머니 속에 있는 밤 5개를 먹었더니 15개 남았다. 처음 주머니 속의 밤은 몇 개 일까?'에서 식 $\square-5=15$로 미지의 양을 □로 나타내어 방정식으로 나타낸 것과 같다.

처음에는 식의 □속에 여러 수를 차례로 대입하며 참이 되는 값을 시행착오로 얻도록 한다. 이것은 열린 문장에 해가 있다는 인식에 목적이 있다. 그러다 점차로 문장이 복잡해지면 덧셈과 뺄셈, 곱셈과 나눗셈의 상호관계를 토대로 역연산에 의한 해법을 지도한다.

문장제의 대수적 해결방법은 다음과 같다.

문제파악	→	가설의 착상	→	가설의 검증
• 문제의 이해 • 수량관계 파악		• 미지수의 결정 • 식 세우기		• 방정식의 해법 • 검산 • 답의 결정

① 문제의 이해 : 국어적 능력과 수학용어를 이해하여 문제장면 파악

② 관계파악 : 문제의 분석과 미지의 요소, 기지의 요소 추출과 문제의 구조 이해와 수량의 의미를 알며 종합관계 파악

③ 미지수의 결정 : 기지와 미지의 수량을 구별하여 미지수 x 결정
④ 식 세우기 : 문자나 그림을 이용하여 문맥에 따른 연산관계 파악하여 식 세우기.
⑤ 풀이 : 방정식의 풀이는 역연산이나 이항 방법은 이용하지 않고 등식의 성질을 적용하여 풀어 나가기
⑥ 검산 : 얻은 해를 원래의 방정식의 미지항에 대입하여 검산하기
⑦ 해답의 결정 : 검산에서 이상이 없을 때 답으로 결정하기

문제해결의 수업모델은 교사나 학생이 쉽게 기억하고 문제해결에 쉽게 적용할 수 있어야 한다. 형식성과 논리성을 동반하는 algorithm적인 성격을 지녀야 한다.

① 수업모델의 형태(교육개발원) : 문제제시→ 문제의식→ 문제이해→ 계획수립→ 계획실행→ 반성→ 끝

예 :

(저학년용)	(중학년용)	(고학년용)
문제를 풀 때는	문제의 해결순서	문제의 해결과정
1. 문제의 뜻을 안다.	1. 문제의 뜻을 안다.	1. 문제의 이해
2. 어떻게 풀까 생각한다.	2. 해결계획을 짠다.	2. 탐색
3. 식을 세우고 문제를 푼다.	3. 계획에 따라 실행한다.	3. 선략 선택
4. 답이 맞는지 알아본다.	4. 검증하고 일반화한다.	4. 해결
		5. 검증

가. G. Polya의 문제해결의 모형

수학교육은 수학적 지식에 내포된 수학적 사고교육이며 수학적 사고는 수학을 하는 정신활동이다. Polya는 실험적이고 귀납적인 수학적 발견 논리의 교육적 가치를 중요시한다. 교사의 문제해결 예시를 모방하여 학생스스로 교사가 제기한 질문과 권고를 적절하고 자연스럽게 구사하면 문제해결이 이루어질 수 있다는 것이 Poly의 현대적 발견술의 기본전제이다. 여기서 문제해결활동은 경험과 판단이 요구되는 발견활동이며 Polya가 제시한 질문과 권고가 기계적인 절차적 기능으로 왜곡되어, 즉 Polya의 표현을 빌면 '현학적으로' 사용되어서는 안 된다.

Polya의 문제해결[3]은 수학 문제해결과 관련하여 학교현장에서 가장 많이 활용되는 모형으로 모든 문제의 해결 과정은 문제의 이해, 해결계획의 수립, 계획의 실행, 반성의 4단계로 각 단계에 따른 발문과 권고 사항은 다음과 같다.

---

3) Rick Billstein·Shlomo Libeskind·Johnny W. Lott(1984). A Problem Solving Approach to Mathematics for Elementary school Teachers, The Benjamin/ Cummings Publishing Company, Inc. California

A well-known mathematician and educator, George Polya, describes the experience of problem solving in his book, How To Solve It.

A great discovery solves a great problem but there is a grain of discovery in the solution of any problem. Your problem may be modest; but if it challenges your curiosity and brings into play your inventive facilities, and if you solve it by your own means, you may experience the tension and enjoy the triumph of discovery. Such experiences at a susceptible age may create a taste for mental work and leave their imprint on mind and character for a lifetime.

One way to become a good problem solver is by attempting a variety of problems. Techniques developed in solving these problems can be used to help solve new problems. As part of his work in problem solving, Polya developed a four-step process similar to the following.

(1) Understanding the Problem

(a) Can you state the problem in your own words?
(b) What are the unknowns?
(c) What information do you obtain from the problem?
(d) What information, if any, is missing or not needed?

(2) Devising a Plan

The following list of strategies, although not exhaustive, is very useful,

(a) Look for a pattern.
(b) Examine related problems and determine in the same technique can be applied
(c) Examine a simpler or special case of the problem to gain insight into the solution of the original problem.
(d) Make a table, diagram, or model.
(e) Write an equation.
(f) Use trial and error.
(g) Work backward.
(h) Identify a subgoal

(3) Carrying Out the Plan

Perform the necessary computations.

(4) Looking Back

(a) Check the results in the original problem. (In some cases, this will require a proof.)
(b) Interpret the solution in terms of the original problem.
(c) Determine whether there is another solution, perhaps a more direct one.
(d) Determine whether there is another method of finding the solution.
(e) If possible, determine other related or more general problems for which the techniques will work.

Step 4, Looking Back, is an important step for developing students' problem-solving skills. At this stage, students examine and describe their own thinking. Not only do those students benefit, but other students who hear the description will benefit.

It is not necessary to memorize these four problem-solving steps. They will come naturally with practice. Problem solving is not a spectator sport. You will be asked to use the strategies discussed in this chapter, but not always in the detail seen here. This four-step process does not assure a solution to a problem, but it gives valuable guidelines when there is no obvious way to proceed. Most of the problems presented in this chapter are solved without algebra, because many students in this course do not have the necessary algebraic skills.

(1) 문제의 이해 단계 : 문제 해결을 위해서 문제를 이해하며, 해결하려는 의욕이 있어야 한다. 또 문제의 주요 부분을 여러 측면에서 보고, 문제를 설명하는 언어적 진술을 이해하도록 지도한다. 이 단계에 유용한 발문은 다음과 같다.

- 미지는 무엇인가? 자료는 무엇인가? 조건은 무엇인가?
- 조건은 만족될 수 있는가? 조건은 미지의 것을 결정하기에 충분한가?
- 그림을 그려보아라. 적절한 기호를 붙여라.
- 조건을 여러 부분으로 분해하라.

(2) 계획의 작성단계 : 문제를 이해한 후에 문제해결 계획을 세워야 한다. 문제해결에 대한 해결 계획이 작성되면 문제해결은 거의 완성된 것이라 할 수 있다. 해결 계획은 주로 과거의 경험과 얻은 지식을 바탕으로 한다. 이 단계에서 유용한 발문은 다음과 같다.

- 전에 그 문제를 본 일이 있는가? 그렇지 않으면 약간의 다른 문제인가?
- 관련된 문제를 알고 있는가? 유용하게 사용될 정리를 알고 있는가?
- 미지인 것을 살펴보아라! 미지인 것이나 유사한 문제를 생각해 보아라.
- 관련된 문제를 풀어 본 일이 있는가? 그 결과나 방법을 활용할 수 있을까? 어떤 보조요소를 도입하면 그것을 활용할 수 있을까?
- 문제를 다르게 진술할 수 있을까?
- 문제를 풀 수 없다면, 어느 정도 그와 관련된 문제를 풀어보아라. 보다 접근하기 쉬운 관련된 문제를 생각해 낼 수 있는가? 보다 일반적인 문제는? 보다 특수한 문제는? 유사한 문제는? 문제를 부분적으로 풀 수 있는가? 조건 가운데 일부만 남기고 다른 것은 버려 보아라. 그랬을 때 미지인 것은 어느 정도까지 정해지는가? 자료로부터 무언가 유용한 것을 이끌어 낼 수 있을까?
- 자료는 모두 사용했는가? 조건을 모두 사용했는가? 문제에 포함된 핵심적인 개념은 모두 고려했는가?

(3) 계획의 실행 단계 : 해결 계획 실행은 계획보다 쉬운데, 요구되는 것은 인내심이다. 이 단계에서는 해결 계획을 잊지 않고 각 단계를 정확히 수행하는 것이 필요하다. 이 단계에서 유용한 발문은 다음과 같다.

- 풀이 계획을 실행하고, 매 단계를 점검하라. 각 단계가 올바른지 명확히 알 수 있는가? 그것이 옳다는 것을 증명할 수 있는가?

(4) 반성 단계 : 풀이를 검토하고 그 결과와 결과에 이르게 된 과정을 재검토하여, 획득한 지식을 견고하고 문제 해결하는 능력을 발달시킬 수 있다. 이 단계에서 유용한

발문은 다음과 같다.

- 결과를 점검 할 수 있는가? 논증과정을 점검 할 수 있는가?
- **결과를 다른 방법으로 이끌어 낼 수 있는가?**
- 결과나 방법을 어떤 다른 문제에 활용할 수 있는가?

Polya는 일반적인 문제해결에 특정한 발견술의 가치에 관심을 두었다. 여러 사실들에 거꾸로 연구하기, 단순화해보기, 유추해보기, 간단하고 쉽고 익숙한 것을 먼저 고려해보기, 문제를 형태별로 분류해보기, 패턴 찾아보기, 대칭성에 주목하기, 동치인 문제를 고려하기, 극단적인 경우를 점검 해보기 등의 중요한 발견적 사고 전략을 강조하고 있다.

발견술(heuristic)은 해를 보장하지는 않지만 해결을 쉽게 하는 법칙이다. **전략은 법칙들의 모임이고 법칙이 적용되어야 할 때 더 필요한 법칙을 찾는다. 전략은 추론과 문제해결에 매우 중요하다. Polya는 특히 반성단계를 강조하였는데, 이는 풀이과정과 결과를 개관하고 음미하여 오류를 수정하고 문제풀이를 개선하며, 다른 문제와의 관련성을 조사하고 적용 가능성을 생각해 보는 가운데 획득한 지식이 견고히 된다고 보기 때문이라 하였다.**

Polya는 문제 푸는 방법이란 문제해결자의 전형적인 사고조작을 유발하는 적절한 질문과 권고의 목록을 소유하고 적절히 사용하는 것이라 하였다. 그러한 질문과 권고는 문제를 마음속에서 계속 굴리기 위한 것이며, 지식을 동원하고 동원 지식을 조작하며 문제의 요소를 분리하여 보충하고 재분류하고 재결합해 가는 가운데 해답에 이르는 길을 발견하기 위한 것이다. 초보자는 그에 따라서 사고하고 노력하며 성공과 실패를 통해 진정한 의미를 배울 수 있어야 한다.

교사는 모든 비밀을 단번에 누설하지 말고 말하기 전에 추측하도록 하고 가능한 한 자유와 주도권을 학생에게 주어 성급한 해답의 제시나 개념과 규칙을 형식화하지 말라. 교실에서 교사의 말은 중요하지만 학생의 생각은 그보다 수천 배 더 중요하다. 지식의 세일즈맨으로서 교사의 의무는 수학이 흥미 있고 노력할 가치가 있음을 학생들에게 확신시키는 것이다.

예 : 20명의 선생님이 교실에 있다. 모든 사람과 한 번씩 악수를 한다. 모든 사람의 악수의 회수는 얼마나 될까?

① 문제의 이해

교실에 20명이 있다. 각자 한 번만 악수를 한다. 한 번의 악수는 두 사람 사이에 일어난다. 즉 만약 A가 B와 악수를 하고 B와 A가 악수를 한다면 이것은 한 번이다. 문제는 일어났던 악수의 회수를 구하는 것이다.

② 계획의 작성

사람의 수	악수의 회수
1	0
2	1
3	1+2=3
4	1+2+3=6
5	1+2+3+4=10

확실한 방법의 하나는 20명이 악수를 실제하고 세어 보는 것이다. 교실에 한 사람이 있을 때는 악수는 없다. 2사람이 있다면 한 번의 악수가 있다. 세 사람이 있다면 악수의 회수는 2번이 추가되고, 이와 같은 방법을 표로 나타낸다. 합 1+2+3+4에서 마지막 수는 악수한 사람의 수보다 하나 작다. 즉 20명의 사람에 대한 답은 1+2+3+4+⋯+19이다.

③ 계획의 실행

가우스에 의해 사용된 이러한 형태의 기술은 문제해결에 유용하다.

$$1+2+3+4+\cdots+19=\frac{19(20)}{2}$$

④ 반성

다른 방법으로 그림그리기(drawing diagram) 전략을 사용한다. A와 B의 두 사람의 악수는 아래 그림처럼 선분의 개수를 찾을 수 있다.

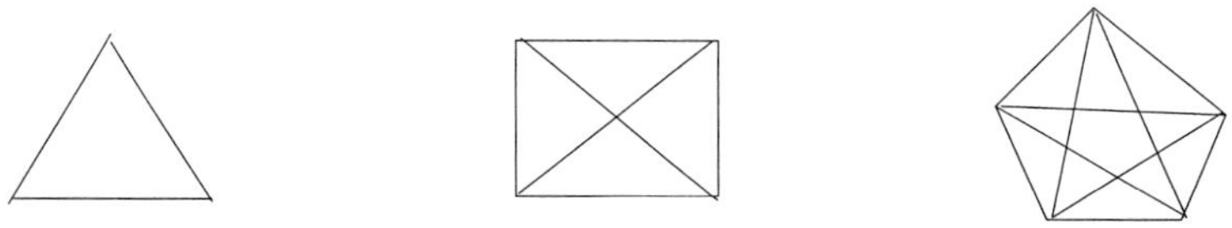

(a) (b) (c)

3, 4, 5명에 대한 악수의 그림은 위와 같다. 악수는 그림의 점들을 연결한 선분의 개수를 세는 문제가 된다. (c)에서 5명에 대한 문제를 풀 때 A는 B, C, D와 E와 4번의 악수를, B는 A, C, D와 E와 악수를 한다. 각각 다른 사람도 4번씩의 악수를 하여 5・4=20번의 악수를 한다. 이런 방법으로 20명의 악수의 회수는 190이 되고 이것을 임의의 수 n까지 일반화하여 활용할 수 있다.

Schoenfeld의 5단계 전략과 발견적 방법은 Polya의 모형을 개선해서 분석, 계획, 탐구,

실행, 입증의 5단계로 해결 방안과 발견적 방법을 제시하였다. Schoenfeld는 먼저 교사와 학생들이 함께 토론하며 문제해결 단계와 전략을 익힌 다음에 소집단으로 나누어 집단별로 문제를 해결하는 수업형태를 권고하였다.

기타 Jonson, D(1953)는 문제해결의 사고과정을 문제에 대한 방향설정, 세련된 기능에 의한 적절한 자료의 생산, 비판적 기능에 의한 판단 등의 세 가지로 구분하였으며, Webb, N(1974)은 문제해결에 관한 당시까지의 기존 문헌을 종합하여 문제해결 과정을 준비 → 생산 → 평가 → 준비 → … 로 이어지는 순환모델을 제시하였다.

Polya의 효과적인 교수법은 학습과정의 본질에 대한 이해를 바탕으로 활동적 학습의 원리, 최선의 동기유발의 원리, 비약 없는 단계의 원리를 제시하였다. 효율적 학습을 위해서 학습자는 가능한 한 학습해야할 내용을 스스로 발견하는 것이 **활동적 학습의 원리**이다. 이 과정에서 교사는 학생들의 지식 발견과정에 산파역을 한다. **학습자의 동기 유발**은 바람직한 사고 태도형성에 기여한다. 학습 동기는 내적동기와 외적 동기로 나누는데 외적 동기는 칭찬과 꾸지람, 상벌, 사회적 지위 등에 의한 동기이고 내적 동기는 학습내용 자체에 대한 지적호기심, 학습의 기쁨, 발견의 희열 등을 의미한다. **비약 없는 단계의 원리**는 효과적인 학습을 위해서 탐구단계가 언어화와 개념 형성 단계에 선행되어야 하며 학습된 자료는 결국 정신적 태도에 하나가되어야 한다고 하였다.

나. 문제해결전략

문제해결 전략은 문제해결에 유용한 발견과 발명의 방법과 규칙, 전략과 진술 등을 의미하며, 발견술(heuristic)이라 하기도 한다. 초등학교에서 사용하는 전략은 실제로 해보기, 그림 그리기, 식 만들기, 거꾸로 풀기, 규칙 찾기, 예상과 확인, 표 만들기, 단순화하기, 논리적 추론이 있다. 문제를 해결에 오직 한 가지 전략만 사용하거나, 한 가지 방법만이 존재한다고 생각하는 것은 부적절하다. 한 문제를 해결에는 둘 이상의 여러 가지 전략이 동시에 활용될 수 있다.

(1) 실제로 해보기 : **문제 상황을 모델 또는 구체물로 나타내고 조작활동을 통하여 해결하는 방법이다.** 이 전략은 문제에 내용을 시각화할 수 있도록 한다. 학생 자신이 직접 움직이거나 물건을 조작하며 실제 행동을 실행해 본다. 이러한 실제 활동을 통해 문제의 구성 요소들 사이의 관계를 보다 명확하게 파악하게 된다. **이 전략은 학생의 수준이 낮거나 문제 해결에 필요한 수학적 개념이 불완전할 때 도움이 된다.**

예 1 : 오각형의 내부에 그릴 수 있는 대각선은 각각 몇 개입니까?

예 2 : 주머니에 500원, 100원, 50원, 10원 짜리동전이 9개 있는데 모두 1200원입니다. 사용한 동전은 얼마짜리일까?

예 3 : There are five people in a room and each person shakes every other person's hand exactly one time. How many handshakes will there be?(http : //206.152.229.6/Problems/strategies.html#T)

(2) 예상과 확인하기 : **어떤 문제를 해결할 때 답을 예상해 보고, 그것이 문제의 조건에 적절한지 확인해 보는 전략이다.** 예상이 틀렸을 경우는 다시 예상 확인하는 과정을 반복하며 답을 찾을 수 있다. 두 번째 예상은 처음 예상보다 더 크게 예상할 것인지 더 작게 예상할 것인지를 판단해야 한다.

예 1 : 지혜는 5,000원을 주고 300원짜리 지우개와 200원짜리 연필을 합하여 20개 샀다. 지우개와 연필은 각각 몇 개씩 샀는지 알아보시오.

예 2 : 책을 펼쳤을 때에 나타난 두 쪽에 나타난 수의 곱이 156이라면, 펼친 그 두 쪽은 각각 얼마입니까?

예 3 : 더하면 45가 되고, 곱하면 486이 되는 두 자연수가 있습니다. 이 두 수를 구하시오.

(3) 그림 그리기 : **학생들이 문제를 읽고 문제내의 관계를 그림을 그려 해결하는 방법으로 수학뿐만 아니라 다른 문제에서도 적용되는 전략이다.** "그림은 수 천마디의 말보다 가치 있다."라는 말처럼 문제의 내용을 그림으로 나타내어 문제의 뜻을 보다 분명하게 이해하여 해결 방법을 쉽게 발견하게 된다. 여기서 그림은 문제에 포함되어 있는 자료나 관계 조직에 도움이 되는 모든 종류를 말한다.

예 1 : 강강술래를 위해 사람들이 원 모양에 일정한 간격으로 둘러서 서 있다. 셋째 번 사람이 열째 번 사람과 마주 보고 있으면 모두 몇 명인가?

예 2 : If Jane is older than Kim, Kim is older than Shawn. Shawn is younger than Jane and Rachel is older than Jane. List the people from oldest to youngest.

예 3 : 한 변의 길이가 5m인 정사각형 모양의 창고 바깥 한 귀퉁이에 그림과 같이 염소가 5m 되는 줄이 묶여 있다. 염소가 움직일 수 있는 범위의 넓이를 구하여라.

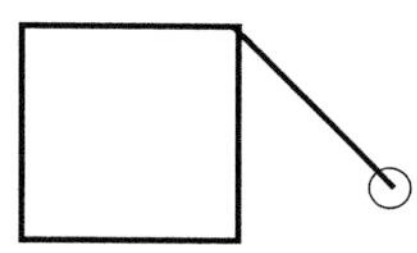

(4) 표 만들기 : **한 가지 이상의 특성을 가진 자료를 포함하고 있는 문제를 해결할 때 주어진 정보를 하나의 표에 나타내어 자료를 조직화하고 자료 사이의 관계에서 규칙성**

을 파악하여 해결하는 전략이다. 문제의 자료들을 표로 나타내어 한눈에 볼 수 있고, 그 답을 직접 구할 수 있는 전략이다. 표를 만들 때는 어떤 가능한 해가 빠지지 않도록 주의해야 한다.

예 1 : 1,000원을 500원, 100원, 10원 동전으로 바꾸는 방법은 몇 가지가 있는가?

예 2 : 현철, 문섭, 용학, 수홍 4사람은 축구, 야구, 농구, 탁구 중에서 어느 하나를 좋아하며, 이들이 좋아하는 운동경기는 모두 다르다.

- 용학이와 수홍이는 모두 농구를 좋아하지 않는다.
- 문섭이는 야구를 좋아한다.
- 수홍이는 전에는 축구를 좋아하였으나. 지금은 그렇지 않다.

현철, 용학, 수홍이가 좋아하는 운동 경기를 각각 구하여라.

예 3 : 1, 2, 3, 4, 5의 다섯 장의 숫자 카드가 있다. 이 카드 3장으로 합을 구하면, 모두 몇 가지 점수가 나올 수 있는가?

(5) 규칙 찾기 : **수학은 패턴의 학문이라 할 만큼 규칙으로 이루어져 있다. 이런 경우에 숨어 있는 규칙을 찾아 해결하는 전략이다.** 어떠한 사실을 순서에 따라 시행한 결과나 변화의 규칙성을 찾아 새로운 정보를 예상하는데 유용한 전략이다.

예 1 : 아래 바둑돌 모두 몇 개일까?

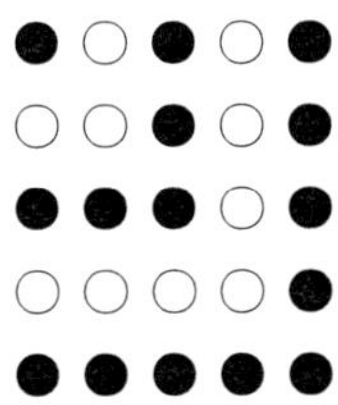

예 2 : 다이어리 달력에 잉크가 쏟아져 있다. 3번째 금요일은 며칠인가?

예 3 : Daniel arranged loaves of bread on 6 shelves in the bakery. He put 1 loaf on the top shelf, 3 loaves on the second shelf, and 5 loaves on the third shelf. If he continues this pattern, how many loaves did Daniel put on the 6th shelf?

(6) 단순화하기 : 어떤 문제들은 너무 큰 수나 복잡한 패턴으로 어렵고 해결 방법이 명확하지 않는 경우에 **주어진 문제를 더 간단한 문제를 만들어 해결한 다음, 그 전략을 원래의 문제에 적용하여 해결하는 전략이다.**

예 1 : 아래 그림에서 직사각형의 개수는?

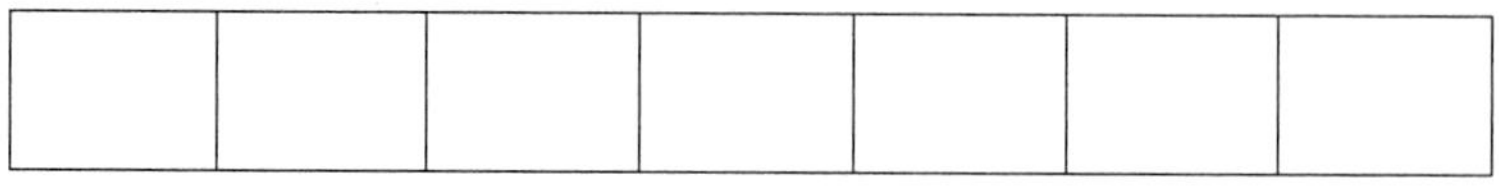

예 2 : 0에서 1000까지의 수 중에서 각 자리의 수의 합이 10이 되는 수는 몇 개인가?

(7) 거꾸로 풀기 : 문제의 답에 가까운 상황에서 차례로 알아보는 방법으로 역연산으로 해결하는 전략이다. **일련의 사건에 대해 결과는 알고 있지만 출발 조건을 알고자 할 때 사용하는 전략이다.**

예 1 : 철수의 용돈 기입장이다. 12월 1일 이전에 남은 돈을 얼마였을까?

예 2 : 민호는 구슬을 창수에게 10개 주고, 누나에게서 8개 얻었다. 그런 다음, 있는 구슬의 $\frac{1}{3}$을 동생에게 주었더니 24개가 남았다. 민호가 처음에 가지고 있던 구슬은 몇 개일까?

예 3 : The castle kitchen servants brought in 4 pies left over from the feast. 12 pies were eaten at the feast. Queen Mab took 2 home with her. How many pies did the servants bring into the feast at the beginning?

(8) 식 만들기 : **이 전략은 문제의 조건들 사이의 관계를 나타내는 식을 세워 해결하는 방법**으로 지나치게 강요하지 않아야 한다.

예 1 : 다솜이와 수현이가 과수원에서 사과를 따는 데에 1시간에 다솜이는 18개, 수현이는 24개를 딸 수 있다. 두 사람 모두 쉬지 않고 일을 하고 나서 딴 사과를 세어보니 105개였다. 두 사람은 몇 시간동안 일을 했는지 알아봅시다.

예 2 : 1200원 있는데, 오늘 아버지께서 용돈을 주셨다. 학용품을 사는 데에 가지고 있는 돈의 $\frac{3}{8}$을 쓰고, 동생에게 450원짜리 과자를 사 주었다. 그랬더니 남은 돈이 1,650원이 되었다. 아버지께서 주신 용돈은 얼마입니까?

예 3 : 가로, 세로가 40cm인 정사각형의 가로를 $\frac{3}{4}$로 줄이고, 세로를 $\frac{1}{4}$만큼 늘여서 직사각형을 만들면, 처음 정사각형의 넓이의 몇 배가됩니까?

(9) 논리적 추론 : 논리적인 추론 과정을 통해 도달하는 사고 전략으로 가능성이 있는 모든 해법에 대하여 점검해 보고 불가능한 해법을 제거해 가면서 하나의 해법에 이를 때까지, 한 단계씩 차례로 고찰해 가는 방법이다.

문제 : 사과 3개와 배 2개의 값은 합해서 3500원이고, 사과 2개와 배 3개의 값은 합해서 4500원이다. 사과 1개와 배 1개의 값은 합해서 얼마인가?

다. 문제해결의 평가

문제해결 능력 평가는 문제해결의 결과뿐만 아니라 과정을 중시하여 평가하는 것이 중요하다. 문제해결의 결과만을 평가하는 것은 해당 수학적 개념을 알고 있는지 그렇지 않은지를 확인할 수 없다. 그러나 문제해결 과정에 대한 평가는 학생들의 오개념이 어디에서 비롯되는가에 대한 구체적인 정보를 제공할 수 있다.

문제해결 능력의 평가에서는 다음과 같은 사항에 중점을 두어야 한다.

- 문제를 이해했는가?
- 문제를 해결하기 위하여 다양하고 적절한 전략을 선택하고 적용할 수 있는가?
- 문제해결 과정과 결과를 확인하고 해석하고 반성할 수 있는가?
- 해를 일반화하여 새로운 수학적 지식을 만들어낼 수 있는가?
- 수학과 다른 교과 상황의 다양한 문제를 해결할 수 있는가?

문제해결 과정을 평가할 수 있는 가장 좋은 방법은 문제를 해결하면서 자신의 문제해결 과정을 말하고 그것을 관찰하며 분석하거나, 문제를 해결한 학생을 면담하는 것이다. 그러나 이와 같이 개별 대상으로 관찰과 면담을 통한 문제해결 과정 평가는 많은 시간과 복잡한 방법이 필요하므로, 학교 현장에서 시행하기는 현실적으로 많은 어려움이 따른다.

문제해결 과정을 평가할 수 있는 현실적인 방법으로 지필 검사를 활용할 수 있다. 물론 이때의 지필 검사는 학생이 문제해결 과정을 기록할 수 있는 서술형 문항이어야 한다. 선다형 문항이나 단답형 문항과 같은 객관식 문항은 문제해결 과정을 평가에 많은 한계가 있다. 문제해결 과정의 채점 방법으로는 총괄적 채점 방법이나 분석적 채점 방법을 활용할 수 있다.

(1) 총괄적 채점형 : 총괄적 채점형은 문제풀이 하나에 하나의 점수를 주는 것으로, 답만이 아니라 풀이 전체에 초점을 맞추어 점수를 부여하는 것이다. 사고과정을 몇 가지 범주에 따라 점수를 주지 않고 전체에 점수를 매기는 것이다.

총괄적 채점형의 장점은 답지를 비교적 빠르게 평가할 수 있고, 풀이과정에 초점을 맞추고 문제해결 능력을 하나의 점수로 표현할 수 있다. 그러나 풀이의 구체적 장점과 단점을 지적할 수 없고, 교사가 확신을 가지고 채점할 만큼 학생의 사고과정에 대한 충분한 정보를 제공하지 못할 수 있다.

(2) 분석적 채점형 : 분석적 채점형은 문제해결 과정의 몇 가지 범주 각각에 분석적으로 점수를 주어 평가하는 방법이다. 장점은 답뿐 아니라 문제해결 과정의 여러 측면을 참작할 수 있고, 풀이에 수치화된 점수를 줄 수 있으며, 특히 강한 부분과 약한 부분을 정확하게 알려준다. 또 지도활동에 대한 구체적 정보를 제공하며, 범주의 비중에 따라 척도를 다르게 정할 수 있다. 그러나 몇 가지 범주에 대해 확신을 갖고 채점할 만큼 충분히 자신의 사고과정에 대한 정보를 제공하지 못하는 경우도 있다. 척도의 범주들은 수업시간에 직접적으로 힌트를 줄 우려가 있어 신중해야 한다. 또한, 두 학생이 문제를 전혀 다르게 풀었어도 총점을 같을 수 있어 점수비교에 신중해야 한다.

	답지가 다음 특징 중 하나를 가지고 있을 때
0점	• 응답 없음 • 문제의 정보를 단순히 옮겨 쓰기만 할 뿐 정보를 전혀 사용하지 않거나 문제를 분명히 이해하지 못한 경우 • 오답 이외에 아무 것도 없는 경우
1점	• 자료 베끼는 것 말고도 문제를 어느 정도 이해하고 풀기 시작했지만 정답에 도달하지 못한 경우 • 부적절한 전략을 실행했으나, 다른 전략으로 바꾸지 못한 경우, 즉 한 가지 접근방법을 시도했으나 활용하지 못하고 포기했을 때 • 하위목표 달성을 위한 시도는 했으나 성공하지는 못했을 때
2점	• 부적절한 전략을 사용해 답은 틀렸으나 어느 정도 이해한 듯이 보일 때 • 적절한 전략을 이용했지만, a) 답을 구할 만큼 충분히 실행하지 않았을 때 b) 바르게 실행하지 못해서 답에 이르지 못했거나 오답인 경우 • 정답을 썼지만, a) 과정을 이해할 수 없게 썼을 때 b) 과정을 쓰지 않았을 때
3점	• 정답에 이르는 전략을 사용했지만, 일부를 잘못 이해했거나 일부조건을 무시했을 때 • 적절한 해결전략을 바르게 적용했지만, a) 분명하지 않은 이유로 틀리게 답했을 때 b) 답의 숫자 부분은 바르게 썼지만, 단위가 없거나 잘못 썼을 때 c) 답이 없을 때

	• 정답은 썼고, 적절한 해결전략을 선택한 증거도 있지만, 전략의 수행이 완전히 분명하지 않을 때
4점	• 적절한 해결 과정에서 오류가 있지만, 오류가 문제나 전략에 대한 이해 부족이 아니라, 단순히 옮겨 쓰기나 계산상의 오류일 때 • 적절한 전략을 선택하여 실행했고, 문제에 지시된 대로 답을 썼을 때

〈총괄적 채점척도〉

분석적 채점척도	
문제 이해하기	0 : 문제를 완전히 잘못 이해하였다. 1 : 문제를 부분적으로 잘못 이해하거나 해석하였다. 2 : 문제를 완전히 이해하였다.
풀이계획 세우기	0 : 시도가 없거나 전혀 부적절한 계획을 세웠다. 1 : 문제를 옳게 해석하고, 부분적으로 옳은 풀이계획을 세웠다. 2 : 적절한 실행을 하면 정답을 낼 수 있는 계획을 세웠다.
답 구하기	0 : 답을 쓰지 않았거나, 계획이 부적절해서 오답을 썼다. 1 : 잘못 옮겨 썼거나 계산오류, 답이 여러 개인 문제에 일부만 썼다. 2 : 정답이고 단위 등도 바르게 썼다.

연습문제

1. 아래 내용이 처음으로 나오는 단계는?

(1) 비와 비율　　(2)연비와 비례베분　　(3) 규칙과 대응

2. 패턴의 속성에 따른 유형에 따라 예를 들어 설명하시오.

3. 지도하는 방법에 따른 유형에 따라 분류하고 설명하시오.

4. Cartesian product에 대하여 설명 하시오.

5. 동치관계(Equivalance relation)과 순서관계(순서구조)에 대하여 설명하시오.

6. 함수의 정의에 대하여 설명 하시오.

7. 함수적 사고의 지도관점에 대하여 설명하시오.

8. 함수의 표현방법에 대하여 설명하시오.

9. 비와 비율에 대하여 설명하시오.

10. 아래 내용이 처음으로 나오는 단계는?

(1) □를 사용한 식 (2)표 만들기 (3) 거꾸로 풀기 (4)규칙 찾기
(5) 예상과 확인 (6)단순화하기 (7)여러 가지 방법으로 풀기

11. 문제의 의미를 예를 들어 설명하시오

12. 문제해결에 대하여 설명하시오.

13. G. Polya의 문제해결의 4단계에 대하여 설명하시오.

14. 초등학교에 유용한 문제해결전략 9가지를 예를 들어 설명하시오.

임용시험 문제

[2015학년도 교육과정 A]

6. 다음은 '규칙성' 영역에서 문제 해결 능력을 신장하기 위한 수업의 일부이다. 물음에 답하시오. [3점]

교사 : 다음은 어떤 규칙에 따라 •를 넣어 1부터 119까지의 수를 차례로 나타낸 것입니다.

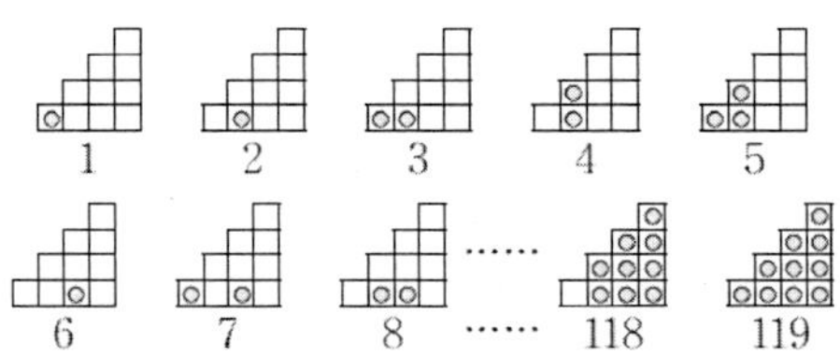

교사 : 어떤 규칙인지 모둠끼리 찾아보세요.
지윤 : 1, 2, 3을 보면 첫째 세로줄의 •는 1이고, 둘째 세로줄의 •는 2이고, 3은 1+{2로 나타낸 것을 알 수 있어.
준서 : 4는 2를 나타내는 가 둘째 세로줄의 아래 칸과 위 칸에 다 있으니까 2+{2로 생각한 거야.
민수 : 5는 3+{2로 생각하면 같은 칸에 •를 2개 넣어야 하니까 안 되고, 4+{1로 생각해야 해.
준서 : 6은 첫째 세로줄과 둘째 세로줄이 5에서 다 차니까 셋째 세로줄의 맨 아래 칸에 •를 넣은 거야.

지윤 : 그러면 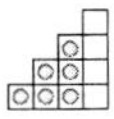 의 다음은 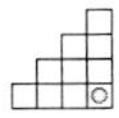 이야.

민수 : 그리고 4처럼 생각하면 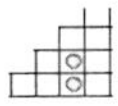 은 12야.

준서 : 선생님, 질문 있어요. 12를 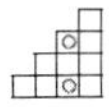 이라고 해도 돼요?
교사 : 안 됩니다. 세로줄은 를 맨 아래 칸부터 차례로 넣습니다.
준서 : 알겠습니다. 그러면 저희가 규칙을 다 찾은 것 같아요.

교사 : 서로 협력하며 규칙을 잘 찾았네요. 규칙에 따르면 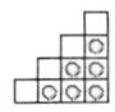 이 나타내는 수는 무엇일까요?
지윤 : (㉠)입니다.
교사 : 맞았어요. 여러분 모두 참 잘했어요. 이번 시간에 알게된 것을 수학 일기에 써보세요

(1) ㉠에 들어갈 알맞은 수를 쓰시오. [1점]

(2) 다음은 민수의 수학 일기이다. ⓐ~ⓔ 중에서 틀린 것 2가지를 찾고, 그 기호와 이유를 각각 쓰시오. [2점]

" 오늘 수학 시간에 규칙 찾기를 했다. 처음에는 어려웠지만 친구들과 함께 찾다 보니 재미있었다. 오늘 찾은 규칙에 따라 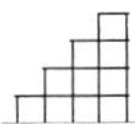 에 ●를 넣어 수를 나타내면서 몇 가지를 더 발견할 수 있었다. 맞는지 내일 친구들과 확인해 봐야겠다."

ⓐ 가 1개만 있는 수는 모두 10개이다.
ⓑ 가 2개만 있는 수 중에서 가장 큰 수는 48이다.
ⓒ 가 3개만 있는 수 중에는 18이 있다.
ⓓ 가 4개만 있는 수 중에서 가장 작은 수는 16이다.
ⓔ 가 첫째 세로줄에 있는 수는 모두 60개이다.

- ① :
- ② :

[2015학년도 교육과정 A]

6. 다음은 규칙을 찾아 문제를 해결하는 과정이다. 물음에 답하시오.

교사 : <표 1>은 첫째 줄에 2의 배수를 순서대로 적고, 각각의 수의 일의 자리 숫자를 둘째 줄에 적은 것이에요. 일의 자리 숫자에 어떤 규칙이 있는지 찾아보세요.

<표 1>

+2 +2 +2 +2 +2 +2 +2 +2 +2 +2

2의 배수	2	4	6	8	10	12	14	16	18	20	…
일의 자리 숫자	2	4	6	8	0	2	4	6	8	0	…

학생 : 일의 자리 숫자는 2, 4, 6, 8, 0이 반복되고 있어요.

교사 : 같은 방법으로 첫째 줄에 3의 배수를 적으면 일의 자리 숫자는 어떤 수들이 규칙적으로 반복되나요?

학생 : 3, 6, 9, 2, 5, 8, 1, 4, 7, 0이 반복해서 나타나요. 같은 방법으로 1, 4, 5, 6, 7, 8, 9 각각의 배수에 대해서도 일의 자리 숫자에 어떤 규칙이 있는지 찾아볼게요.

(중 략)

교사 : 규칙을 다 찾았으면 이번에는 2의 배수에서 나온 일의 자리 숫자를 순서대로 연결하여 [그림 1]에 나타내 보세요.

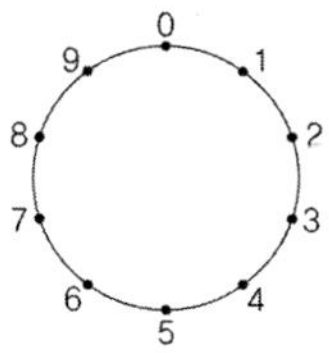

[그림 1]

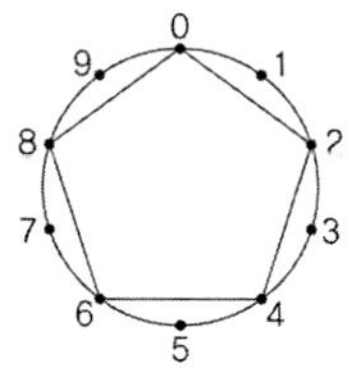

[그림 2]

학생 : [그림 2]와 같이 그려지는데요. <u>㉠1, 2, 3, 4, 5, 6, 7, 8, 9 각각의 배수에서 나온 일의 자리 숫자를 순서대로 연결하여 그림으로 나타내면 여러 가지 모양이 나와요</u>.

교사 : 같은 모양끼리 모아보면 그 안에도 규칙이 있어요.

학생 : 서로 다른 x, y에 대하여 x의 배수와 y의 배수에 대한 모양이 같을 때, (㉡)이/가 돼요.

교사 : <u>㉢지금까지는 같은 수를 계속 더하는 규칙을 생각해 보았는데, 이번에는 같은 수를 계속 곱하는 규칙을 생각해 볼까요?</u>

학생 : 2부터 시작해서 2에 2를 곱하고, 그 값에 다시 2를 곱하는 과정을 반복하면 (<표 2>를 그린 후) 일의 자리 숫자는 2, 4, 8, 6이 반복돼요.

<표 2>

×2 ×2 ×2 ×2 ×2 ×2 ×2 ×2

2의 거듭제곱	2	4	8	16	32	64	128	256	…
일의 자리 숫자	2	4	8	6	2	4	8	6	…

교사 : 1, 3, 4, 5, 6, 7, 8, 9 각각에 대해서도 <표 2>와 같이 자기 자신을 반복해서 곱하는 방식으로 표를 만들면 <u>㉣일의 자리 숫자에는 어떤 규칙이 나타날까요?</u>

(이하 생략)

(1) ⓐ <u>㉠에서 말한 모양의 서로 다른 종류</u>가 몇 가지인지 쓰고, ⓑ ㉡<u>에 들어갈 식을 x와 y의 관계를 나타내는 식</u>으로 쓰시오. [2점]

(2) 2009 개정 수학과 교육과정의 교수·학습 방법에서는 다양한 아이디어를 산출할 수 있는 수학적 과제를 통해 ㉢과 같은 수학적 사고를 촉진하도록 하고 있다. 이러한 수학적 사고를 무엇이라고 하는지 쓰시오. [1점]

(3) 1부터 100까지의 자연수 n에 대하여 $1^n + 2^n + 3^n + 4^n$의 일의 자리 숫자가 0이 되게 하는 n은 몇 개인지 ㉣에서 말한 규칙을 활용하여 구하시오. [1점]

[2014학년도 교육과정 A]

7. (가)와 (나)는 문제 해결 수업의 일부이다. 물음에 답하시오. [6점]

(가)

(교사는 [그림]과 같이 한 변의 길이가 1인 쌓기나무를 쌓아 학생들에게 보여준 후)

교사 : 다음 도형의 겉넓이를 구하세요. 바닥면도 겉넓이에 포함됩니다.

학생 : (쌓기나무를 계속 살펴보면서) 10층의 겉넓이는 5이지만, 9층은 12+4, 8층은 20+4, 7층은 28+4,⋯ 등으로, 9층 부터 1층까지 일정한 규칙이 있어요. 이렇게 나온 수들을 다 더하면 되긴 하지만 복잡해요.

학생 : ㉠ (잠시 뒤)아하! 지난 시간에 배운 위, 앞, 옆에서 본 모양을 그려보면 좀 더 쉽게 구할 수 있어요.

교사 : 어떻게 구할 수 있는지 말해보세요.

학생 : (㉡)

교사 : 좋은 생각이에요. 그 아이디어를 이용해서 겉넓이를 구해보세요.

학생 : (앞에서 본 모양을 그림으로 그린 후)앞에서 본 모양의 넓이는 1부터 19까지의 홀수의 합과 같아요. ㉢ 이 사실을 이용하면 겉넓이를 구하는 식은 ⋯⋯

(이하 생략)

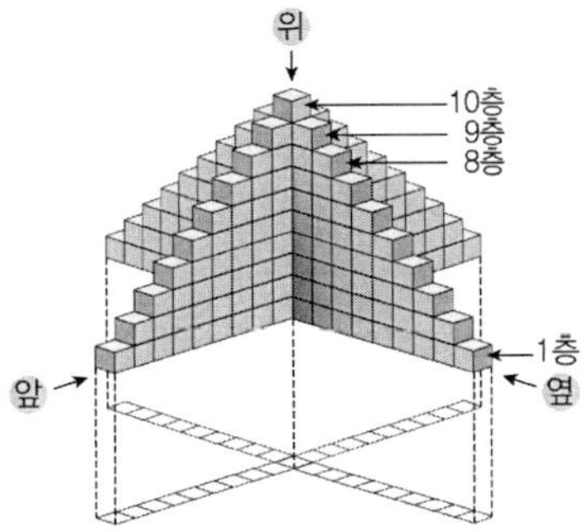

(1) ㉠에서 이 학생에게 베르트하이머(Wertheimer,M.)가 말한 '통찰'이 일어났다고 할 수 있다. 이 관점에서 ㉡에 들어갈 내용을 쓰시오. [2점]

(2) ㉢에 해당하는 식을 쓰시오. [1점]

(나)

교사 : 다음 문제를 풀어보세요.

〈문제〉

슬기네 학교에서 개 반이 축구 경기를 하기로 하였습니다. 모든 반이 다른 반과 한 번씩 경기를 한다고 할 때, 전체 경기 수를 구하시오.

(학생들이 문제를 푼다.)

교사 : 자신이 푼 방법을 얘기해볼까요?

재희 : 저는 그림을 그려보았습니다. 7개 반을 연결한 후 연결선을 세어 21 경기를 해야 한다는 것을 알았습니다.

교사 : 잘 했어요. 여러분은 재희의 방법에 대해 어떻게 생각하나요?

민수 : 저도 처음에는 그렇게 풀려고 했지만, 연결선을 일일이 세다 보면 실수할 수 있다고 생각했습니다. 그래서 표를 그린 후 규칙을 찾아보았습니다. 표를 보면 반의 수가 1씩 증가할 때 경기 수가 1, 2, 3, 4,⋯ 씩 증가하는 것을 알 수 있습니다.

교사 : 민수도 잘 했어요. 여러분은 어떻게 생각하나요?

준하 : 좋은 생각이긴 한데 표에서 규칙을 발견하려면 몇 가지 경우를 구해야 합니다.

민수 : 준하의 말도 옳습니다. 그림이나 표를 그리지 않고 풀 수 있는 방법을 알고 싶습니다.
준하 : ㉣ 모든 반이 자기 반을 제외한 다른 반과 경기를 해야 한다는 점을 이용하여 식을 세울 수 있습니다.
교사 : 재희, 민수, 준하 모두 잘했어요. 다음 문제는 앞에서 푼 문제와 비슷한 문제예요. 가장 좋은 문제 해결 방법이라고 생각하는 방법으로 풀어보세요.

〈문제〉

㉤ 어느 모임에 참석한 사람들이 자신을 제외한 모든 참석자와 한 번씩 악수하였더니 악수의 횟수가 총 (번)이었다. 이 모임에 참석한 사람의 수를 구하시오.

(3) ㉣이 식을 쓰고, 이와 같은 방법으로 ㉤의 답을 구하시오. [1점]

- ㉣의 식 :
- ㉤의 답 :

(4) 2009개정 교육과정에 따른 수학과 교육과정에서는 '수학적 창의력 신장'을 위한 교수·학습 방법으로 4가지 유의점을 제시하고 있다. 위 수업에 구현된 유의점 3가지 중 다음의 〈예〉를 제외한 나머지 2가지를 구현 사례와 함께 쓰시오. [2점]

	유의점	구현 사례
<예>	다양한 아이디어를 산출할 수 있는 수학적 과제를 통해 학생들의 확산적사고를 촉진시킨다.	다양한 방법으로 풀 수 있는 문제를 제공함.
①		
②		

[2013학년도 교육과정 A]

7. 다음은 문제 해결 방법을 활용한 수업의 일부이다. 물음에 답하시오. [4점]

교사 : 한 변의 길이가 1인 정삼각형의 변과 변을 이어 붙여 가면서 여러 가지 평면도형을 만들고, 둘레의 길이를 구해 보세요.
민수 : (다음 그림과 같이 도형을 몇 개 만든 후)㉠ 몇 개의 도형을 만들어 보았더니 정삼각형을 1개 붙일 때마다 둘레의 길이는 1씩 증가해요.

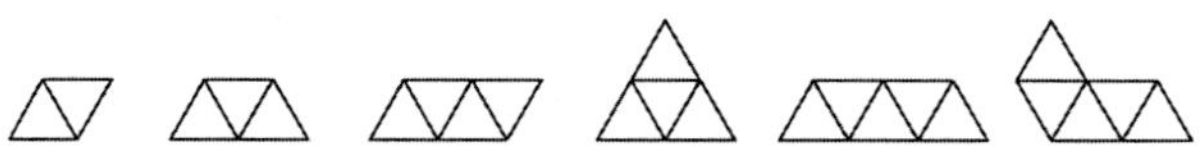

영호 : (민수가 만든 도형을 가리키며)정삼각형 1 개를 붙일 때 마다 ㉡ 새로운 변이 2 개씩 추가되지만, 이어 붙인 부분은 둘레의 길이에서 제외되기 때문에 만들어지는 도형의 둘레는 1 씩 증가해요. 그래서 규칙을 만들어보면 둘레의 길이는 (정삼각형의 개수) +2와 같아요.
교사 : 그러면 정삼각형 6 개를 이어 붙여 만든 도형의 둘레는 어떻게 될까요?
민수 : (몇 개의 도형을 만들어 보인 후)이런 경우에 모두 8이 되잖아요. 그래서 둘레의 길이는 8 이라고 생각해요.

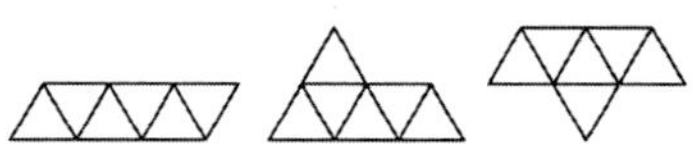

영호 : 정삼각형 6개를 이어 붙이면 제가 말한 규칙에서 둘레의 길이는 8이 맞아요. 아! 그런데 둘레의 길이가 8이 아닌 평면도형도 만들어져요.
교사 : 맞아요. 어떤 도형인지 그려보세요.
(중 략)
교사 : 이제 ㉢ 정삼각형 10개를 이어 붙였을 때 둘레의 길이가 최소가 되는 평면도형을 찾아봅시다.
(이하 생략)

(1) 기하학습을 인지, 분석, 관계, 연역, 공리의 5개 수준으로 구분할 때, ㉠과 ㉡의 진술에 해당하는 수준과 이유를 각각 쓰시오. [2점]

(2) ㉢에 알맞은 도형을 그리고, 그 둘레의 길이를 구하시오. [2점]

8. 다음은 '비례식' 단원을 지도하는 수업의 일부이다. 물음에 답하시오. [4점]

1차시	교사 : 빵 2개를 만들려면 달걀이 3개 필요합니다. 빵 4 개를 만들려면 달걀이 몇 개 필요할까요? 민지 : ㉠ 빵 2개를 만들기 위해 필요한 달걀의 수는 빵의 수보다 하나 더 많아요. 그래서 빵 개를 만들려면 4개가 필요해요. 영수 : 저는 그렇게 생각하지 않아요. ㉡ 빵 2개를 만드는 데 달걀이 3개 필요하니까, 다시 빵 2 개를 더 만들려면 달걀이 3개 더 필요해요. 그래서 빵4개를 만들려면 달걀 6개가 필요해요. (이하 생략)
4차시	교사 : 빵을 2개 만드는 데 달걀이 5개 필요합니다. 빵을 10개 만들려면 달걀이 몇 개 필요한지 ㉢비의 성질을 이용하여 구해 보세요. (중 략) 교사 : 비례식으로 만들어 보고 내항의 곱과 외항의 곱을 비교해 보세요. 민지 : 비례식은 2 : 5=10 : 23이고, 내항의 곱은 5×10-50, 외항의 곱도 2×25=50입니다. 교사 : ㉣ 비례식에서는 내항의 곱과 외항의 곱이 같아요. 그러면 빵을 10개 만들 때 달걀이 몇 개 필요한지 비의 성질을 이용하지 않고도 구할 수 있겠습니까? (이하 생략)

(1) 1차시 수업에서 두 수를 비교하는 민지의 방법(㉠)과 영수의 방법(㉡)의 차이점을 설명하시오. [2점]

(2) 4차시 수업에서의 ㉢을 진술하고,㉣은 무엇을 진술한 것인지 쓰시오. [2점]

[2012학년도 교육과정]

18. 정 교사는 '문제만들기(problem posing)' 수업을 다음과 같은 절차에 따라 진행하였다. 이에 대한 설명으로 가장 적절한 것은?

〈활동 1〉
주어진 문제를 풀어보시오.
반지름이 5cm인 원 4개가 그림과 같이 붙어 있습니다. 색칠한 부분의 넓이를 구하시오.
〈활동 2〉
위 문제에서 어떤 조건을 바꾸면 새로운 문제를 만들 수 있습니다. 바꿀 수 있는 조건에 해당하는 부분을 (   )로 표시해 보시오.
〈활동 3〉
새로운 문제를 (문항카드)에 만들고 풀어 보시오.
〈활동 4〉
(문항가드)를 친구들과 서로 바꾸어 풀어 보시오.
다음은 현주의 활동 내용이다.
<활동 2>에서 현주의 활동
반지름이 5 cm인 원 (4)개가 (그림과 같이) 붙어 있습니다. 색칠한 부분의 (넓이)를 구하시오.
<활동 3>에서 현주가 【문항카드】에 만든 문제

[문제 1] 반지름이 5 cm인 원 5개의 중심이 정오각형의 꼭짓점이 되도록 그림과 같이 붙어 있습니다. 색칠한 부분의 넓이를 구하시오.

[문제 2] 반지름이 5 cm인 원 5개의 중심이 정오각형의 꼭짓점이 되도록 그림과 같이 붙어 있습니다. 색칠한 부분의 둘레의 길이를 구하시오.

① <활동 3>은 브라운과 월터(S. Brown & M. Walter)의 '수용'과 '도전' 중 '수용'에 해당한다.
② <활동 3>에서 만든 현주의 [문제 1]의 답은 <활동 1>의 답과 같다.
③ <활동 3>에서 만든 현주의 [문제 2]의 답은 반지름이 5cm인 원의 둘레의 길이와 같다.
④ <활동 2>와 <활동 3>은 폴리아(G. Polya)의 '계획의 수립 단계'에 해당한다.
⑤ <활동 4>는 디에네스(Z. Dienes)의 '자유놀이 단계'에 해당한다.

[2011학년도 교육과정 A]

17. 다음은 비와 비율을 학습한 후 민수와 다희가 '비와 비율에 대한 편지 쓰기' 과제에서 쓴 편지이다. 에 대한 설명으로 옳은 것은?

〈민수의 편지〉
○○에게
이번 주에 비와 비율을 배웠어. 비와 비율은 두 수를 비교하는 방법이야. ㉠ 나는 자유투를 4번 시도하면 1번꼴로 성공해. 내가 자유투를 시도하는 횟수에 대한 성공 횟수의 비는 1 : 4야. ㉡ 내가 가진 사과 개수와 친구가 가진 사과 개수의 비가 13 : 10이라면 친구가 나보다 사과 3개를 더 갖고 있는 거지. 어제 수업 시간에 백분율은 100개당 몇 개에 해당하는 지를 의미한다고 배웠어. 그래서 ㉢ 어느 마을 사람 중 30%가 아파트에 산다면 그 마을 사람은 100명인 것이 분명해. 그럼 안녕.

〈다희의 편지〉

○○에게

내가 비와 비율에 관해 가르쳐 줄게. ㉣ 우리 반에는 남학생 13명과 여학생 12명이 있어. 여학생 수의 남학생 수에 대한 비는 12 : 13이고, 비율은 12/13 야. 이렇게 한 수를 기준량으로 다른 수와 비교하는 것을 비라고 하지. 백분율은 기준량을 100으로 하였을 때의 비율을 말하는데 더하거나 뺄 수 있어. ㉤ 예를 들어, 어떤 상품의 가격을 10% 인상한 후 인상된 가격을 다시 10% 인하하면 인상하기 전의 가격이 돼. 백분율은 일상생활에서 아주 유용하지. 그럼 안녕.

---

① ㉠과 ㉣에서 두 학생은 기준량과 비교하는 양을 비로 바르게 나타내었다.
② ㉡에서 민수는 비의 의미를 바르게 해석하였다.
③ ㉢에서 민수는 백분율의 의미를 바르게 해석하였다.
④ ㉣에 나타난 12/13는 전체에 대한 부분으로서의 분수를 의미한다.
⑤ ㉤에서 다희는 백분율을 실생활의 장면에 제대로 적용하였다.

18. 다음 대화에 대한 설명으로 적절한 것을 〈보기〉에서 모두 고른 것은?

교사 : (탐구 활동을 제시하면서) 이 탐구 활동에서 먼저 시작한 사람이 이기는 방법은 무엇입니까? 놀이에서 이기는 방법을 친구들과 이야기하여 봅시다.

〈탐구 활동〉

친구와 둘이서 바둑돌 7개를 가지고 놀이를 하여 보시오. 한 사람씩 번갈아 가면서 한 번에 1개나 2개를 가져갈 수 있습니다. 맨 마지막의 바둑돌을 가져가는 사람이 이기는 놀이입니다. 놀이에서 이기는 방법을 알아봅시다.

• 놀이 규칙

(가) 참여 인원 : 2명
(나) 주어진 바둑돌의 개수 : 7개
(다) 한 번에 가져갈 수 있는 바둑돌의 개수 : 1개 또는 2개
(라) 맨 마지막의 바둑돌을 가져가는 사람이 이긴다.
(학생들이 놀이를 한 후, 학생 A가 학생 B에게 놀이에서 이기는 방법을 설명한다.)

학생 A : 내가 먼저 시작한 경우, 남는 바둑돌의 개수가 3의 배수가 되도록 바둑돌을 가져오니까 이 놀이에서 이길 수 있었어. 주어진 바둑돌이 7개인 경우, 친구에게 6개가 남도록 1개를 가져왔어. 그러면 친구는 1개나 2개를 가져가서 5개나 4개가 남아. 내가 다시 친구에게 3개가 남도록 1개나 2개를 가져와. 그러면 친구가 1개나 2개를 가져가도 남아 있는 2개나 1개를 내가 모두 가져올 수 있으므로 놀이에서 항상 이기게 돼.

학생 B : 그 방법을 사용하면 바둑돌이 1000개인 경우에도 먼저 시작한 사람이 항상 이길 수 있을까?

〈보기〉

ㄱ. (가)~(라) 중 (나)만 '1000개'로 바꾸는 경우에도, 상대에게 남는 바둑돌의 개수가 3의 배수가 되도록 먼저 시작한 사람이 바둑돌을 가져오면, 먼저 시작한 사람이 놀이에서 항상 이긴다.

ㄴ. (가)~(라) 중 (다)만 '1개나 2개 또는 3개'로 바꾸는 경우에도, 상대에게 남는 바둑돌의 개수가 3의 배수가 되도록 먼저 시작한 사람이 바둑돌을 가져오면, 먼저 시작한 사람이 놀이에서 항상 이긴다.

ㄷ. 교사는 이 활동에서 학생들끼리 놀이에서 이기는 방법을 서로 설명하게 함으로써 학생들의 수학적 의사소통 능력을 기를 수 있다.

① ㄱ ② ㄷ ③ ㄱ, ㄴ ④ ㄱ, ㄷ ⑤ ㄴ, ㄷ

[2010년도]

19. 다음은 최 교사와 오 교사가 〈예제〉를 학생들과 함께 풀어가면서, 문제해결 방법을 지도하는 수업 활동이다. 이에 대한 설명으로 옳은 것을 〈보기〉에서 모두 고르면?

(보기)
1부터 6까지의 숫자가 각각 적힌 6장의 카드를 한 번씩만 사용하여 세 자리 수 2개를 만들 때, 두 수의 곱이 가장 큰 경우를 찾아라.

〈최 교사〉
교사 : 백의 자리 숫자는 각각 무엇이 되어야 하나요?
학생 : 백의 자리 수가 클 때 곱이 커지므로 백의 자리 숫자는 각각 6과 5가 되어야 합니다.
교사 : 두 수의 곱을 크게 하려면 십의 자리 숫자는 무엇이 되어야 하나요?
학생 : 6과 5를 제외한 수 중에서 큰 수인 4와 3이 십의 자리 숫자가 되어야 합니다.
교사 : 3,4,는 5,6 중 어느 것과 짝이 되어야 하나요?
학생 : (가) 2개의 세 자리 수 [6|★|●]과 [5|▲|■]의 곱을 구할 때, ★는 5와 곱해지고, ▲는 6과 곱해지므로 ▲가 ★보다 더 커야 합니다. 따라서 두 수는 [6|3|●], [5|4|■]이 되어야 합니다.
교사 : 그러면 곱이 가장 큰 2개의 세 자리 수는 무엇일까요?

〈최 교사〉
교사 : <예제>를 풀기 전에 먼저 아래 (나)문제를 풀어봅시다.

(나)
1부터 4까지의 숫자가 각각 적힌 4장의 카드를 한 번씩만 사용하여 두 자리 수 2개를 만들 때, 두 수의 곱이 가장 큰 경우를 찾아라.
(학생들은 (나)문제를 푼다.)
교사 : 어떻게 두 자리 수를 만들면 곱이 가장 크게 되었는지를 말해 보세요.
학생 : 십의 자리 숫자는 가장 큰 수인 4,3이 되어야 합니다. 일의 자리는 2,1 중 큰 수인 2가 3 다음에 들어가야 합니다.
교사 : 알아낸 방법을 이용하여 원래의 <예제>를 풀어봅시다.

〈보기〉

ㄱ. 최 교사가 지도하려는 문제해결 방법을 논리적 추론이라고 하며, 이 방법에서는 (가)와 같은 단계가 잘 이루어질 수 있도록 유의하여 지도해야 한다.

ㄴ. 최 교사가 지도한 위의 활동은 폴리아의 문제해결 단계중 계획 수립 단계에 해당한다.

ㄷ. 오 교사가 <예제> 대신 문제(나)를 제시한 것은 단순화하기 방법을 지도하기 위한 것이다.

ㄹ. 오 교사가 지도하려는 방법에서 원래의 <예제>를 (나)와 같이 바꾼 문제는 여러 가지 방법으로 해결할 수 있다.

① ㄱ, ㄷ ② ㄱ, ㄹ ③ ㄴ, ㄷ ④ ㄱ, ㄷ, ㄹ ⑤ ㄴ, ㄷ, ㄹ

부록

2015 개정 수학과 교육과정에서 학년군별 성취기준

[초등학교 1~2학년]

(1) 수와 연산

수는 사물의 개수나 양을 나타내기 위해 발생하였다. 자연수는 수 세기를 통해 도입되며, 0과 자연수에 대한 덧셈, 뺄셈, 곱셈이 정의된다. 수는 수학에서 다루는 가장 기본적인 개념으로, 실생활뿐만 아니라 타 교과나 수학의 다른 영역을 학습하는 데 필수적이다. 또한 사칙계산은 수학 학습에서 습득해야 할 가장 기본적인 기능이며, 이후 학습을 위한 기초가 된다.

① 네 자리 이하의 수
[2수01-01] 0과 100까지의 수 개념을 이해하고, 수를 세고 읽고 쓸 수 있다.
[2수01-02] 일, 십, 백, 천의 자릿값과 위치적 기수법을 이해하고, 네 자리 이하의 수를 읽고 쓸 수 있다.
[2수01-03] 네 자리 이하의 수의 범위에서 수의 계열을 이해하고, 수의 크기를 비교할 수 있다.
[2수01-04] 하나의 수를 두 수로 분해하고 두 수를 하나의 수로 합성하는 활동을 통하여 수 감각을 기른다.

② 두 자리 수 범위의 덧셈과 뺄셈
[2수01-05] 덧셈과 뺄셈이 이루어지는 실생활 상황을 통하여 덧셈과 뺄셈의 의미를 이해한다.
[2수01-06] 두 자리 수의 범위에서 덧셈과 뺄셈의 계산 원리를 이해하고 그 계산을 할 수 있다.
[2수01-07] 덧셈과 뺄셈의 관계를 이해한다.
[2수01-08] 두 자리 수의 범위에서 세 수의 덧셈과 뺄셈을 할 수 있다.
[2수01-09] □가 사용된 덧셈식과 뺄셈식을 만들고, □의 값을 구할 수 있다.

③ 곱셈
[2수01-10] 곱셈이 이루어지는 실생활 상황을 통하여 곱셈의 의미를 이해한다.
[2수01-11] 곱셈구구를 이해하고, 한 자리 수의 곱셈을 할 수 있다.

(2) 도형

교실 및 생활 주변의 사물을 관찰함으로써 여러 가지 입체도형의 모양이나 평면도형의 모양을 파악할 수 있으며, 이는 평면도형에 대한 직관적인 이해로 확장된다. 평면도형이나 입체도형의 개념과 성질에 대한 이해는 실생활 문제를 해결하는 데 기초가 되며, 수학의 다른 영역의 개념과 밀접하게 관련되어 있다. 또한 도형을 다루는 경험으로부터 비롯되는 공간 감각은 수학적 소양을 기르는 데 도움이 된다.

1 입체도형의 모양

[2수02-01] 교실 및 생활 주변에서 여러 가지 물건을 관찰하여 직육면체, 원기둥, 구의 모양을 찾고, 그것들을 이용하여 여러 가지 모양을 만들 수 있다.

[2수02-02] 쌓기나무를 이용하여 여러 가지 입체도형의 모양을 만들고, 그 모양에 대해 위치나 방향을 이용하여 말할 수 있다.

2 평면도형과 그 구성 요소

[2수02-03] 교실 및 생활 주변에서 여러 가지 물건을 관찰하여 삼각형, 사각형, 원의 모양을 찾고, 그것들을 이용하여 여러 가지 모양을 꾸밀 수 있다.

[2수02-04] 삼각형, 사각형, 원을 직관적으로 이해하고, 그 모양을 그릴 수 있다.

[2수02-05] 삼각형, 사각형에서 각각의 공통점을 찾아 말하고, 이를 일반화하여 오각형, 육각형을 알고 구별할 수 있다.

(3) 측정

생활 주변에는 시간, 길이, 들이, 무게, 넓이 등 다양한 속성이 존재한다. 측정은 여러 가지 속성의 양을 비교하고, 단위를 이용하여 재거나 어림해봄으로써 양을 수치화하는 것이다. 측정 과정에서 경험하는 양의 비교, 측정, 어림은 수학 학습을 통해 길러야 할 중요한 기능이고, 이는 실생활이나 타 교과의 학습에서 유용하게 활용된다. 또한 측정을 통해 길러지는 양감은 수학적 소양을 기르는 데 도움이 된다.

1 양의 비교

[2수03-01] 구체물의 길이, 들이, 무게, 넓이를 비교하여 각각 '길다, 짧다', '많다, 적다', '무겁다, 가볍다', '넓다, 좁다' 등을 구별하여 말할 수 있다.

2 시각과 시간

[2수03-02] 시계를 보고 시각을 '몇 시 몇 분'까지 읽을 수 있다.

[2수03-03] 1시간은 60분임을 알고, 시간을 '시간', '분'으로 표현할 수 있다.

[2수03-04] 1분, 1시간, 1일, 1주일, 1개월, 1년 사이의 관계를 이해한다.

3 길이

[2수03-05] 길이를 나타내는 표준 단위의 필요성을 인식하고, 1cm와 1m의 단위를 알며, 상황에 따라 적절한 단위를 사용하여 길이를 측정할 수 있다.

[2수03-06] 1m가 100cm임을 알고, 길이를 단명수와 복명수로 표현할 수 있다.

[2수03-07] 여러 가지 물건의 길이를 어림하여 보고, 길이에 대한 양감을 기른다.

[2수03-08] 구체물의 길이를 재는 과정에서 자의 눈금과 일치하지 않는 길이의 측정값을 '약'으로 표현할 수 있다.

[2수03-09] 실생활 문제 상황을 통하여 길이의 덧셈과 뺄셈을 이해한다.

(4) 규칙성

규칙성은 생활 주변에 존재하는 다양한 현상을 탐구하는 데 중요하며 함수 개념의 기초가 된다. 생활 주변이나 여러 현상에서 찾을 수 있는 규칙은 실생활의 복잡한 문제를 해결하는 데 유용하고, 규칙 찾기를 통해 추론 능력을 기를 수 있다.

① 규칙 찾기
[2수04-01] 물체, 무늬, 수 등의 배열에서 규칙을 찾아 여러 가지 방법으로 나타낼 수 있다.
[2수04-02] 자신이 정한 규칙에 따라 물체, 무늬, 수 등을 배열할 수 있다.

(5) 자료와 가능성

자료의 분류와 정리는 중요한 통계 활동이다. 다양한 자료를 분류하고 정리함으로써 미래를 예측하고 합리적인 의사 결정을 하는 민주 시민으로서의 기본 소양을 기를 수 있다.

① 분류하기
[2수05-01] 교실 및 생활 주변에 있는 사물들을 정해진 기준 또는 자신이 정한 기준으로 분류하여 개수를 세어보고, 기준에 따른 결과를 말할 수 있다.
② 표 만들기
[2수05-02] 분류한 자료를 표로 나타내고, 표로 나타내면 편리한 점을 말할 수 있다.
③ 그래프 그리기
[2수05-03] 분류한 자료를 ○, ×, / 등을 이용하여 그래프로 나타내고, 그래프로 나타내면 편리한 점을 말할 수 있다.

[초등학교 3~4학년]

(1) 수와 연산

수는 사물의 개수나 양을 나타내기 위해 발생하였다. 수 세기를 통해 도입된 자연수는 큰 수로 범위가 확장되며 자연수에 대한 사칙계산이 정의된다. 자연수로 나타낼 수 없는 양을 표현하기 위해 수 개념은 분수, 소수로 확장되고 각각에 대한 덧셈과 뺄셈이 정의된다. 수는 수학에서 다루는 가장 기본적인 개념으로, 실생활뿐만 아니라 타 교과나 수학의 다른 영역을 학습하는 데 필수적이다. 또한 사칙계산은 수학 학습에서 습득해야 할 가장 기본적인 기능이며, 이후 학습을 위한 기초가 된다.

① 다섯 자리 이상의 수
[4수01-01] 10000 이상의 큰 수에 대한 자릿값과 위치적 기수법을 이해하고, 수를 읽고 쓸 수 있다.
[4수01-02] 다섯 자리 이상의 수의 범위에서 수의 계열을 이해하고 수의 크기를 비교할 수 있다.

② 세 자리 수의 덧셈과 뺄셈
[4수01-03] 세 자리 수의 덧셈과 뺄셈의 계산 원리를 이해하고 그 계산을 할 수 있다.

[4수01-04] 세 자리 수의 덧셈과 뺄셈에서 계산 결과를 어림할 수 있다.

③ 곱셈
[4수01-05] 곱하는 수가 한 자리 수 또는 두 자리 수인 곱셈의 계산 원리를 이해하고 그 계산을 할 수 있다.
[4수01-06] 곱하는 수가 한 자리 수 또는 두 자리 수인 곱셈에서 계산 결과를 어림할 수 있다.

④ 나눗셈
[4수01-07] 나눗셈이 이루어지는 실생활 상황을 통하여 나눗셈의 의미를 알고, 곱셈과 나눗셈의 관계를 이해한다.
[4수01-08] 나누는 수가 한 자리 수인 나눗셈의 계산 원리를 이해하고 그 계산을 할 수 있으며, 나눗셈에서 몫과 나머지의 의미를 안다.
[4수01-09] 나누는 수가 두 자리 수인 나눗셈의 계산 원리를 이해하고 그 계산을 할 수 있다.

⑤ 분수
[4수01-10] 양의 등분할을 통하여 분수를 이해하고 읽고 쓸 수 있다.
[4수01-11] 단위분수, 진분수, 가분수, 대분수를 알고, 그 관계를 이해한다.
[4수01-12] 분모가 같은 분수끼리, 단위분수끼리 크기를 비교할 수 있다.

⑥ 소수
[4수01-13] 분모가 10인 진분수를 통하여 소수 한 자리 수를 이해하고 읽고 쓸 수 있다.
[4수01-14] 자릿값의 원리를 바탕으로 소수 두 자리 수와 소수 세 자리 수를 이해하고 읽고 쓸 수 있다.
[4수01-15] 소수의 크기를 비교할 수 있다.

⑦ 분수와 소수의 덧셈과 뺄셈
[4수01-16] 분모가 같은 분수의 덧셈과 뺄셈의 계산 원리를 이해하고 그 계산을 할 수 있다.
[4수01-17] 소수 두 자리 수의 범위에서 소수의 덧셈과 뺄셈의 계산 원리를 이해하고 그 계산을 할 수 있다.

(2) 도형

평면도형은 구성 요소의 특성에 따른 분류 활동을 통해 다양하게 범주화 될 수 있고, 각각의 평면도형은 고유한 성질을 갖는다. 평면도형이나 입체도형의 개념과 성질에 대한 이해는 실생활 문제를 해결하는 데 기초가 되며, 수학의 다른 영역의 개념과 밀접하게 관련되어 있다. 또한 도형을 다루는 경험으로부터 비롯되는 공간 감각은 수학적 소양을 기르는 데 도움이 된다.

① 도형의 기초
[4수02-01] 직선, 선분, 반직선을 알고 구별할 수 있다.
[4수02-02] 각과 직각을 이해하고, 직각과 비교하는 활동을 통하여 예각과 둔각을 구별할 수 있다.
[4수02-03] 교실 및 생활 주변에서 직각인 곳이나 서로 만나지 않는 직선을 찾는 활동을 통하여 직선의 수직 관계와 평행 관계를 이해한다.

2 평면도형의 이동
[4수02-04] 구체물이나 평면도형의 밀기, 뒤집기, 돌리기 활동을 통하여 그 변화를 이해한다.
[4수02-05] 평면도형의 이동을 이용하여 규칙적인 무늬를 꾸밀 수 있다.

3 원의 구성 요소
[4수02-06] 원의 중심, 반지름, 지름을 알고, 그 관계를 이해한다.
[4수02-07] 컴퍼스를 이용하여 여러 가지 크기의 원을 그려서 다양한 모양을 꾸밀 수 있다.

4 여러 가지 삼각형
[4수02-08] 여러 가지 모양의 삼각형에 대한 분류 활동을 통하여 이등변삼각형, 정삼각형을 이해한다.
[4수02-09] 여러 가지 모양의 삼각형에 대한 분류 활동을 통하여 직각삼각형, 예각삼각형, 둔각삼각형을 이해한다.

5 여러 가지 사각형
[4수02-10] 여러 가지 모양의 사각형에 대한 분류 활동을 통하여 직사각형, 정사각형, 사다리꼴, 평행사변형, 마름모를 알고, 그 성질을 이해한다.

6 다각형
[4수02-11] 다각형과 정다각형의 의미를 안다.
[4수02-12] 주어진 도형을 이용하여 여러 가지 모양을 만들거나 채울 수 있다.

(3) 측정

생활 주변에는 시간, 길이, 들이, 무게, 각도 등 다양한 속성이 존재한다. 측정은 여러 가지 속성의 양을 비교하고, 단위를 이용하여 재거나 어림해봄으로써 양을 수치화하는 것이다. 측정 과정에서 경험하는 양의 비교, 측정, 어림은 수학 학습을 통해 길러야 할 중요한 기능이고, 이는 실생활이나 타 교과의 학습에서 유용하게 활용된다. 또한 측정을 통해 길러지는 양감은 수학적 소양을 기르는 데 도움이 된다.

1 시각과 시간
[4수03-01] 1분은 60초임을 알고, 초 단위까지 시각을 읽을 수 있다.
[4수03-02] 초 단위까지의 시간의 덧셈과 뺄셈을 할 수 있다.

2 길이
[4수03-03] 길이를 나타내는 새로운 단위의 필요성을 인식하여 1mm와 1km의 단위를 알고, 이를 이용하여 길이를 측정하고 어림할 수 있다.
[4수03-04] 1cm와 1mm, 1km와 1m의 관계를 이해하고, 길이를 단명수와 복명수로 표현할 수 있다.

3 들이
[4수03-05] 들이를 나타내는 표준 단위의 필요성을 인식하여 1L와 1mL의 단위를 알고, 이를 이용하여 들이를 측정하고 어림할 수 있다.

[4수03-06] 1L와 1mL의 관계를 이해하고, 들이를 단명수와 복명수로 표현할 수 있다.
[4수03-07] 실생활 문제 상황을 통하여 들이의 덧셈과 뺄셈을 이해한다.

4 무게
[4수03-08] 무게를 나타내는 표준 단위의 필요성을 인식하여 1g과 1kg의 단위를 알고, 이를 이용하여 무게를 측정하고 어림할 수 있다.
[4수03-09] 1kg과 1g의 관계를 이해하고, 무게를 단명수와 복명수로 표현할 수 있다.
[4수03-10] 실생활에서 무게를 나타내는 새로운 단위의 필요성을 인식하여 1t의 단위를 안다.
[4수03-11] 실생활 문제 상황을 통하여 무게의 덧셈과 뺄셈을 이해한다.

5 각도
[4수03-12] 각의 크기의 단위인 1도(°)를 알고, 각도기를 이용하여 각의 크기를 측정하고 어림할 수 있다.
[4수03-13] 주어진 각도와 크기가 같은 각을 그릴 수 있다.
[4수03-14] 여러 가지 방법으로 삼각형과 사각형의 내각의 크기의 합을 추론하고, 자신의 추론 과정을 설명할 수 있다.

(4) 규칙성

규칙성은 생활 주변에 존재하는 다양한 현상을 탐구하는 데 중요하며 함수 개념의 기초가 된다. 생활 주변이나 여러 현상에서 찾을 수 있는 규칙은 실생활의 복잡한 문제를 해결하는 데 유용하고, 규칙 찾기를 통해 추론 능력을 기를 수 있다.

1 규칙 찾기
[4수04-01] 다양한 변화 규칙을 찾아 설명하고, 그 규칙을 수나 식으로 나타낼 수 있다.
[4수04-02] 규칙적인 계산식의 배열에서 계산 결과의 규칙을 찾고, 계산 결과를 추측할 수 있다.

(5) 자료와 가능성

자료의 수집, 분류, 정리, 해석은 통계의 주요 과정이다. 다양한 자료를 수집, 분류, 정리, 해석함으로써 미래를 예측하고 합리적인 의사 결정을 하는 민주 시민으로서의 기본 소양을 기를 수 있다.

1 자료의 정리
[4수05-01] 실생활 자료를 수집하여 간단한 그림그래프나 막대그래프로 나타낼 수 있다.
[4수05-02] 연속적인 변량에 대한 자료를 수집하여 꺾은선그래프로 나타낼 수 있다.
[4수05-03] 여러 가지 자료를 수집, 분류, 정리하여 자료의 특성에 맞는 그래프로 나타내고, 그래프를 해석할 수 있다.

[초등학교 5~6학년]

(1) 수와 연산

수는 사물의 개수나 양을 나타내기 위해 발생했으며, 자연수, 분수, 소수가 사용된다. 수 세기를 통해 도입된 자연수 개념을 바탕으로 수 개념이 분수와 소수까지 확장되고, 각각에 대한 사칙계산이 정의된다. 수는 수학에서 다루는 가장 기본적인 개념으로, 실생활뿐만 아니라 타 교과나 수학의 다른 영역을 학습하는 데 필수적이다. 또한 사칙계산은 수학 학습에서 습득해야 할 가장 기본적인 기능이며, 이후 학습을 위한 기초가 된다.

[1] 자연수의 혼합 계산
[6수01-01] 덧셈, 뺄셈, 곱셈, 나눗셈의 혼합 계산에서 계산하는 순서를 알고, 혼합 계산을 할 수 있다.

[2] 약수와 배수
[6수01-02] 약수, 공약수, 최대공약수의 의미를 알고 구할 수 있다.
[6수01-03] 배수, 공배수, 최소공배수의 의미를 알고 구할 수 있다.
[6수01-04] 약수와 배수의 관계를 이해한다.

[3] 분수의 덧셈과 뺄셈
[6수01-05] 분수의 성질을 이용하여 크기가 같은 분수를 만들 수 있다.
[6수01-06] 분수를 약분, 통분할 수 있다.
[6수01-07] 분모가 다른 분수의 크기를 비교할 수 있다.
[6수01-08] 분모가 다른 분수의 덧셈과 뺄셈의 계산 원리를 이해하고 그 계산을 할 수 있다.

[4] 분수의 곱셈과 나눗셈
[6수01-09] 분수의 곱셈의 계산 원리를 이해하고 그 계산을 할 수 있다.
[6수01-10] '(자연수)÷(자연수)'에서 나눗셈의 몫을 분수로 나타낼 수 있다.
[6수01-11] 분수의 나눗셈의 계산 원리를 이해하고 그 계산을 할 수 있다.

[5] 분수와 소수
[6수01-12] 분수와 소수의 관계를 이해하고 크기를 비교할 수 있다.

[6] 소수의 곱셈과 나눗셈
[6수01-13] 소수의 곱셈의 계산 원리를 이해한다.
[6수01-14] '(자연수)÷(자연수)', '(소수)÷(자연수)'에서 나눗셈의 몫을 소수로 나타낼 수 있다.
[6수01-15] 나누는 수가 소수인 나눗셈의 계산 원리를 이해한다.
[6수01-16] 소수의 곱셈과 나눗셈의 계산 결과를 어림할 수 있다.

(2) 도형

입체도형은 구성 요소의 특성에 따른 분류 활동을 통해 다양하게 범주화 될 수 있고, 각각의 입체도형은 고유한 성질을 갖는다. 평면도형이나 입체도형의 개념과 성질에 대한 이해는 실생활 문제를 해결하는 데 기초가 되며, 수학의 다른 영역의 개념과 밀접하게 관련되어 있다. 또한 도형을 다루는 경험으로부터 비롯되는 공간 감각은 수학적 소양을 기르는 데 도움이 된다.

① 합동과 대칭
[6수02-01] 구체적인 조작 활동을 통하여 도형의 합동의 의미를 알고, 합동인 도형을 찾을 수 있다.
[6수02-02] 합동인 두 도형에서 대응점, 대응변, 대응각을 각각 찾고, 그 성질을 이해한다.
[6수02-03] 선대칭도형과 점대칭도형을 이해하고 그릴 수 있다.

② 직육면체와 정육면체
[6수02-04] 직육면체와 정육면체를 알고, 구성 요소와 성질을 이해한다.
[6수02-05] 직육면체와 정육면체의 겨냥도와 전개도를 그릴 수 있다.

③ 각기둥과 각뿔
[6수02-06] 각기둥과 각뿔을 알고, 구성 요소와 성질을 이해한다.
[6수02-07] 각기둥의 전개도를 그릴 수 있다.

④ 원기둥과 원뿔
[6수02-08] 원기둥을 알고, 구성 요소, 성질, 전개도를 이해한다.
[6수02-09] 원뿔과 구를 알고, 구성 요소와 성질을 이해한다.

⑤ 입체도형의 공간 감각
[6수02-10] 쌓기나무로 만든 입체도형을 보고 사용된 쌓기나무의 개수를 구할 수 있다.
[6수02-11] 쌓기나무로 만든 입체도형의 위, 앞, 옆에서 본 모양을 표현할 수 있고, 이러한 표현을 보고 입체도형의 모양을 추측할 수 있다.

(3) 측정

생활 주변에는 길이, 넓이, 부피 등 다양한 속성이 존재한다. 측정은 여러 가지 속성의 양을 비교하고, 단위를 이용하여 재거나 어림해봄으로써 양을 수치화하는 것이다. 측정 과정에서 경험하는 양의 비교, 측정, 어림은 수학 학습을 통해 길러야 할 중요한 기능이고, 이는 실생활이나 타 교과의 학습에서 유용하게 활용된다. 또한 측정을 통해 길러지는 양감은 수학적 소양을 기르는 데 도움이 된다.

1 어림하기
[6수03-01] 실생활 장면에서 이상, 이하, 초과, 미만의 의미와 쓰임을 알고, 이를 활용하여 수의 범위를 나타낼 수 있다.
[6수03-02] 어림값을 구하기 위한 방법으로 올림, 버림, 반올림의 의미와 필요성을 알고, 이를 실생활에 활용할 수 있다.

2 평면도형의 둘레와 넓이
[6수03-03] 평면도형의 둘레를 재어보는 활동을 통하여 둘레를 이해하고, 기본적인 평면도형의 둘레의 길이를 구할 수 있다.
[6수03-04] 넓이를 나타내는 표준 단위의 필요성을 인식하여 $1cm^2$, $1m^2$, $1km^2$의 단위를 알며, 그 관계를 이해한다.
[6수03-05] 직사각형의 넓이를 구하는 방법을 이해하고, 이를 통하여 직사각형과 정사각형의 넓이를 구할 수 있다.
[6수03-06] 평행사변형, 삼각형, 사다리꼴, 마름모의 넓이를 구하는 방법을 다양하게 추론하고, 이와 관련된 문제를 해결할 수 있다.

3 원주율과 원의 넓이
[6수03-07] 여러 가지 둥근 물체의 원주와 지름을 측정하는 활동을 통하여 원주율을 이해한다.
[6수03-08] 원주와 원의 넓이를 구하는 방법을 이해하고, 이를 구할 수 있다.

4 입체도형의 겉넓이와 부피
[6수03-09] 직육면체와 정육면체의 겉넓이를 구하는 방법을 이해하고, 이를 구할 수 있다.
[6수03-10] 부피를 이해하고, $1cm^3$, $1m^3$의 단위를 알며, 그 관계를 이해한다.
[6수03-11] 직육면체와 정육면체의 부피를 구하는 방법을 이해하고, 이를 구할 수 있다.

(4) 규칙성

규칙성은 생활 주변에 존재하는 다양한 현상을 탐구하는 데 중요하며 함수 개념의 기초가 된다. 생활 주변이나 여러 현상에서 찾을 수 있는 규칙이나 두 양 사이의 대응 관계는 실생활의 복잡한 문제를 해결하는 데 유용하고, 규칙 찾기를 통해 추론 능력을 기를 수 있다. 또한 비와 비율 개념은 비례적 사고를 개발하는 데 도움이 된다.

1 규칙과 대응
[6수04-01] 한 양이 변할 때 다른 양이 그에 종속하여 변하는 대응 관계를 나타낸 표에서 규칙을 찾아 설명하고, □, △ 등을 사용하여 식으로 나타낼 수 있다.

2 비와 비율
[6수04-02] 두 양의 크기를 비교하는 상황을 통해 비의 개념을 이해하고, 그 관계를 비로 나타낼 수 있다.
[6수04-03] 비율을 이해하고, 비율을 분수, 소수, 백분율로 나타낼 수 있다.

3 비례식과 비례배분
[6수04-04] 비례식을 알고, 그 성질을 이해하며, 이를 활용하여 간단한 비례식을 풀 수 있다.
[6수04-05] 비례배분을 알고, 주어진 양을 비례배분 할 수 있다.

(5) 자료와 가능성

자료의 수집, 분류, 정리, 해석은 통계의 주요 과정이고, 사건이 일어날 가능성을 수치화하는 경험은 확률의 기초가 된다. 다양한 자료를 수집, 분류, 정리, 해석하고, 생활 속의 가능성을 이해함으로써, 미래를 예측하고 합리적인 의사 결정을 하는 민주 시민으로서의 기본 소양을 기를 수 있다.

1 평균
[6수05-01] 평균의 의미를 알고, 주어진 자료의 평균을 구할 수 있으며, 이를 활용할 수 있다.

2 자료의 정리
[6수05-02] 실생활 자료를 그림그래프로 나타내고, 이를 활용할 수 있다.
[6수05-03] 주어진 자료를 띠그래프와 원그래프로 나타낼 수 있다.
[6수05-04] 자료를 수집, 분류, 정리하여 목적에 맞는 그래프로 나타내고, 그래프를 해석할 수 있다.

3 가능성
[6수05-05] 실생활에서 가능성과 관련된 상황을 '불가능하다', '~아닐 것 같다', '반반이다', '~일 것 같다', '확실하다' 등으로 나타낼 수 있다.
[6수05-06] 가능성을 수나 말로 나타낸 예를 찾아보고, 가능성을 비교할 수 있다.
[6수05-07] 사건이 일어날 가능성을 수로 표현할 수 있다.

찾아보기

ㅁ

ㅂ

ㅅ

ㅇ

ㅈ

초등 수학 내용 지도법

초판발행 2017년 08월 25일

지은이 안병곤 / **펴낸이** 오판근
펴낸곳 (주) 교 우
주 소 서울시 동대문구 약령시로 8 교우빌딩 2층 (주)교우
전 화 02-925-2861 / **팩 스** 02-925-2860, **편집부** 02-925-2825
홈페이지&북스토어 www.kyowoo.co.kr / **이메일** kyowoo@kyowoo.co.kr

등 록 1994년 3월 24일 제1994-000013호
ISBN 979-11-251-0212-0 (93410)

값 14,000원

교우미디어는 (주) 교우의 Imprint 사입니다.
수학정원·과학정원은 (주) 교우의 새로운 브랜드명입니다.

잘못된 책은 구입하신 서점에서 교환해 드립니다.